百果奇林快速阅读训练丛书

拍照速读——脑潜力视觉成像阅读

主　编　王淑萍　李　嘉
编　委　（按姓氏笔画排序）
王　健　邢　玮　张积春　徐国红
陶　佳

兰州大学出版社
LANZHOU UNIVERSITY PRESS

图书在版编目（CIP）数据

拍照速读 ：脑潜力视觉成像阅读 / 王淑萍，李嘉主编. -- 兰州 ：兰州大学出版社，2020.4
（百果奇林快速阅读训练丛书）
ISBN 978-7-311-05752-7

Ⅰ. ①拍… Ⅱ. ①王… ②李… Ⅲ. ①读书方法 Ⅳ. ①G792

中国版本图书馆CIP数据核字(2020)第041063号

策划编辑 李 晖
责任编辑 王颢瑾
封面设计 王宁雪

书　　名 拍照速读——脑潜力视觉成像阅读
作　　者 王淑萍 李 嘉 主编
出版发行 兰州大学出版社 （地址:兰州市天水南路222号 730000）
电　　话 0931-8912613(总编办公室) 0931-8617156(营销中心)
　　　　 0931-8914298(读者服务部)
网　　址 http://press.lzu.edu.cn
电子信箱 press@lzu.edu.cn
印　　刷 兰州银声印务有限公司
开　　本 889 mm×1194 mm 1/20
印　　张 20.8
字　　数 400千
版　　次 2020年4月第1版
印　　次 2020年4月第1次印刷
书　　号 ISBN 978-7-311-05752-7
定　　价 76.00元

前　言

百果奇林快速阅读是一个综合潜能训练系统，运用该系统进行阅读训练，不仅能够提高学生的阅读速度，还可以有效提高学生的学习能力和人格魅力。用一个公式来理解百果奇林快速阅读：百果奇林快速阅读=知识量+注意力+记忆力+好口才+学习能力+预防拖延症。

我是一名国家公立医院的执业医师，从事心理治疗和艺术催眠脑潜能开发研究已有二十余年，服务对象以学生居多。经过研究发现，有些学习相对落后的孩子普遍表现出强烈的自尊心和继续追求进步的愿望，但是由于缺乏学习兴趣，缺少学习动力，更缺少有效的学习方法，导致他们的学习过程很痛苦。没有乐趣的学习过程最终“逼迫”一些孩子“躲”进了医院。这种现象必须得到重视。

我尝试在心理治疗过程中加入学习方法的辅导、注意力记忆力训练、常规快速阅读训练等，经过两年多的努力探索与实践，得出的结果是：在训练初期，孩子们的学习兴趣都不同程度地得到了提高，但因为缺少长期坚持的动力和能力，孩子们最终选择了放弃。

通过对实践过程的仔细分析，我深刻地认识到学习兴趣、学习能力和心灵成长必须同时快乐地存在，才能挖掘出孩子们的学习潜能。于是，“百果奇林快速阅读”就这样诞生了。

“百果奇林快速阅读”与常规快速阅读的不同之处在于：（1）观摩艺术催眠潜能开发演示；（2）快速阅读方法技巧的培训；（3）艺术催眠状态下速读强化训练；（4）限时3分钟速读一篇文章；（5）脱稿登台演讲所读文章内容；（6）每位师生对演讲者进行点评；（7）阅读文章百分测验和速读记录；（8）每天在家长监督下完成速读训练，并在社交平台上传演讲作业视频，接受导师点评。在这个过程中，每个孩子都可以体验潜能的存在感，不断增强自信心；每个孩子都有演讲和点评他人的机会，在不知不觉中提高注意力和记忆力；在演讲过程中提高孩子的口才表达能力，并且使其礼仪形象得到持续塑造。

通过100余种潜能速读技术培训和300多册必读书籍的练习，孩子们的阅读量增加。与此同时，速读内容除了课外读物之外，所学课本也是速读重点。这种训练方式突破了速读只能读汉语文字的瓶颈，显著提高了学习效率和按时完成家庭作业的速度。

通过百果奇林快速阅读专业训练，学生的阅读速度可由原来的200～300字/分钟，提高到1000～6000字/分钟，也就是说，一本20万字的书完全可以在1小时内有效阅读完毕，书中的重要内容，如时间、地点、人物、事件、起因、结果、成语典故、修辞手法等，都可以熟记于心。速读不等于粗读，这正是百果奇林速读的亮点所在！

百果奇林快速阅读是有效的学习能力培养和人格塑造训练的系统，将传统说教模式转化为参与体验模式，知识和能力的提升变化在课堂上就能够体现出来，素质教育不再是一句口号。

日积月累，奇迹就这样发生了……

李嘉写于兰州

2019年7月22日

目　录

百果奇林潜意识教育理论与方法

一、名词概念

（一）潜意识教育

潜意识教育是指通过专注力强化引导、紧张和放松等心理学方法，使人进入潜意识状态，对人开展教育和训练。潜意识状态下，人的思维活动集中，意识意念更专注，教育活动不易受外界因素干扰，目标是有效地完善健康人格，强化自信心，强化学习能力，提高社会适应能力。

（二）百果奇林

百果奇林将每个孩子比喻为一棵神奇的果树，相信每个人都有过人之处，百果飘香，奇才成林。阐释因材施教的特点和重要性，提示因材施教的方法具有多样性。在不同的学习场合之中，不同类型、不同能力水平的学生的学习表现是多种多样的，需要教师或家长凭着自己的经验和智慧，灵活地设计因材施教的方法。

（三）意识

意识是人脑对大脑内外表象的觉察，是人脑对客观事物间接的主观反映。生理学上，意识脑区最重要的功能就是辨识真伪，人可以辨识自己脑区中的表象是来自于外部感官还是来自于想象或回忆。当人在睡眠状态时，意识脑区的兴奋度降至最低，此时人无法辨别脑中意象的真伪，大脑进而采取了全部信以为真的方式，这就是“梦境”。

（四）潜意识

潜意识是指人类心理活动中，不能认知或没有认知到的部分，是人们已经发生但并未达到意识状态的心理活动过程，具有思维专注、信念信仰、超越现实、问题高效解决、能力快速提升等特点。弗洛伊德将潜意识分为前意识和无意识两个部分，有的人又译为前意识和潜意识。潜意识状态具有相对性，深浅程度个体差异较大，若要了解潜意识状态，探索潜意识的经验技术起到关键作用。人们一般是觉察不到潜意识的，但它影响意识体验的方式却是最基本的，比如我们如何看待自己和他人，如何看待日常活动的意义，所做出的关乎生死的快速判断和决定能力，以及本能体验中所采取的行动等。

（五）潜意识意识化

潜意识意识化是指通过专注训练、紧张与放松等方法，使人达到相对自由的不受约束的潜意识状态，此时个体所体验到的内容或描述的情感状态具有指向性或概括性，通过分析理解获得心理问题解决及成长动力的过程。

（六）意识参与度

意识参与度指通过专业教师的积极心理训练，指导学生意识信念参与的专注程度。一般情况下，人的意识信念越专注，越接近潜意识状态。方法是通过减少视觉、听觉、嗅觉、味觉、触觉等感觉器官非需要信息刺激活动，逐渐深入以意象活动为主的潜意识状态。意识参与度是最明确有效的探索潜意识活动的技术指导与方法。

（七）潜意识剧

潜意识剧又称为无意识心理剧。在潜意识状态下，学生通过系列人工梦境活动，创造演绎出所需要的心理剧情活动与结果。在潜意识剧中，教师通过明喻或隐喻等艺术表达方法，实现深度认知、人格完善、问题解决、能力提升等目标。潜意识剧是人类主动探索梦境、潜意识、深层心理等活动现象的技术和方法，目的是向神秘未知的脑潜能世界积极探索规律，总结经验，为人类的健康与发展发挥作用。

（八）人际桥

人际桥是指教师通过积极行动或审美语言与学生之间主动搭建的心灵桥梁，是人与人之间改善人际关系的有效的沟通过程和方法，目的是通过交流取得相互信任，建立教学与合作关系。人际桥技术的正确应用，能提高沟通效率，快速建立相互信任关系。人际桥技术应用贯穿潜意识教育全过程。

（九）意识桥

意识桥是指专业教师通过类似心灵桥梁的方法指导学生进行意识与潜意识沟通的过程，目的是能让学生放下思想束缚，逐渐深入潜意识层开展探索活动。意识桥是进入内心深处潜意识状态的桥梁，创造意识桥的技术应用贯穿潜意识教育的全过程。

（十）心理睡眠

心理睡眠是指在专业教师的指导下，学生根据自身生理、心理和社会发展的需要，主动创造的有心理活动目标的人工梦境。它不同于生理睡眠，用于除去杂念，宁静心神，强化意识参与度，促进意识与潜意识沟通，塑造并清晰化实现教育目标的预期效果。

二、潜意识教育流程

（一）撰写教学提纲：需要课前备课并撰写好提纲

根据教学目标和要求，结合教学对象的特点，教师应提前撰写好教学提纲。提纲包括学生基本信息、教学内容及要点、教学方法、课程时间、教具规格与准备等。

（二）预期目标训练：时间约10分钟

1. 建立和谐师生关系。通过“给力十八掌”“松鼠搬家”等人际桥互动游戏训练，建立师生之间、学生相互之间的信任合作关系。

2. 梦想创造。佩戴遮光眼罩或微闭双目。通过意识参与度和心理睡眠训练，搭建意识桥，使学生进入潜意识状态。创造并模仿目标实现过程及实现后的人工梦境，通过意象描述进行沟通与效果巩固。

（三）参与互动教学：时间约 20 分钟

1. 建立学习小组。通过角色扮演或任务分工，围绕目标开展学习活动。

2. 教师启发引导。教师提出要求，掌控秩序和时间，组织讨论，做学习成长小结等。

（四）巩固目标训练：时间约 10 分钟

1. 佩戴遮光眼罩或微闭双目。通过意识参与度和心理睡眠训练，搭建意识桥，使学生进入潜意识状态。再次模仿目标实现过程及实现后的人工梦境，通过意象描述或积极行为反馈，进行师生沟通与效果巩固。

2. 除去遮光眼罩或睁开眼睛，讨论活动体验与收获，消除不适，巩固效果。

bǎi guǒ qí lín kuài sù yuè dú cóng shū jiào àn zhǐ dǎo
百果奇林快速阅读丛书教案指导

yī gài shù
一、概述

bǎi guǒ qí lín kuài sù yuè dú cóng shū yǐ xià jiǎn chēng cóng shū shì yí tào xì tǒng de
百果奇林快速阅读丛书（以下简称“丛书”）是一套系统的
nǎo lì kāi fā sù dú péi xùn jiào xué gōng jù tú shū péi xùn jiào shī xū yào gēn jù běn jiào àn zhǐ
脑力开发速读培训教学工具图书，培训教师需要根据本教案指
dǎo zhuàn xiě gèng jiā xiáng xì shí yòng de jiào àn tí gāng chí xù gǎi jìn jiào xué fāng fǎ tí gāo jiào
导撰写更加详细实用的教案提纲，持续改进教学方法，提高教
xué zhì liàng gòng tóng nǔ lì wán shàn jiào xué dà gāng wèi jiāng lái cóng shì sù dú péi xùn shī zī
学质量，共同努力完善教学大纲，为将来从事速读培训师资
chéng zhǎng diàn dìng guī fàn jī chǔ
成长奠定规范基础。

cóng shū fēn wéi bì xiū kè chéng tú shū hé xuǎn xiū kè chéng tú shū bì xiū kè chéng tú shū dāng
丛书分为必修课程图书和选修课程图书。必修课程图书当
qián bāo kuò yī tào cè péi xùn mù biāo shì sù dú nǎo lì kāi fā hé sù dú néng lì jī běn gōng
前包括一套3册，培训目标是速读脑力开发和速读能力基本功
xùn liàn xuǎn xiū kè chéng tú shū bāo kuò yú cè mù biāo shì jìn xíng chí jiǔ sù dú néng lì
训练。选修课程图书包括300余册，目标是进行持久速读能力
gǒng gù qiáng huà xùn liàn
巩固强化训练。

bì xiū kè chéng tú shū fēn bié shì qián yì shí jiào yù zhù yì hé jì yì nǎo qián lì xùn
必修课程图书分别是《潜意识教育——注意和记忆脑潜力训
liàn pāi zhào sù dú nǎo qián lì shì jué chéng xiàng yuè dú pāi zhào sù dú cè yàn
练》《拍照速读——脑潜力视觉成像阅读》《拍照速读测验》。

二、教学方法指导

训练流程：潜意识教育→拍照速读→拍照速读测验。

1. 注意力凝视点训练（10分钟）；
2. 记忆力脑成像训练（15分钟）；
3. 速读视觉移动轨迹训练（10分钟）；
4. 艺术催眠拍照速读文章训练（15分钟）；
5. 拍照速读测验闭卷考试（10分钟）；
6. 拍照速读文章原意和创意演讲（15分钟）；
7. 学习心得分享和自我评价（15分钟）；
8. 教师点评（10分钟）。

三、速读基市功教学要求

1. 注意力凝视点训练：教师催眠与自我催眠相结合。学生每次进行“百果奇林操”或身心放松训练5分钟，凝视点注意力训练5分钟。

2. 记忆力脑成像训练：教师催眠与自我催眠相结合。学生每次选取植物、动物、人物教学图片中的各一张共计3张图，依次凝视记忆15秒钟，语言描述画面内容2分钟，并接受教师或同学对画面细节内容的4次提问测验，每问25分，按回答结果的对或错进行计分。本项练习在规定的教学时间内可重复训练。

3.速读视觉移动轨迹训练：教师催眠与自我催眠相结合。在显意识状态下，教师示范视觉移动轨迹1分钟，并带领学生共同进行趣味表演视觉移动轨迹2分钟、艺术催眠潜意识训练3分钟、视觉移动轨迹训练4分钟。

4.艺术催眠拍照速读文章训练：教师催眠与自我催眠相结合。学生在艺术催眠潜意识状态下，进行2～5分钟速读1000～5000字文章1篇，自我静音意象演讲1分钟；进行第二次速读训练2分钟，第二次自我静音意象演讲1分钟；如果速读记忆效果不理想，可进行第三次速读训练2分钟，第三次自我静音意象演讲1分钟；准备速读质量测验考试。

5. 拍照速读测验闭卷考试：速读测验由教师统一保管，测验时发送给学生，用时2分钟；测验时间10分钟；同学间交换测验题目互相阅题打分，用时3分钟。

6. 拍照速读文章原意和创意演讲（15分钟）：学生规范上下演讲台形象礼仪，即兴演讲速读文章，要求表达出文章的要素内容，如时间、地点、人物、事件、起因、结果、名言警句、成语词语等。表情和肢体语言恰当到位，在保证要素内容完整的情况下，表情和肢体语言可即兴发挥，可有感想和启发内容。受训练学生较多时，可由助教教师分组实施，确保在规定时间内完成教学任务。

7. 学习心得分享和自我评价：培养学生的语言组织能力；学生之间可相互学习借鉴，提高社会适应能力；鼓励每个学生发言，并给予鼓掌鼓励；控制时间，在规定的时间内完成教学任务。

8. 教师点评：通过鼓励培养学生浓厚的学习兴趣。要对每个学生都进行点评，重点点评学生在本次学习中表现出来的

yōu diǎn rú xué xí de rèn zhēn chéng dù xué xí de xiào guǒ tuán duì jīng shén wén míng lǐ mào
优点，如学习的认真程度、学习的效果、团队精神、文明礼貌
děng yào jǔ shí lì biǎo yáng bù kě lǒng tǒng biǎo yáng jiào shī zhǐ chū xué shēng de quē diǎn hé bù
等，要举实例表扬，不可笼统表扬。教师指出学生的缺点和不
zú shí yào fáng zhǐ fù qiáng huà duō shǐ yòng zhèng qiáng huà zhǐ dǎo míng què gào zhī xué shēng rú hé
足时，要防止负强化，多使用正强化指导，明确告知学生如何
zuò huì gèng hǎo kòng zhì shí jiān zài guī dìng de shí jiān nèi wán chéng jiào xué rèn wu
做会更好。控制时间，在规定的时间内完成教学任务。

豌豆上的公主

从前，有一位年轻王子到了该成家的年龄，他想找一位和自己身份相匹配的公主结婚，而且他一定要找一位真正的公主。为此，他不辞辛苦地走遍了全世界，就想寻找到一位真正的公主。他到过许多地方，也见过许多公主，可是他没有办法断定，她们究竟是不是真正的公主。最后，他带着心中的郁闷，毫无收获地回到家中，他内心里是那么渴望得到一位真正的公主。老国王和王后也为儿子的事感到焦虑。

一天晚上，风驰电掣，雷声轰鸣，暴风雨突然降临，没闪电时，天空如漆，黑得让人害怕！这时，有人在敲打城门，老国王就走过去开门。

站在城门外的是一位头发凌乱、衣服被雨水淋湿的女子，国王赶紧把她请进屋里。她站在那，看上去很狼狈，雨水顺着她的头发、衣服向下流，不一会儿，脚下就湿了一片。她面色苍白，但难掩她的美丽。她自我介绍说，她是一位真正的公主。

为了了却儿子的心愿，老王后心里想：“好吧，看她是不是真正的公主，我有办法。”她让仆人为女子换上干净的衣服后，就亲自走进卧室，把所有的被褥都挪开，在床榻上放了一粒豌豆，然后取出二十床垫子，压在豌豆上。随后，她又在这些垫子上放了二十床鸭绒被。

夜里，这位公主就被安排睡在这张床上。

第二天早晨，大家问她昨晚睡得怎样。“哎呀，很不舒服！”公主说，“我差不多一整夜没有合上眼！天晓得我睡的床上有什么问题，我总觉得有一粒很硬的东西硌着我，弄得我皮肤生疼，难以入眠！”

听了这些话，大家就明白了，她是一位真正的公主。因为，压在这二十床垫子和二十床鸭绒被下面的一粒豌豆，她居然还能感觉得出来，除了真正的公主以外，任何人都不会有这么细嫩、这么敏感的皮肤。

因此，那位王子就选定她做自己的妻子了，他也不再郁闷了，因为现在他知道，他得到了一位真正的公主。这粒豌豆也因此被送进了博物馆，如果没有人把它拿走的话，人们现在还可以在那儿看到它呢。

请注意，这是一个真实的故事。

麦草、煤块和豆子

一座村落里，住着一位贫穷的老太太，她摘了一盘豆子，准备煮熟了当作午餐。为了让火大一点，让食物煮得快一点，她抓了一大把麦草塞进炉子里。往锅里倒豆子时，她没有注意到一粒豆子蹦了出去，落在地上的一根麦草旁。不一会儿，煤炭燃烧起来，一块燃烧的煤炭借着燃烧爆裂的力量，也从炉子中跳了出来，落在麦草和豆子的旁边。

麦草先开口说："亲爱的朋友们，你们来自何方呀？"

煤块答道："我是从火里跳出来的，总算幸运地跳出来了，不然就会成为灰烬。”

豆子说：“那老太太把我们倒进锅时，我与同伴在冲撞中被弹了出来，如果不是这样，我肯定会和我的伙伴们一样，被她毫不留情地煮成豆泥。”

“难道我不幸运吗？”麦草问，“那个老太太一把就抓住了我的几十个兄弟姐妹，把它们塞进火炉里，它们变成了轻烟，幸好我从她的指缝里滑落下来。”

“我们现在该怎么办呢？”煤块问。

“我认为，”豆子回答，“既然我们都幸运地死里逃生，我们就应该紧密地团结在一起，有难同当！目前最紧要的是赶紧离开这里，到安全的地方去，以免再遭厄运。”

麦草和煤块都觉得这是一个好主意，于是它们便结伴离开这里。没走多远，它们走到了一条小溪边，小溪上没有桥，也没有露出水面的石头，它们不知道该怎么过去。麦草倒有了一个让人感动的好主意，说：“让我横躺在小溪上，你们可以像过桥一样从我身上走过去。”

麦草一边说着一边把自己的身子从小溪的这边伸到了那边，煤块性子比较急，立刻走上了这座刚刚搭好的桥，可是它走到桥中间时，听到脚下流淌的哗哗的水声，不由得害怕起来，站在那里不敢向前走，这下麦草受不了了，它的腰被滚烫的煤块烤焦了，断成两截掉进了小溪，煤块也跟着掉了下去，在水中发出“嗞”的一声，就消失了。

豆子很谨慎地待在岸上，看到这情景，不由得放声大笑起来，它笑个不停，笑得裂开了自己的肚皮。它的生命也许就这样结束了，幸运的是，一个外出找活干的裁缝正好坐在小溪旁休息。这位裁缝心肠很好，取出针线，把豆子裂开的肚子缝在了一起。豆子十分感谢裁缝。由于裁缝当时手上只有黑线，所以豆子的身上至今还留有一条黑缝。

故事讲完了，想一想：煤块的错误在于操之过急，做事不够小心谨慎，最终导致功亏一篑，同时也害了伙伴麦草；豆子的错误则来自于它的幸灾乐祸，不仅如此，它还违背了有难同当的初衷。

小母鸡之死

从前有两只要好的小母鸡和小公鸡，它们一起到长满核桃树的山上寻找食物，约好谁先找到果仁，就一定要等到对方到来一起分享。

小母鸡首先找到一大块核桃仁，它没叫同伴，想独自享受果仁，然而，果仁太大，卡在喉咙里下不去。它很紧张，害怕被噎死，于是叫道：“小公鸡，快去给我弄些水来，不然的话我就要噎死了！”

小公鸡为了伙伴，快速跑到泉水边，说：“泉水呀，给我一点水吧，小母鸡被核桃仁噎住了，没有水它会噎死的。”

泉水说：“你先去找新娘，为我要一段红绸来。”

于是，小公鸡跑到新娘那儿说：“新娘呀，请给我一段红绸子，我拿去送给泉水，这样它才会给我水，我要用水去救躺在山上的小母鸡，它被一大块核桃仁噎住了。”

新娘说："你先去柳树上，把我的花冠取下来给我。"

于是，小公鸡跑到柳树下，从柳枝上取下花冠，交到新娘手里，新娘这才给小公鸡一段红绸子，它拿上红绸子赶忙跑去送给泉水，泉水给了它一些水。

周转过来，小公鸡带着水赶到小母鸡身边，看到小母鸡已经躺在那儿一动不动了。因为没有及时得到水，它被噎死了。

小公鸡悲伤地放声痛哭，其他动物纷纷前来表示哀悼。六只小老鼠做了一辆小车，来运送小母鸡到墓地。车做好之后，它们自己套上拉绳，让小公鸡驾车。

路上，它们遇到一只狐狸，它问："你们上哪去呀，小公鸡？"

"我们去给小母鸡送葬。"小公鸡说。

"我和你们一起去好吗？"狐狸问。

"可以，不过前面坐不下了，坐在后面吧。"狐狸就在后面坐了下来。后来又遇到一只狼、一头熊、一头鹿，还有森林里更多的动物，它们都要求一起去。小公鸡也不好拒绝。

送葬的队伍来到一条溪水边。“怎么过呀？”小公鸡问。

溪边有根干草说：“让我把自己横架在溪水上面吧，你赶着车从我身上过去好了。”

可是，六只老鼠刚踏上这座“桥”，干草就折弯到水里，六只老鼠被淹死了，其他动物全被困在水里。

一块炭过来说：“我够大吧，你们从我身上过去好了。”说着，就将自己横到溪水上，可刚一碰到水，它就发出“嘶嘶”声，在水中化成粉末。一块石头看到了，很同情小公鸡，也想帮助它，于是，自己躺到了水里。小公鸡拉着车过了小溪，当它再次回来接困在水里的其他动物时，因为车子太重，小公鸡的确拉不动，车子又后退到水里，结果动物们全都落水淹死了，只有小公鸡和死去的小母鸡留在岸上。

小公鸡挖了个墓穴，将小母鸡埋了，自己则坐在墓冢上悲伤不已，最后它也和大伙儿一样，死了。

看来，厄运来自于自私，冷漠又会造成悲剧，而不恰当的帮助也许只能添乱。

刑天舞干戚

在中国的神话传说中，有一场历时很久的南北战争，也正是这场战争，奠定了华夏文明发展的基础。在上古时期，南方有个九黎族部落联盟的首领叫蚩尤。传说中，蚩尤有八十一个兄弟，他们有着猛兽般的躯体，额头坚硬如铁，可以吞沙石来填饱肚子，他们好战而且善战，凶猛无比。蚩尤在庐山脚下发现了铜矿，并且掌握了冶炼青铜的技术，用铜制造刀戟、弓弩等各种各样的兵器。

这个部族原来归属于炎帝部族，因为日益强大，就从炎帝部族脱离出来，蚩尤常常带领他的强悍而兵器优良的部下抢掠别的部落。当时，可以与蚩尤抗衡的，只有黄河流域的两大部族：轩辕氏黄帝与神农氏炎帝的部族。但是，在与蚩尤的战争中，神农氏炎帝部族被打败了。神农氏族的首领炎帝战败后，只能去涿鹿（今河北省涿鹿、怀来一带）寻求与轩辕氏黄帝部族联合，这是炎帝部族在战败后的正确选择。

黄帝、炎帝联合后，率领部族的健壮男儿进攻蚩尤。蚩尤部族的确是强悍的部族，战争打了多年，大的战役也不知打了多少场，结果是不分胜负。蚩尤善于利用风伯和雨师助战，一旦黄帝部族占了上风，浓雾就开始迷漫，继而狂风大作、雷电交加，暴雨从天而降，使得黄帝的部下无所适从。战事不能再僵持下去，部族的生活无法维系，黄帝决定撤回北方，把涿鹿作为决战的战场。他请来旱神女魃助阵，蚩尤部族杀来时，风伯和雨师不再能助阵，晴天之下，人数众多而强悍的炎黄部族的男儿最终打败了蚩尤部族。黄帝先后杀死了蚩尤的八十一个兄弟，最终活捉了蚩尤。黄帝下令给蚩尤带上枷锁，然后处死。因为担心蚩尤死而复生，便将他的头和身子分葬在相距很远的两个地方，枷锁被扔在荒山上，后来化成了一片枫林，传说每一片血红的枫叶，都是蚩尤的血迹。

刑天是蚩尤八十一个兄弟中的一员。在这场大战中，他无畏无惧、奋勇厮杀，一直战到头颅被黄帝砍下，埋在常羊的山坡上。然而，他依旧不倒下，他的魂魄不散，刚毅的斗气撑起身体，贯通双乳与肚脐，双乳开为两眼，怒从眼出，形如喷火。肚脐开为口，脐发长啸，声震山野。无头的刑天舞巨盾和大斧纵横在战场之中，许多炎黄族人死在刑天斧下，黄帝看到拼杀在战场上的无头刑天，也非常敬佩，既然蚩尤的部族已灭亡，仅存刑天一人无足轻重，于是，黄帝就率领族人返回，任由刑天去吧。刑天还是一路追杀，直至流尽最后一滴血，力尽而亡。

刑天倒下了，但是，他败而不失斗志，直至战斗到死的精神，已经融进了炎黄子孙的灵魂，坚固了华夏儿女的脊梁！东晋诗人陶渊明在《读山海经》的诗里，激情洋溢地赞美刑天——“刑天舞干戚，猛志固常在”。而在民间，刑天被称为战神，这是对他无论遇到多么强大的对手，都能勇战到底的战斗精神的赞扬，他的确也无愧于“战神”的称号！

夸父逐日

远古的时候，在中国北方的荒野中，有座巍峨雄伟、高耸入云的大山，峭岩绝壁间云雾缭绕，松柏挺立，景色壮美而宜人。在山林深处，生活着一群力大无穷的巨人。他们的首领是幽冥之神“后土”的后代，名字叫作夸父，因此，这个部族就叫夸父部族。他们高大魁梧、身强力壮、勤劳勇敢、心地善良，在山林中过着与世无争、自给自足的日子。

当南方蚩尤部族与黄帝部族争战失利时，蚩尤派人前来夸父部族求援，夸父部族本来就是一个喜好帮助弱者的部族，爱替弱者打抱不平，夸父部族多数人认为应该帮助处于不利形势下的蚩尤部族，于是，他们决定出兵，参加抵抗黄帝的战争。蚩尤部族得到了夸父部族的帮助，与黄帝作战形成势均力敌的态势，作战双方相持不下，战争僵持了很久。黄帝意识到，在此僵持，既不占天时，更失去地利，又远离故土，所以，黄帝决定暂时向北撤退，经过休整和精心的策划准备，黄帝决心在涿鹿与蚩尤决战。最终，黄帝在涿鹿击败了蚩尤的部族联军并杀死蚩尤，剩下的夸父部族就逃回了原住的山林之中。不久，大地发生了严重的旱灾，太阳像个巨大的火球，烤得大地龟裂、江湖干涸、山林枯萎，大地一片荒凉。夸父部族想了一切可以想到的办法，做了一切可以做到的事情，结果还是于事无补，部族的生存受到了严重威胁。为了部族，夸父决心向西追赶太阳，抓住太阳，让它不能为所欲为。同时，夸父心里还有另外的打算，那就是追太阳的同时，也可以向西探险，为部族寻找到一块更适合生存的地方。

夸父大声地朝太阳吼道：“我一定要追上你，抓住你！”声音让大地颤抖、山石崩落。太阳感觉到夸父真的怒火中烧，也有些心慌，加快速度向西方落去。夸父做完内部的事务安排，告别部族的人们，然后大步流星地向西方奔去。太阳也西行得更快了，同时又向夸父释放出更多的热量，想阻止夸父前行。夸父在奔跑中汗如雨下，但他的脚步始终没有停止。不知

bù jué zhōng kuā fù yǐ zhuī chū le wàn lǐ xíng chéng tā yī jiù bù tíng de zhuī hěn kuài yào zhuī
不觉中，夸父已追出了万里行程，他依旧不停地追，很快要追

dào tài yáng luò xià de dì fang yú gǔ kuā fù gāo xìng jí le tā gāo shēng hǎn zhe
到太阳落下的地方——禺谷。夸父高兴极了！他高声喊着：

wǒ yí dìng yào zhuā dào nǐ kàn nǐ wǎng nǎ táo kě shì tài yáng jiāng suǒ yǒu de rè liàng yì
“我一定要抓到你，看你往哪逃！”可是，太阳将所有的热量一

qí shì fàng chū lái yòu lèi yòu kě de kuā fù zài yí zhèn qiáng guò yí zhèn de chì liè de rè làng
齐释放出来。又累又渴的夸父在一阵强过一阵的炽烈的热浪

zhōng gǎn dào kǒu gān shé jiāo tóu yūn mù xuàn yǎn mào jīn xīng hún shēn tān ruǎn bù néng dǎo
中，感到口干舌焦、头晕目眩、眼冒金星、浑身瘫软。“不能倒

xià bù néng dǎo xià kuā fù yí miàn píng zhe wán qiáng de yì zhì kòng zhì zhù zì jǐ yí miàn
下，不能倒下！”夸父一面凭着顽强的意志控制住自己，一面

fǔ xià shēn zi bǎ tóu shēn xiàng huáng hé huáng hé de shuǐ ràng tā hē gān le dàn méi yǒu jiě kě
俯下身子把头伸向黄河。黄河的水让他喝干了，但没有解渴。

tā yòu bǎ tóu shēn xiàng wèi hé wèi hé de shuǐ yě ràng tā hē gān le kě tā hái shi gǎn dào kǒu
他又把头伸向渭河，渭河的水也让他喝干了，可他还是感到口

kě nán rěn jué jiàng de kuā fù jué dìng qù hē gān dà zé de shuǐ rán hòu zài qù zhuō ná tài
渴难忍。倔强的夸父决定去喝干大泽的水，然后再去捉拿太

yáng dà zé yòu jiào hàn hǎi shì yóu yú hé fēi niǎo de lè yuán tā men zài zhè lǐ zì yóu shēng
阳。大泽又叫瀚海，是游鱼和飞鸟的乐园，它们在这里自由生

huó fán yǎn hòu dài dàn shì kuā fù zǒu dào dà zé biān hái méi fǔ xià shēn lái jiù hōng
活，繁衍后代。但是，夸父走到大泽边，还没俯下身来，就轰

rán yì shēng dǎo xià le xiàng yí zuò dà shān shì de dǎo xià le kuā fù yí hàn de kàn zhe xī
然一声倒下了，像一座大山似的倒下了。夸父遗憾地看着西

chén de tài yáng yīn zài wú lì qi shí xiàn yuàn wàng ér cháng tàn yì shēng tā bǎ shǒu zhàng fèn lì
沉的太阳，因再无力气实现愿望而长叹一声。他把手杖奋力

de cháo tài yáng pāo qù rán hòu bì shàng le yǎn jing dì èr tiān zǎo chen tài yáng shén qì huó
地朝太阳抛去，然后，闭上了眼睛。第二天早晨，太阳神气活

xiàn de cóng dōng fāng shēng qǐ ér dǎo zài dì shang de kuā fù zài yě méi yǒu zhēng kāi shuāng yǎn tā
现地从东方升起，而倒在地上的夸父再也没有睁开双眼，他

de qū tǐ huà chéng yí zuò dà shān tā pāo chū de shǒu zhàng zài tài yáng de zhào yào xià huà chéng yí
的躯体化成一座大山，他抛出的手杖在太阳的照耀下化成一

piàn táo lín zhè piàn táo lín zhōng nián mào shèng shù shang guà mǎn shuò dà de guǒ shí wǎng lái de xíng
片桃林，这片桃林终年茂盛，树上挂满硕大的果实。往来的行
rén zài tā de yīn bì xià xiū xi fēng shuò de guǒ shí wèi yuǎn tú de rén men jiě kě chōng jī zhè
人在它的荫庇下休息，丰硕的果实为远途的人们解渴充饥。这
yě shì kuā fù dǎo xià zhī hòu gěi hòu rén zuò de zuì hòu yì diǎn gòng xiàn kuā fù dǎo xià le
也是夸父倒下之后，给后人做的最后一点贡献。夸父倒下了，
dàn shì tā wèi le bù zú de shēng cún ér biǎo xiàn chū de wú sī de xiàn shēn jīng shén wú wèi de
但是，他为了部族的生存而表现出的无私的献身精神、无畏的
mào xiǎn jīng shén hé wán qiáng de yǔ zì rán kàng zhēng de dòu zhēng jīng shén yì zhí gǔ lì zhe huá xià
冒险精神和顽强地与自然抗争的斗争精神，一直鼓励着华夏
mín zú zài lì shǐ de cháng hé zhōng kāi tuò qián xíng fā zhǎn zhuàng dà
民族在历史的长河中开拓前行，发展壮大。

dà yǔ zhì shuǐ
大禹治水

zì huáng dì zhī hòu yáo shùn yǔ shì zhōng guó gǔ dài lì shǐ zhōng huáng hé liú yù xiān hòu
自黄帝之后，尧、舜、禹是中国古代历史中，黄河流域先后
chū xiàn de sān wèi dé cái jiān bèi de bù luò lián méng shǒu lǐng chuán shuō zhōng yáo zhù de shì yòng
出现的三位德才兼备的部落联盟首领。传说中，尧住的是用
méi jiā gōng guo de máo cǎo lú wěi hé zhí jiē kǎn xià lái de shù gàn gài qǐ lái de jiǎn lòu fáng
没加工过的茅草、芦苇和直接砍下来的树干盖起来的简陋房
zi chī de shì cū liáng hē de shì yě cài tāng dōng tiān pī kuài lù pí xià tiān chuān jiàn cū má
子，吃的是粗粮，喝的是野菜汤，冬天披块鹿皮，夏天穿件粗麻
yī shùn yán yú lǜ jǐ yòu kuān hòu dài rén gēng tián bǔ yú zhì táo yàng yàng dōu xíng
衣。舜严于律己又宽厚待人，耕田、捕鱼、制陶……样样都行。
chuán shuō yáo shùn yǔ shí qī bù luò lián méng nèi cǎi yòng xuǎn xián jǔ néng de shàn ràng fāng
传说尧、舜、禹时期，部落联盟内采用选贤举能的“禅让”方
shì chǎn shēng bù luò lián méng de shǒu lǐng yáo lǎo de shí hou bǎ shǒu lǐng de wèi zhì shàn ràng gěi
式产生部落联盟的首领。尧老的时候，把首领的位置禅让给

了贤良而有能力的舜。舜老了又把首领的位置禅让给不辞劳苦、一心为公的禹。

尧、舜作为首领的时候，天下发生滔天洪水，凶猛的洪水淹没了田地、冲毁了房屋，人们因此流离失所、无家可归。作为黄帝的后代，鲧、禹父子二人受命于唐尧、虞舜，分别任崇伯和夏伯负责治水的事。鲧在治水方面，主要采取打桩木、堆石土等阻挡洪水的方法，再加上他不能与其他部落搞好团结，得不到其他部落的有力支持，治水九年，以失败告终。鲧死后，大禹以天下为己任，率领百姓治理水患。大禹吸取父亲鲧采用堵塞之法治水失败的经验教训，把四海看作导水和注水的深沟和巨坑，阻挡与疏导兼用，比如：通过阻挡的办法，让河水改变方向流向大海，利用岷山山势疏导江水下泄、筑坝与清淤结合、引导淮水东流等办法，引主要河流入海。正确的治水策略确定后，大禹动员其他部族的成员日夜不停地凿山开渠。大禹身先士卒，全身心投入治水中，一刻不停地忙碌在治水的工地上，常常忙得顾不上吃饭和睡觉。一年一年过去了，他依旧四处奔波，操劳在治水的工地。有一天，大禹经过自家门口，他的妻子才生下孩子。大禹听到孩子哇哇的啼哭声，他没有进去探望，匆匆走了，因为他怕耽误了治水的时间。几年后，大禹又经过自家门口，妻子站在门口，儿子在妻子的怀中挥着小手，大禹深情地望了望母子俩，就急忙赶路去了。又过了几年，大禹第三次经过自家门口，儿子已经十岁了，大禹告诫儿子要听妈妈的话，并答应等治水成功后，就回家和家人过平静的日子。嘱托完儿子，大禹又脚不停步地向前奔去。大禹三过家门而不入，全心全意治理洪水。经过十三年的辛勤劳动，洪水终于被制服了。高地的川流积水被疏通，肥沃的平原很少再遭受洪水泛滥的灾害。原来集中在地势较高地区的居民，纷纷迁移到较为平坦的原野，那些草木茂盛、禽兽繁殖的薮泽湿地，被人们开垦成为肥沃的土地，种植业迅速发展，原来水患不断的地方，成为人们乐于定居的地方。人们过上了安定的生活。治水成功也使华夏各个部族空前团结，大禹在各部族中的声望也得到提高。

dà yǔ zài zhì shuǐ chéng gōng zhī hòu shùn zài huá xià bù zú lián méng nèi shí shī láo dòng jì shù
大禹在治水成功之后，舜在华夏部族联盟内实施劳动技术
hé wèi rén zuò shì de jiào huà gōng zuò zhè yě yǐng xiǎng le gèng dà fàn wéi de bù zú hòu lái
和为人做事的教化工作，这也影响了更大范围的部族。后来，
sān miáo zāo yù dì zhèn shuǐ zāi qì xiàng yì cháng děng zì rán zāi hài rén xīn huáng huáng zhè
三苗遭遇地震、水灾、气象异常等自然灾害，人心惶惶。这
shí shùn jué de shōu fú xiàng lái bù fú huá xià bù zú lián méng de sān miáo bù zú de jī huì lái
时，舜觉得收服向来不服华夏部族联盟的三苗部族的机会来
le jiù pài qiǎn dà yǔ chéng jī chū bīng chū shī qián dà yǔ zài dà wū gāo yáng shì liú xià de
了，就派遣大禹乘机出兵。出师前，大禹在大巫高阳氏留下的
shén gōng zhōng yóu gāo yáng shì de jì rèn zhě zhǔ chí lóng zhòng de shòu mìng yí shì dāng shí léi diàn
神宫中，由高阳氏的继任者主持隆重的受命仪式。当时，雷电
dà zuò zào chéng dà yǔ chū zhēng shòu mìng yú tiān de biǎo xiàng yīn cǐ dà yǔ dài lǐng de jūn duì
大作，造成大禹出征受命于天的表象，因此，大禹带领的军队
shì qì dà zhèn zài zhàn chǎng shang shè shā sān miáo shǒu lǐng miáo shī dà bài kuì tuì cóng cǐ zǒu
士气大振，在战场上射杀三苗首领，苗师大败溃退，从此走
xiàng shuāi bài dà yǔ lì yòng dí rén de kùn nan lì yòng zōng jiào de lì liàng zhuā zhù zhàn jī
向衰败。大禹利用敌人的困难，利用宗教的力量，抓住战机，
yíng dé le shèng lì tǎo fá sān miáo shèng lì hòu tiān xià chéng xiàn chū yí piàn ān níng xiáng hé de
赢得了胜利。讨伐三苗胜利后，天下呈现出一片安宁、祥和的
tài píng jǐng xiàng huá xià bù zú gǒng gù le bù zú lián méng shǒu lǐng de dì wèi dà yǔ yě yīn
太平景象，华夏部族巩固了部族联盟首领的地位。大禹也因
wèi xiǎn hè de gōng jì hé yǐ tiān xià wéi jǐ rèn de pǐn dé bèi zūn wéi huá xià zuì zhù míng de
为显赫的功绩和以天下为己任的品德，被尊为华夏最著名的
shèng wáng cóng tā kāi shǐ zhōng guó lì shǐ shang dì yī gè tǒng yī wáng quán de guó jiā chú xíng chǎn
圣王。从他开始，中国历史上第一个统一王权的国家雏形产
shēng le yě shì yóu tā kāi shǐ bǎ wáng wèi chuán gěi ér zi qǐ kāi le shì xí zhì de xiān hé
生了，也是由他开始，把王位传给儿子启，开了世袭制的先河。

jīng wèi tián hǎi

精卫填海

shàng gǔ shí dài yǒu yí duàn shí jiān yán dì shuài lǐng de shén nóng shì bù luò fēn bù zài kào jìn
上古时代有一段时间，炎帝率领的神农氏部落分布在靠近
dōng hǎi de fù ráo tǔ dì shang zhè lǐ zhí bèi fēng fù shuǐ zé biàn bù yán dì dài lǐng bù zú
东海的富饶土地上，这里植被丰富、水泽遍布，炎帝带领部族
de rén zhì zuò lěi sì zhòng wǔ gǔ jiě jué le mín yǐ shí wéi tiān de dà shì shén nóng bù zú
的人制作耒耜，种五谷，解决了民以食为天的大事。神农部族
de rén shàn cháng zhòng zhí nóng yè shēng chǎn dé dào le fā zhǎn jiā shàng lín mù fēng mào shuǐ zé biàn
的人擅长种植，农业生产得到了发展，加上林木丰茂、水泽遍
bù cǎi zhāi hé yú liè yòu néng huò dé fēng fù de shēng huó bì xū pǐn zhè ge bù zú jiě jué le
布，采摘和渔猎又能获得丰富的生活必需品。这个部族解决了
shí wù de wèn tí hòu shén nóng yán dì yòu jiāo huì zú rén yòng má sāng zhì chéng bù bó rén men biàn
食物的问题后，神农炎帝又教会族人用麻桑制成布帛，人们便
yǒu le yī shang yù hán shén nóng yán dì hái biàn cháng bǎi cǎo liǎo jiě gè zhǒng zhí wù de yào xìng
有了衣裳御寒。神农炎帝还遍尝百草，了解各种植物的药性，
pèi wǔ chéng cǎo yào wèi zú rén zhì bìng yīn cǐ bù zú rén kǒu fán yǎn shēng xī bú duàn kuò dà
配伍成草药为族人治病，因此，部族人口繁衍生息，不断扩大，
bù zú yě cóng yě mán shí dài xiàng wén míng shí dài mài jìn shén nóng shì bù zú suǒ zài de dì fang
部族也从野蛮时代向文明时代迈进。神农氏部族所在的地方，
xiàng běi zǒu èr bǎi lǐ yǒu zuò shān jiào fā jiū shān shān yá qiào lì zhí bèi fēng fù zhǎng zhe xǔ
向北走二百里，有座山叫发鸠山，山崖峭立、植被丰富，长着许
duō zhè shù zhuó zhāng hé jiù fā yuán yú cǐ xiàng dōng nán huì rù huáng hé
多柘树。浊漳河就发源于此，向东南汇入黄河。

yán dì zhù de dì fang lí dōng hǎi bù yuǎn tā yǒu yí gè měi lì de yě shì tā zuì chǒng
炎帝住的地方离东海不远，他有一个美丽的，也是他最宠
ài de xiǎo nǚ ér míng jiào nǚ wá yǒu yì tiān tiān qì qíng lǎng nuǎn fēng xí xí nǚ wá jià
爱的小女儿，名叫女娃。有一天，天气晴朗、暖风习习，女娃驾

zhe dú mù xiǎo chuán lái dào wēi fēng xì làng de dōng hǎi shang yì biān bǔ yú yì biān xīn shǎng zhe hǎi
着独木小船来到微风细浪的东海上，一边捕鱼，一边欣赏着海
shang de měi lì fēng guāng bù zhī bù jué dú mù xiǎo chuán jiù piāo dào lí hǎi àn hěn yuǎn de dì
上的美丽风光，不知不觉，独木小船就飘到离海岸很远的地
fang hǎi shang de tiān qì shì biàn huà wú cháng de gāng cái hái qíng kōng wàn lǐ shùn jiān biàn fēng yún
方。海上的天气是变化无常的，刚才还晴空万里，瞬间便风云
zhòu qǐ dà yǔ qīng pén tiān kōng yí xià àn le xià lái diàn shǎn léi míng ràng nǚ wá gǎn dào
骤起、大雨倾盆，天空一下暗了下来，电闪雷鸣，让女娃感到
kǒng jù tā pīn mìng de huá zhe dú mù xiǎo chuán xiàng hǎi àn kào qù dàn shì tāo tiān de hǎi làng
恐惧，她拼命地划着独木小船向海岸靠去，但是滔天的海浪
bǐ tā de xiǎo chuán kuài de duō shān yí yàng de jù làng bǎ xiǎo chuán tuō xiàng làng jiān yòu hěn hěn
比她的小船快得多，山一样的巨浪把小船托向浪尖，又狠狠
de pāo jìn làng gǔ xiǎo chuán hái zài làng li piāo yáo dàn nǚ wá yǐ bèi hǎi làng tūn mò zài yě
地抛进浪谷，小船还在浪里飘摇，但女娃已被海浪吞没，再也
huí bu dào fù qīn shēn biān le shén nóng yán dì yòng jìn le suǒ yǒu de běn lǐng yě bù néng cóng
回不到父亲身边了。神农炎帝用尽了所有的本领，也不能从
dà hǎi zhōng jiù huí nǚ ér miàn duì dà hǎi tā zhǐ néng dú zì bēi shāng dú zì huǐ hèn tā
大海中救回女儿。面对大海，他只能独自悲伤、独自悔恨：他
bēi shāng zì jǐ shī qù le zuì téng ài de nǚ ér tā huǐ hèn bù gāi ràng nǚ ér dú zì xià hǎi
悲伤自己失去了最疼爱的女儿，他悔恨不该让女儿独自下海。
shī qù nǚ ér de bēi shāng bàn suí zhe yán dì dào lǎo dào sǐ
失去女儿的悲伤伴随着炎帝到老，到死。

nǚ wá lín sǐ qián nèi xīn bù gān tā tòng hèn jí jiāng duó qù tā shēng mìng de dōng hǎi fā
女娃临死前内心不甘，她痛恨即将夺去她生命的东海，发
shì yào ràng líng hún huà zuò fēi niǎo xián shí tián píng dōng hǎi tā de qū tǐ zuì hòu chén rù le dà
誓要让灵魂化作飞鸟，衔石填平东海。她的躯体最后沉入了大
hǎi ér tā de líng hún shēng xiàng tiān kōng huà zuò yì zhī zhī xiǎo niǎo bái huì hóng zhǎo sān sè
海，而她的灵魂升向天空，化作一只只小鸟，白喙红爪，三色
yǔ máo gē zi dà xiǎo fā chū de jiào shēng tīng qǐ lái xiàng shì hū huàn nǚ wá nǚ wá
羽毛，鸽子大小，发出的叫声听起来像是呼唤“女娃，女娃”。
tā men jù jí zài fā jiū shān shang zài zhè shù shang zhù cháo yīn wèi zhè xiē niǎo shì nǚ wá de líng
它们聚集在发鸠山上，在柘树上筑巢，因为这些鸟是女娃的灵

魂化身，人们就给它取了个名字叫“精卫”。这些小鸟带着女娃对无情的东海夺去自己年轻生命的痛恨，每天都要在山上衔一粒石子，振翅飞到东海，把石子投向波涛汹涌的海面，它们每天都做着同样的事情，无论刮风下雨，从不停歇。它们坚定地相信：总有一天能把大海填平。看着这群自不量力的小鸟，大海不断掀起巨浪，发出声声嘲笑：“没有头脑的鸟儿们，你们衔来的石子，对我来说只是沧海一粟，你们这样来来回回地衔这小小的石子，就想把我填平？就算你们干上十万年、百万年，以至于干上千万年，又能把我怎样？大海还是大海，依旧大浪滔天。好好想想吧，好好睡睡觉、寻寻食，别再干这无用的傻事，到头来竹篮子打水一场空，成为后人嘲笑的对象。”面对嘲讽，精卫们在高空回复大海：“海有枯的时候，石有烂的时候。只要我们有恒心，哪怕干上千万年、万万年，干到时间的尽头，我们也要完成心愿，最终把你填平！”“你为什么恨我恨得如此之深呢？”东海有些想不通，发出询问。“因为你太放纵自己，随便就夺走鲜活的、年轻的生命。如果不把你填平，将来你淫威发作，不知还会无情地夺走多少年轻而无辜的生命。”“真是一群死心眼的、不可理喻的笨鸟呀！你们就干吧，干吧！”大海发出阵阵狂笑。精卫们在空中并不为大海的嘲笑所动，它们依旧把石子投向大海，并向大海高喊着说：“我们要干到底，永不放弃！总有一天，时间会成为我们把你这狂妄而自大的大海填成平地的见证人，你就等着消失的那天吧！”精卫们鸣叫着离开大海，又飞回山中，衔上石子继续飞来，再次把石子投进大海，它们日复一日地重复做这件事，从不放弃！直到今天，它们依旧衔来石子投向大海。

东海直到今天还没有被填满，斗争还没有结束。不过，在这个故事中，弱小的精卫身上展现出来的战胜任何困难的决心，锲而不舍、持之以恒的精神，值得我们每一个人学习。至于这种高贵的品质最终会获得怎样的结果，故事没有告诉我们，不过，古人有一句话也许能回答这个问题，这句话就是：“精诚所至，金石为开。”

伏羲画卦

中国民间有句歌谣："自从盘古开天地，三皇五帝到如今。"在神话传说中，三皇五帝的说法众多，如果除去天、地、神的说法，只从人类发展的角度来看，天皇、地皇太缥缈遥远，而人皇伏羲的传说，倒更贴近华夏民族发展的历史。神话传说中，华胥氏部落作为人类农耕、渔猎文明先驱者，还处在上古时代的母系社会，有屋同住，有食共享，没有压迫与剥削。传说伏羲的母亲华胥氏去雷泽游玩，在游玩途中发现了一个很大的脚印，出于好奇，她将自己的脚踏在大脚印上，就觉得有被蛇缠身的感觉，于是就有了身孕。这时，华胥氏率领部族的一部分人离开了蓝田向西北行进，探寻更好的生存空间，他们来到泾河流域的华亭、泾川一带，部分族群就留了下来。华胥氏又率领着部分族群来到了渭河流域的天水一带，这时候，她已离开蓝田十二年了，怀孕十二年的华胥氏终于产下一个人首蛇身的孩子，这个孩子就是伏羲。因为在古代，人们把十二年作为一纪，伏羲的诞生地就被后人称作成纪。今天的天水市及其周边，有很多用成纪命名的事物，譬如成纪大道、成纪街、成纪宾馆等，据史学家考证，古成纪就是今天的天水一带。《汉书》中记载："成纪属汉阳郡，汉阳郡即天水郡也。古帝伏羲氏所生之地。"所以，天水在今天被称为"羲皇故里"。换句话说，天水就是我们华夏民族老祖宗的出生地。根据传说和史籍记载，伏羲的父辈已经掌握了火的使用方法，从而脱离了茹毛饮血、类似于动物生活的状态。后来，华胥氏又生下了女娲，因此在神话传说中，华胥氏也被称作华夏民族的始祖母。华胥氏族群在这里与原有部落融合在一起，伏羲成长起来，成为部落的领袖，他教会族人编织渔网捕鱼，制作类似弹弓的工具狩猎。《诗经·北山》中"断竹、续竹、飞土、逐肉"，写的就是伏羲带领族人砍下山毛竹，制作成弹射工具，把石块弹射出去击打野兽，这有效地提高了族人获取食物的能力。伏羲还引导族人把活捉的野兽驯养起来，这就是家畜养殖的开端。伏羲的时代还处在原始的群婚时代。传说中，伏羲就是和同母异父的妹妹女娲成婚，从此，群婚开始向男聘女嫁的固定婚、血缘婚向族外婚发展，结束了子女只知其母不知其父的群婚时代。伏羲创造了运用刻画符号记事的办法，替代了结绳记事的老办法，使族群中的大事能够长久地记录下来。传说中，伏羲还发明了陶埙、琴瑟等乐器，通过记录日影的移动，反映四季的更替，形成古老的历法。

伏羲的最大功绩是创立八卦。在天水渭南乡西部，有一卦台山，相传这里就是伏羲画卦的地方。远古时代，人们对大自然一无所知。当下雨刮风、电闪雷鸣时，人们既害怕又困惑。天资聪慧的伏羲想把这一切都搞清楚，于是闲暇之余，他经常站在卦台山上，仰观日月星辰的变化，俯察山川草木的兴衰，近看鱼虫鸟兽的生存，远思浩瀚宇宙的奥秘。古书上关于伏羲创立八卦的目的有如下记载："以通神明之德，以类万物之情。做结绳而为网罟，以佃以渔，盖取诸离。"也就是说，他想通过八卦呈现宇宙的本质，描述万物的本性，帮助指导生产。

积年累月，他对苍茫广宇似有所悟。有一天，眼前渭河对岸的龙马山豁然中开，龙马振翼飞出，悠然而下，落在河心的分心石上，身上的纹理呈现出分明的卦象，分心石也幻化出阴阳缠绕的太极图，这个情景震撼了伏羲，太极图深深地印在他的脑海中，他顿然开悟，感悟到世界的本质原来如此简单——唯阴阳两仪，两仪的消长形成了四季，山、泽、水、火、风、雷孕育于天地之间。后来，伏羲带领部分族群东迁，他的母亲华胥氏回到了蓝田故里居住，而伏羲带领着部族继续东迁，进入中原，在这片肥沃的大地上过起了富足的农耕生活，伏羲画的卦象也日趋完善，由原来三爻（组成卦的长短横道，分为阳爻“—”和阴爻“--”），组成演化出的八卦，逐步演化成六爻组合出的六十四卦。伏羲画卦的演进过程，是神话思维向理论思维、原始思维向哲学抽象思维的过渡，打开了人类对自然万物和人类自身理性思考的大门，给在困惑中挣扎的人们带来了一缕理性的阳光，因此他获得了人们永远的怀念和尊崇。

zì xiāng máo dùn
自相矛盾

hěn jiǔ yǐ qián chǔ guó yǒu yí gè shǒu gōng yè zhě tā shàn cháng zhì zuò shì bīng shǐ yòng de
很久以前，楚国有一个手工业者，他擅长制作士兵使用的
cháng máo hé dùn pái tā de máo jiān jīng guò fǎn fù duàn dǎ hé cuì huǒ jiān yìng wú bǐ tā de
长矛和盾牌，他的矛尖经过反复锻打和淬火，坚硬无比。他的
dùn pái shì yòng duō nián shēng zhǎng de téng tiáo biān zhī méng yǐ niú pí zài huǒ qī zhōng fǎn fù jìn rùn
盾牌是用多年生长的藤条编织，蒙以牛皮在火漆中反复浸润，
tōng guò yā zhì hōng gān děng gōng xù zhì chéng zì rèn wéi jiān shí wú bǐ yú shì tā bǎ zì
通过压制、烘干等工序制成，自认为坚实无比。于是，他把自
jǐ jīng xīn zhì zuò de cháng máo hé dùn pái ná dào jiē shang qù jiào mài jiē shang xíng rén bù shǎo
己精心制作的长矛和盾牌拿到街上去叫卖。街上行人不少，
lái wǎng chuān suō dàn hěn shǎo yǒu rén guāng gù tā kuài dào shǎng wǔ le tā nǎ yí yàng dōu méi yǒu
来往穿梭，但很少有人光顾他。快到晌午了，他哪一样都没有
mài chū qù tā xīn lǐ zháo jí jiù ná qǐ zì jǐ de cháng máo gāo shēng hǎn qǐ lái wǒ de
卖出去，他心里着急，就拿起自己的长矛高声喊起来：“我的
máo shì yòng hǎo tiě jīng guò fǎn fù duàn dǎ cuì huǒ zhì zuò chū lái de fēi cháng jiān yìng fēng lì
矛是用好铁经过反复锻打、淬火制作出来的，非常坚硬锋利，
wú lùn duō me láo gù de dùn pái dōu huì zài tā fēng lì de máo jiān xià bèi dòng chuān dà jiā bàn
无论多么牢固的盾牌都会在它锋利的矛尖下被洞穿。”大家半
xìn bàn yí shàng qián kàn yi kàn mō yi mō máo fēng yě jiù lí kāi le méi yǒu rén xiǎng mǎi
信半疑，上前看一看、摸一摸矛锋，也就离开了，没有人想买
tā de cháng máo tā jiàn dà jiā duì cháng máo méi yǒu tài dà de xìng qù jiù bǎ cháng máo shōu qǐ
他的长矛。他见大家对长矛没有太大的兴趣，就把长矛收起
lái guò le yí huìr tā yòu ná chū yí kuài dùn pái lái gāo shēng hǎn dào wǒ de dùn
来。过了一会儿，他又拿出一块盾牌来，高声喊道：“我的盾
pái yòng shēn shān lǎo téng biān chéng fǔ yǐ niú pí huǒ qī jìn rùn yā suō hōng gān láo gù wú
牌用深山老藤编成，辅以牛皮，火漆浸润，压缩烘干，牢固无

比，经得起刀劈斧砍、剑刺矛穿。”人们再一次被他的叫卖声吸引过来，也还是看一看、摸一摸，却没有人买。

这时候，有个人总觉得他的话相互矛盾：既然他的长矛无坚不摧，那么他的盾牌也会被他的长矛刺穿；可是他又说，他的盾牌可以阻挡住任何长矛的攻击，那就是说，他的长矛又成了刺不穿盾牌的长矛，他的话不是自相矛盾吗？于是，这个喜欢打破砂锅问到底的人就提出一个要求：“既然你说你的长矛无坚不摧，你的盾牌无锋不挡，那你就用你无坚不摧的长矛来刺你坚不可摧的盾牌如何？”听了这番话，那个卖矛与盾的人觉得自己吹嘘过度了，前话和后话产生了矛盾，无法自圆其说。在这个世界上，如果存在无坚不摧的矛，那就不会存在坚不可摧的盾。反之，如果存在坚不可摧的盾，就不可能存在无坚不摧的矛。因为过度吹嘘自己的产品，造成了自己的尴尬。这个故事告诉我们：说话做事要实事求是，不能因自夸过分而前后矛盾。

故事到这里还没有完，有好事者因为觉得这个人还算是一个工作认真的手工业劳动者，就续写了后面的故事：

这个卖矛和盾失败的人，带着一脸沮丧回到了家里。他的妻子是个贤惠而又聪明的女人，只一眼，就明白丈夫在集市受挫，她没有多问，就端上来饭菜，还温了一壶酒。丈夫也确实饿了，啥也不说，狼吞虎咽地吃起来。几杯酒下肚后，他就忍不住把一天经历的事一股脑地倾诉给妻子，妻子没有见怪，只是说：“你只懂得如何制作矛和盾，但是，你并不知道如何在市场上销售，明天你就到其他市场上，去寻找并购买比你的矛和盾更好和更坏的矛和盾，一个月之内，你就潜心研究，比你好的好在哪，比你差的差在哪，取长补短，把自己的矛和盾做得更好。我每天把家事打点好，伺候你吃喝，一个月后，你制作出更好的矛与盾，我就和你一起去集市，卖你制作的矛和盾。”

于是，妻子就更加勤奋地料理家务，丈夫心无旁骛，除了享受妻子按时送来的好吃好喝外，就专心比对、研究，反复试制。一个月后，他对妻子说：“我们的矛和盾，基本上是最好的了。”妻子问：“你的矛可以刺透你买来的盾吗？”他自信地回答：“只要用力，就能刺透。”妻子又问：“你的盾能抵挡住你买来的矛的攻击吗？”丈夫自豪地说：“即使是勇武之士，拿起买来的矛，也不能一击刺穿我的盾。”妻子还问：“你自己试着用自己的矛刺自己的盾，结果如何？”丈夫说：“尽力而刺，三刺未透。”妻子说：“好，刻上‘熊氏制’可以去集市了。”第二天，妻子做好丰富的饭菜，二人吃完之后，妻子还特意沏一壶茶，与丈夫品茶。日上三竿，才与丈夫套好车，拉着购来的矛与盾和丈夫制作的矛与盾来到集市。妻子把买来的盾牌和丈夫制作的盾牌绑在集市旁的大树上，又把丈夫制作的矛和买来的矛放在树下。妻子开始用她并不洪亮但很亲切的声音吆喝道：“好货不怕比，慧眼识真货。十里八乡的乡亲们，比画比画就知道什么是好矛，什么是好盾。”集市上的人都想亲自验证一下，也在众人中显示一下自己的力量和眼力，于是大家纷纷拿起矛，向盾刺去。结果显示，刻着“熊氏制”的矛最尖利，刻着“熊氏制”的盾最坚固。于是，大家争相购买，矛和盾很快卖光了，而这个手工业者的名声也传开了。后续的故事告诉我们，制作的东西好与差，不可以靠吹嘘，只能认真地提高质量，因为质量好就会有好的口碑。

小蜗牛和开花的玫瑰树

很久以前，在一片辽阔的大草原上，居住着很多小动物，在草原的尽头，是一座美丽的花园，花园里面有一棵很大很大的玫瑰树。到了每一年夏天，玫瑰树都会开花，鲜红色的花朵格外显眼，散发出醉人的花香。在阳光灿烂的日子里，小鸟都喜欢站在玫瑰树的枝条上歌唱，花园外的草地上吃草的牛和羊也喜欢站在花园的篱笆外闻玫瑰的花香，大家都夸玫瑰树长得漂亮，都喜欢和玫瑰树聊天。

但是，这一切被小蜗牛看见了，它很不高兴。小蜗牛的家就在玫瑰树底下。它的身上背着一个很重的壳，每天一到傍晚，它就要躲进自己的壳里面睡觉，然后到第二天中午的时候才醒来。它从自己的壳中钻出来，打一打哈欠，开始喝草叶上的水珠，吃一点腐烂了的野果子或野蘑菇。做完这一切，它就趴在玫瑰树下，懒懒地看着天空中的云彩飘过来飘过去，最后等待着太阳下山，继续进入自己的壳里面睡觉。一天又一天，小蜗牛过着相同的生活，它从来不会和别的小动物做游戏或者聊天。这天，它听见大家都在夸赞玫瑰树，心里面很不高兴，就对玫瑰树说："不只是你能开花，如果我愿意开花，我会开出比你更加漂亮的花朵来。"

"好啊，我会等着看你开出美丽的花朵。"玫瑰树对小蜗牛说。很快就过了两个星期，可是，小蜗牛每天都只是在玫瑰树下晒太阳。于是，玫瑰树问小蜗牛："小蜗牛，你不是跟我说，你也要开出和我一样的花朵吗？为什么我到现在也看不见你开出的花呢？""还没到时候。"小蜗牛说。又过了好长时间，整个夏天过去了，秋天也过去了，寒冷的冬天来了。小蜗牛冻得受不了，于是钻到土里去了，而玫瑰树也低下了头，准备度过漫长的冬天。终于，冬天过去了，小河又开始流水了，小鸟也开始快乐地歌唱，到了夏天，玫瑰树又一次开出了鲜艳的花朵。小蜗牛从土里把身子钻出来，每天还是过着和以前一样的生活，每天睡到中午才醒来，然后晒太阳，吃野果子。

“都过了这么久了，小蜗牛你还开不出花朵来吗？”玫瑰树问。“我开得出来，只是，我想问你一个问题，你的确在每年夏天盛开美丽好闻的花朵，并且引得小鸟在你的枝头上唱歌，牛羊忘记吃草来欣赏你。”小蜗牛说，“可是你除了讨得别人的喜欢之外，你开花还有什么作用？你每开一次花只会让你变老而已，对于你自己，开花并没有什么好处。”

“你说的这一切我都知道，随着时间的逝去，我只会变成一棵老玫瑰树，可我会给花园里以及草原上的朋友们带来快乐，我每一次盛开，都会让大家拥有愉悦的心情，就算有一天我老去，不再开花，朋友们还是会记住我曾经给它们带来的快乐。看见过我开花的诗人也会把我写进诗里，也许有一个天真无邪的小姑娘会读到这首诗，那么我就会盛开在她的心里，她会因为诗人描绘的美丽场景而开心地跳舞。总之，人们会记住我以前开花的时候有多么美丽。”玫瑰树说，“小蜗牛，你也应该结束这种生活，把自己最好的一面留给身边的人们。”

“不，你虽然这样想，但你还是会死去，你对这个世界所做的一切还是改变不了你的命运。何况，我以前过的生活对我来说很舒服，我不想改变。”小蜗牛向玫瑰树说道。说完这些话，小蜗牛又钻进了自己的壳里呼呼大睡起来。就这样过了好久好久，玫瑰树每一年夏天都会开花，而小蜗牛每天都过着一成不变的生活。终于，玫瑰树和蜗牛都老了，在一个寒冷的冬天之后，它们再也没有醒来。又一年的春天来了，花园里长出了一棵新的玫瑰树，在这棵树的底下也住着一只小蜗牛。和以前一样，夏天，玫瑰树都会开花，小鸟在它的枝头上歌唱，牛羊驻足欣赏它美丽的花朵，而这只小蜗牛还是和以前住在这里的蜗牛一样，到中午才醒来，吃饱肚子之后趴在玫瑰树底下看云彩飘来飘去，然后进入自己的壳里睡觉。就这样，花园里的玫瑰树一次又一次地开花，小蜗牛也想开出几朵花来，但是每次想到开花对它并没有好处，就放弃了这个想法。日子一天一天过去，花园里不断有玫瑰树和蜗牛死去，也不断有新的玫瑰树和蜗牛生长，人们每年夏天都会看见盛开鲜花的玫瑰树和在玫瑰树底下晒太阳的小蜗牛。这个故事再讲下去和前面没什么两样。玫瑰树和小蜗牛不同的生活方式没有给世界和自己带来什么变化，也没有改变自己的命运，但是，它们不同的生活态度也许会给我们一些启示，引起我们思考。

愚公移山

太行山在古代也称作五行山、王母山、女娲山，这座大山与华夏民族的发展有着不能割舍的渊源，而王屋山则是它的支脉。太行山方圆七百里，高达几万尺，原来位于冀州的南面、河阳的北面，用今天的话说，它从北京的西山起，向西南延伸至河南与陕西交界处的王屋山。太行山的北面有位老人，叫作愚公，快九十岁了。他的家正面对着这两座大山，背后是北方贫瘠的黄土高原和荒蛮之地。大山的南面，农耕发达、物产丰富，但由于大山阻隔，出入十分困难。愚公深知自己行将就木，在离开亲人之前，他决心要做一件造福子孙的事，向南把阻隔在面前的大山移除一部分，开条道路，后代们就能够携山林中的物品南下换回丰富的农产品，改变山中艰苦的生活。于是，他召集全家人商议："我想和你们一起，用我们能用的力量去搬部分大山，开出一条路来，让你们和子孙后代可以轻松地到达冀州的南部，到达汉水两岸，你们说行吗？"无路的困苦也是家人常在心中想的问题，建议一经提出，全家人纷纷表示赞同，只有愚公的妻子提出疑问说："以你这把年纪和剩余的那点力气，就是像魁父这样的小山包，恐怕都搬不掉，你又能把太行、王屋这两座大山怎么样呢？再说了，挖山挖出来的那些石头和泥土又往哪里扔呢？总不能堆在家中吧。这样的困难你要认真想啊！"家人也七嘴八舌地说出各自的想法。最后，愚公坚定地说："我想过了，以我这把年纪，我都有信心，你们年轻力壮，又有何惧！况且，你们的儿孙又在长大，后继有人。至于挖下来的土石，既可以扔到渤海边去，也可以堆到隐土的北面。"听了愚公的这番话后，他的妻子和孩子都想通了，决心为自己，也为子孙后代改变环境，创造更美好的生活。

于是，愚公就率领家中的壮劳力，挖土的挖土，凿石的凿石，挑担的挑担，轰轰烈烈地干了起来。他们用簸箕和筐子把土石运到渤海或隐土之后要花很长时间，但他们不怕路途遥远，从冬到夏，从夏到冬，他们一刻不停地忙碌着。在不大的村落里，愚公的家人搬山修路的事惊动了左邻右舍。邻家有一位寡妇被愚公的行为感动，她让自己只有七八岁的儿子去帮忙，孩子也出于好奇，蹦蹦跳跳地跑去帮忙。

一个在黄河边住着的老头，行船走的地方多，见多识广，人称智叟。他得知这件事，就来到愚公面前，带着讥讽的语气劝阻愚公说："你怎么傻到这种地步呀！就凭你这把年纪，这点力气，要拔掉山上的一棵树都难以办到，又怎么能搬掉这整个大山的土石呢？我认为你的目的不会实现，劳民伤财之后，你只有一个结果：放弃！早放弃一定会比晚放弃好。"

愚公知道，智叟不相信自己的决心和毅力。在智叟看来，在天大的困难面前，任何人都无法坚持下去。而愚公有信心，只要一代一代地坚持下去，山石就会一天一天减少，总有挖开的一天。因此，愚公叹了一口气，对智叟说：“你虽然聪明，但是你把困难看成是不可战胜的，在这个世界上，只要有恒心，就没有干不成的事。你看看那寡妇家的孩童，他都天天跟着我们挖山，如果孩子心里没有挖开大山的信心，他还会天天来挖吗？你虽聪明，但你不理解精诚所至、金石为开的道理！简单地说，虽然我会死，可是我还有儿子呢！儿子又会有孙子，孙子成家又会有儿子，孙子的儿子又会有儿子，孙子的孙子又会再有儿子，这样延续下去，子子孙孙一代一代不停地挖下去，同时，这两座山再也不会增高，还怕挖不平吗？”

智叟听了这番话，无言以对，只能悻悻离开。

山神也听到了愚公的这些话，担心他挖山不止，就去禀告天帝。天帝被愚公移山的信心和行动所感动，就派了夸娥氏的两个大力士儿子下到人间，背走了太行和王屋两座大山，一座山放在朔东，一座山放到雍南。从此以后，从冀州的南部直到汉水的南面，再也没有大山挡路了。

在那个时代，人们有战胜自然的愿望，但还没有战胜自然的能力，只能想象出超自然的神来实现人们的愿望。今天我们来看这个故事，是不是可以有这样的结尾：愚公坚持不懈挖山的行为，感动了十里八乡的人们，得到了他们的支持，因为他们也为两座大山阻挡人们南下而苦恼。中国有句古语：人心齐，泰山移。于是，人们纷纷加入了挖山的队伍，挖山不止。不知经历了多少寒冬和酷暑，愚公依靠众乡亲的支持，凭借坚持不懈的努力，终于在山中开通了一条通向汉水的路，成为古代人类征服自然的一个典范。

聪明的手艺人

国王的女儿因为优越的生活环境，往往养成孤傲的性格。从前就有一位孤傲的公主，已经到了谈婚论嫁的年龄，前来向她求婚的人络绎不绝，但她都瞧不上眼，她不喜欢王宫中年轻的大臣毕恭毕敬的样子，也总觉得市井小民不够聪明，她要找的人既要英俊，又要聪明，还得勇敢。于是，她出了一个公告：无论是谁，只要通过她出的谜语，并且与熊为伴，她就会嫁给他。不几天，让她赶走的人数不胜数。这一天，三个市井的手艺人不约而同地来到王宫，他们抱着侥幸心理来碰碰运气。其中一个相貌平常的手艺人很有心机，他走访了许多求婚失败者，了解公主的谜语，又买了两瓶葡萄酒，毕恭毕敬地去拜访为公主养熊的仆人，了解熊的秉性，然后信心满满地与其他两个人一起来到王宫。

三人来到了公主面前，第一个手艺人声称自己天资聪颖，只有他才能猜出谜语。于是，公主给他出了谜语："我有两种头发，它们分别是什么颜色？""就这个谜语吗？"第一个手艺人不屑地说，"那一定是黑白两个色。"公主说："你猜错了，机会就在你面前溜走了，让第二个来猜吧。"于是，第二个手艺人说："要不是黑白两个色，那肯定是棕色和黄色，像落日的天空一样。""错了，"公主又说，"你也没有把握好机会，让

第三个来回答吧。”于是，轮到了相貌平常的手艺人。他走上前来说：“公主有一种银发和一种金发，这两种颜色是世上最尊贵的颜色。”公主听完，会心地笑了，因为公主头上满是金和银打造的头饰，头发全给遮住了。她曾自认为世上无人知道她心里的这个谜底，却被眼前这个看上去普普通通的手艺人揭开了。她带着平静的表情说：“你揭开了谜底，但我还不能嫁给你，你还得再干一件事：那边的围栏里有头黑熊，今晚你得在那里与熊为伴，明天早上你若安然无恙，就可以娶我为妻。”她心想，这个人不可能活到第二天早上，因为凡是与熊为伴的人，没有一个人从熊掌下逃脱。相貌平常的手艺人并无惧意，提起行囊走向围栏。

天黑了，手艺人进入围栏，到了黑熊的身旁，黑熊前足抬起，两眼盯住手艺人，充满了敌意。手艺人并不紧张，一副若无其事的样子，他从行囊中掏出一把榛子，嘴里发出“吁吁”的声音，这是养熊的仆人喂熊时发出的声音，听到这种声音，又闻到了榛子的味道，黑熊的目光开始变得温和了，手艺人把行囊中的榛子倒在围栏边，黑熊见了，走过来抓起榛子放入嘴中，熟练地嗑开果壳，享受着自己最喜欢的美味佳肴。在黑熊享受美味佳肴的时候，手艺人又从行囊中掏出一把大毛刷，开始为黑熊梳毛，黑熊感到浑身舒坦无比，不再对手艺人有敌意了。这时候，手艺人从行囊里取出早就准备好的铁链，一头固定在围栏粗壮的木桩上，一头悄悄地套在黑熊的脖子上，等到黑熊意识到自己被拴了起来，一切都晚了。虽然黑熊有十足的力气，但也拉不断硕大的木桩和铁链。平时自在惯了的黑熊露出了原始的野性，它眼露凶光，紧紧地盯着手艺人，发出阵阵低沉的怒吼声，可是铁链已经紧紧地把它束缚在三尺见方的范围内，已经不能给手艺人造成任何威胁了。于是，手艺人丢开黑熊，不再搭理它，任由它放声吼叫，自己在另一个角落的稻草上准备睡觉。

黑熊在铁链的束缚下愤怒无比，整个晚上，铁链的撞击声和黑熊的吼叫声一直没有停止。公主当然也听到了黑熊的吼叫声，她以为那是黑熊撕咬手艺人发出的声音。第二天早晨，公主起床后漫步到围栏边，可让她吃惊的是，睡了一个好觉的手艺人满面春风地走到她的面前。她现在别无选择了，宫廷内外都知道她的公告，她无法在国人面前失言，只得同意举行婚礼。于是，国王派出装饰豪华的马车，把她和手艺人送往教堂，在那里为他们举行隆重的婚礼。当他们坐上马车时，另外那两个手艺人妒火中烧，他们来到围栏边，解开铁链，悄悄放出了那头黑熊。被折腾了一晚上的黑熊带着满腔愤怒，循着气味，吼叫着向马车冲来。公主听到黑熊的吼叫声便吓坏了，手艺人似乎成竹在胸，他拿出早就准备好的另一条铁链，将铁链伸出车外，拼命地抖晃起来，铁链发出了响亮的撞击声。听到这声音，黑熊想起了围栏里的那根铁链，于是开始畏惧起来，停止了追击。手艺人和公主安全到达了教堂，如期举行了婚礼，开始了他们的美好生活。

世上最美丽的玫瑰花

很久以前，有一位很威严而又让人敬仰的皇后，她很喜欢花，尤其喜欢玫瑰花。她的花园里种植着不同季节绽放的，从世界各地移来的美丽的花。但是，她还是对玫瑰花情有独钟，因此，她的花园中玫瑰花的种类最多，稀有的、常见的、山野中自然生长的、花匠精心培育的，无所不有。你可以从那发出苹果香味、绿叶拥着的野玫瑰，一直看到最可爱的、来自于法国普罗旺斯的玫瑰。玫瑰们自由地生长着，它们爬上宫殿的墙壁，攀着可攀缘的建筑，伸进走廊，一直长向所有大殿的天花板。大殿中弥漫着各种玫瑰不同的香味，绚烂的色彩装点着整个宫殿。

但是，在这花海般的大殿里，却有种焦虑和悲凉气氛在蔓延，皇后因病睡在床上很久了，根据御医的说法，她的生命走到了尽头，已经没有希望了。

“只有一件东西可以救她，”御医之中一位跟随皇后很久又很细心的人说，“为她寻找到一朵世界上最美丽的玫瑰花——一朵代表最高尚、最纯洁的爱的玫瑰花，在她的眼睛没有闭上以前，让她看到这朵美丽的玫瑰花，那么，她就有生的希望。”

他的话迅速传遍全国，传到每一个为皇后担心的人的心里。人们为了让皇后活下来，寻遍山野和庄园，找来许多开放得最美丽的玫瑰花。然而，这些玫瑰花不是能治病的那种花。

那应该是哪种玫瑰花呢？是诗人们在诗歌中吟唱的美丽的玫瑰花，还是在年轻人喜爱去的爱情花园中怒放的玫瑰花？人们都在焦虑地思考着究竟哪种玫瑰花真正代表最高尚、最纯洁的爱，能够挽回皇后的生命。

“至今还没有人真正了解那种玫瑰花，”那位细心的人说，“因为谁也不知道盛开着那种玫瑰花的地方。那种玫瑰花，既不是开在罗密欧和朱丽叶墓地的玫瑰花，也不是一生歌颂爱情的诗人墓园中的玫瑰花。当然，也不是从驰骋疆场为祖国而死去的英雄流出的血中，和英雄那血迹斑斑的长矛上开出的玫瑰花。更不是花痴们在静寂的花房里，熬过无数不眠之夜和大好年华，精心培育出的出众的玫瑰花。虽然，这些玫瑰带着爱情与诗歌的芬芳，或是有着英雄用鲜血和生命浸染出的鲜红的色彩，但是，这些都不是能够挽回皇后生命的那种玫瑰花。”

“我知道这朵花开在什么地方。”一位脸上洋溢着幸福的母亲说。她带着她的稚气十足的孩子走到皇后的床前。“我知道在哪里可以找到世界上最美丽的玫瑰花！那种表示最高尚和最纯洁的爱的玫瑰，是从我纯净的孩子的脸上开出来的，当他从睡梦中醒来，睁开他清澈明亮的眼睛，对我发出充满了爱的微笑！”“这朵玫瑰是很美的，不过，还有比这更美的。”那个细心人说。

“是的，比这要美得多，”另一个女人说，“我曾经看到过一朵，再没有任何一朵开得比这更高尚、更神圣的花了，我看到它在皇后的脸上开出来。她的孩子病了，面色憔悴，皇后把她的皇冠和礼服抛在一边，穿着睡衣，一刻也不离开孩子。

漫漫长夜里，她抱着生病的孩子哭泣，呵护他，吻他，孩子的病痛十倍放大在皇后的身上，哦，没有皇后了，只有一个母亲在苦痛祈求，她的脸色像白玫瑰的花瓣，白得没有血色。”

“悲哀中的白玫瑰是圣洁的，它有撼人心魄的力量！但是，它还不是我们要寻找的那种玫瑰花。”虔诚的老主教说：“的确不是的，我在上帝的祭坛上看到过世界上最美的那种玫瑰花：一个年轻的姑娘，有着天使般的，洋溢着平静、安详与无私的爱的脸庞，她的灵魂充满了纯洁的爱，她来到圣餐的桌前，抬头望着上帝，叙述她在受洗时许下的诺言，于是玫瑰花开了，在她纯净如水的脸上开出淡白色的玫瑰花，在我看来，这是世上最纯洁和最高尚的爱的表情。”

“愿上帝祝福她，天使般的姑娘！”细心的人说，“不过，你们还是没有找到那种可以挽回皇后生命的，那种世界上最美丽的玫瑰花。”

这时，有一个孩子走进房间，他是皇后的小儿子。他双手捧着一本厚厚的、用猩红色天鹅绒装裱的、带着银质扣子的、打开的书。他的眼睛充满泪水，脸上是一道道泪痕。“妈妈！”小家伙说，“请听我念吧！”

于是，孩子在床边坐下来，就如同当年母亲守候在他的病床前那样，专心地念着书中关于爱和奉献的故事。皇后听了故事后，仿佛看到了世上最美丽的玫瑰花，她的脸上露出一片玫瑰色的光彩。

女娲的传说

中国是文明古国，流传着许多神话传说。远古时期，天地不分，混沌一片，传说有一个叫盘古的巨人，在这混沌之中一直睡了一万八千年，醒来时周围一片漆黑，他就抡起大斧头，朝眼前的黑暗猛劈过去，一声巨响，混沌一片的世界渐渐分开：清气上升成为天，浊气沉降成为地。天地分开以后，他怕天地还会合在一起，就头顶着天，脚蹬着地，每天盘古长高一丈，天也被顶高一丈。不知过了多少年，天和地逐渐成形，

pán gǔ yě lèi de dǎo le xià qù
盘古也累得倒了下去。

tā dǎo xià hòu shēn tǐ fà shēng jù dà de biàn huà tā de hū xī biàn chéng le fēng hé piāo
他倒下后，身体发生巨大的变化。他的呼吸变成了风和飘
dòng de yún shēng yīn chéng wéi hōng hōng de léi míng shuāng yǎn huà zuò tài yáng hé yuè liang sì zhī biàn
动的云，声音成为轰轰的雷鸣，双眼化作太阳和月亮，四肢变
chéng dōng xī nán běi sì jí jī fū chéng wéi liáo kuò de dà dì gú gé biàn chéng gāo sǒng
成东、西、南、北四极，肌肤成为辽阔的大地，骨骼变成高耸
de shān yuè xuè yè huà zuò bēn liú bù xī de jiāng hé chuàng zào tiān dì liú chū de hàn shuǐ zé
的山岳，血液化作奔流不息的江河，创造天地流出的汗水则
chéng le zī rùn wàn wù de yǔ lù jiàn jiàn de dà dì shang cǎo mù péng bó shēng zhǎng chū xiàn le
成了滋润万物的雨露。渐渐地，大地上草木蓬勃生长，出现了
niǎo shòu chóng yú
鸟兽虫鱼。

zhè shí hou nǚ wā chū xiàn le chuán shuō tā shì yí gè shén tōng guǎng dà de nǚ shén zhè
这时候，女娲出现了，传说她是一个神通广大的女神。这
yì tiān nǚ wā zǒu zài qīng cǎo qī qī de dà dì shang sì zhōu jì jìng ér dān diào gū dú gǎn
一天，女娲走在青草萋萋的大地上，四周寂静而单调，孤独感
cóng tā de xīn zhōng yǒng qǐ tā jué de yīng gāi zài zhè tiān dì zhī jiān zēng tiān diǎn shén me tā
从她的心中涌起，她觉得应该在这天地之间增添点什么。她
zǒu le hěn jiǔ yǒu xiē pí juàn le yú shì zài mì lín jiān de yì wāng tán shuǐ biān zuò xià lái xiū
走了很久，有些疲倦了，于是在密林间的一汪潭水边坐下来休
xi tán shuǐ qīng chè ér píng jìng tā de miàn róng yìng zài tán shuǐ zhong tā kàn dào tán shuǐ zhōng
息。潭水清澈而平静，她的面容映在潭水中，她看到潭水中
zì jǐ měi lì de miàn páng shū xīn de xiào le rán ér tā sì hū yòu xiǎng dào le shén me
自己美丽的面庞，舒心地笑了。然而，她似乎又想到了什么，
zhè tiān dì zhī jiān quē shǎo shén me ne tā níng shì zhe shuǐ miàn ruò yǒu suǒ sī fēng chuī lái
这天地之间缺少什么呢？她凝视着水面，若有所思。风吹来，
tán shuǐ xiān qǐ lián yī yìng zài shuǐ zhōng de zì jǐ yě suí lián yī huàng dòng yí gè niàn tou zài
潭水掀起涟漪，映在水中的自己也随涟漪晃动。一个念头在
tā xīn lǐ chū xiàn zhè tiān dì jiān rú guǒ yǒu xǔ xǔ duō duō xiàng zì jǐ yí yàng de rén jiù bú
她心里出现：这天地间如果有许许多多像自己一样的人，就不

会荒凉而单调了！于是，她随手从潭边抓起一团黄泥，在手里揉捏着，黄泥被揉捏成一个娃娃样的小东西，她把小东西放到地面上，奇迹出现了！这个泥捏的小东西接触到地面，马上就拥有了生命，活了起来，开口就喊“妈妈”，接着就欢快地跳跃、欢呼，像是在表达获得了生命的喜悦。于是，女娲又继续用黄泥做了许多能说会走的小人儿，一直忙碌到繁星布满天空。夜深了，她头枕山崖，脚对河岸，睡着了。第二天，她又继续造人的工作，日复一日，没有停歇，她想着让大地充满人类，但是，大地太广阔了，仅她一人之力，捏不出更多的泥人，她也有些疲倦了。于是，她想出个更好的办法。她从悬崖上拉下一根枯藤，在泥潭里沾满泥浆，向地面挥洒，溅落的泥点瞬间就变成许多叫着、跳着的小人儿，和先前捏成的小人儿没有两样。“妈妈，妈妈”的喊声不断，她的这种方法提高了工作效率，她又因为成功而更加努力地造人。不久，许许多多的新人出现，布满了大地。

不过，女娲并没有停止工作，她在想：人是要死亡的，如果我不在了，死亡一批，谁再去创造人呢？还得想个办法，让人类在大地上永久地延续下去。于是，她把那些小人儿分为男和女两种性别，让男人和女人组成家庭，赋予他们生育能力，叫他们自己去创造后代，人类从此就世世代代绵延下来。女娲亲手创造的人，不同于鸟兽虫鱼，他们聪明而美丽，不断改变和创新这片广袤的大地。

从此以后，女娲还是没能够停歇下来，正当人们过着快乐幸福的生活，大地上到处是欢歌笑语时，巨大的灾难突然降临：苍天的四面失去支撑，远处的天空塌陷下来，露出黑黑的大洞，苍茫大地四处开裂，到处是裂开的沟壑；天空不再能完整地覆盖大地，大地也不能完整地承载着活动在地上的生灵；森林燃烧着熊熊大火，不断蔓延扩大，没有熄灭的希望，田野间到处是泛滥的洪水，无数的生灵被炎炎的大火和猛兽般的洪水赶出居住的地方，生死难卜。被山火驱赶出山林的猛兽饥饿难耐，以四处逃难的人们为食，凶猛的鹰鹫从空中扑向地面，攫取老人和孩子以填饱自己。大地成了人间地狱，世界如同末日降临。

善良而神力无边的女娲不忍心看着自己创造的人们在水深火热中煎熬，她决心拯救子民。女娲登上险峻的高山，搜集补天用的五色彩石。她寻遍群峰，不计日夜地劳作，终于找齐红、黄、蓝、白、青五种颜色的石头。于是，女娲堆起山一样高大的炼石的火炉，引来天火夜以继日地熔炼彩石，五彩石熔化成黏稠的液体。女娲把它装在巨大的桶中，搬到毁坏的天际，精心地弥补坍塌的天幕，那西方坍塌的巨大的天洞在女娲的细心修补下，逐渐恢复了原状，天空不再吐出炙热的火焰。后来人们传说：天边五彩云霞渐起的地方和彩云消散的地方，就是女娲补天的地方。

为了补好的天不再坍塌，女娲又远赴东海，说服巨鳌分赴四极去支撑天幕，巨鳌因女娲的善行而感动，它们分赴天南海北、地角天涯，不计时日地承担撑起天幕的重任。希望让人们永世铭记的碑刻，以龟为底，也许就源于此。女娲又找来雷公，请求他降一场甘霖，雷公答应了女娲的请求，连日的大雨熄灭了摧毁山川的大火。之后，女娲又制服制造水患的黑龙，行船救人，筑坝阻水。所有的祸患，在女娲的努力下很快消失了。女娲创造的子民，又回到家园快乐地生活，而女娲从此就不再出现，也许她累了、困了，像盘古一样，一睡一万八千年。不过，女娲不畏艰苦、不惧危难而改变生存环境的伟大精神，已经灌注到了华夏子民的血液里。

苏武牧羊

说到汉代，就会提起“文景之治”，汉文帝和汉景帝在位时采取休养生息、轻徭薄赋的政策，使很多流离在外的居民回到家乡，人口数量大幅增加；同时实施“重农抑商”政策，农民的生产积极性很高，粮食的产量也增加了很多。平定“七王之乱”之后，中央集权得到巩固。汉武帝登上王位之后，经济上进一步采取重农抑商政策，征收商人资产税，把冶铁、制盐行业收归官家经营，运输和贸易也由官府经营，禁止分封的郡国铸造钱币，将铸造钱币的大权收归中央，成立了专门的铸币机构，统一铸造五铢钱。由此，国家经济实力大增。在北方，以逐水草而生的、以匈奴为主的游牧民族，经常南下抢掠中原。汉武帝决心对匈奴动武：卫青、霍去病等一代名将挥军西北，北入沙漠，在今天的蒙古境内的肯特山设坛祭天，以此来显示对匈奴战争的胜利；收取河西，臣服西域三十六国，设置汉朝的城府；向西越过葱岭，打垮康居、车师、大宛等各个国家。到了公元前100年，汉武帝又想出兵攻打匈奴，匈奴的使者带着以前被扣押在北方的汉朝使者前来求和。汉武帝为了回复匈奴的善意，派中郎将苏武带着副手张胜和随员常惠等，还带着标志着外交身份的节杖，出使匈奴。苏武到了匈奴，送还扣留的使者，献上礼物。

善意已表达，只等拿到单于写的回信，苏武的出使使命也就完成了。就在这个时候，意外的事情发生了，匈奴中有人造反，牵连到苏武的手下，苏武知道此行的使命是表达汉武帝的善意，出了这事有辱使命，无以回报汉武帝的重托，他决定自尽以谢罪，但是被人阻止了。单于想让他屈服，归顺匈奴，许以高官厚禄，但反复利诱无效。当时，正值严冬，天上下着鹅毛大雪，单于就命令属下把苏武关进一个露天的大坑中，禁止提供食物和水，他希望用这种严酷的惩罚改变苏武的信念。时间一天天过去，苏武在大坑中忍受着严寒与饥饿的折磨，渴了就吃一把雪，饿了就吞咽羊皮袄上的皮毛。很多天过去了，濒临死亡的苏武仍然没有屈服的意思，单于知道无论软的还是硬的手段，都无法让苏武投降。单于对苏武的骨气产生敬意，他不忍心杀苏武，但又不想让苏武返回大汉。苏武能在难以生存的环境下活下来，许多匈奴人认为他是个很神奇的人。

于是，单于就把他放逐到北海（今天的贝加尔湖）边去牧羊，并给他订了个苛刻的条件：只有羊生下小羊，苏武才可以回来。可是给他的一群羊都是公羊！同时，把他的随从人员常惠等分别安置到另外的地方。苏武来到北海后，粮食运不到，他只能挖取野鼠储藏在地下的野生果实吃。在这艰苦的日子里，投降单于的汉朝将领李陵来到北海，他受单于委托前来劝降苏武。李陵告知苏武家中的情况：母亲已死，哥哥苏嘉、弟弟苏贤都因为犯了过错而不被朝廷宽恕，被迫自杀，苏武的妻子已改嫁，家里只剩两个妹妹、两个女儿和一个儿子。十几年音讯全无，刚得点音讯，却是家破人亡的音讯，苏武不禁老泪纵横，痛不欲生。李陵又乘机劝苏武投降，他说：“人生如朝露般短暂，何必为一个有负于自己的朝廷而让自己受苦受难呢？”苏武虽然为家人的不幸而难过，但他仍向李陵表明心志：“坚守气节，宁死不降。”苏武的言行倒使李陵羞愧难当，只能悻悻离去。李陵走后，苏武依旧拄着汉朝的外交节杖牧羊，睡觉时节杖也不离手，以至于系在节杖上的牦牛尾的毛全都掉落了。在北海，除了自己，什么人都没有，和他做伴的只有那支代表汉朝的节杖和那群公羊。

到了公元前85年，单于去世，匈奴部族发生内乱，分裂成了三个部落，新任的单于难以集结力量与汉朝对峙，于是再次派遣使者来到汉朝宫廷求和。那时候，汉武帝已驾崩，他的儿子汉昭帝即位。汉昭帝也派使者到北方去回复匈奴，并要求新任的单于放苏武回国，匈奴谎称苏武已不在世，使者信以为真。后来，汉朝又有使者来到匈奴，与苏武的属下悄悄相见，得知苏武还活着，并且在北海牧羊，聪明的使者就对匈奴的单于说：“我大汉的天子在上林苑中游猎，射到一只大雁，雁的脚上系着帛书，帛书中清楚地写着苏武在北方的沼泽之中牧羊。”单于再没有托词了，只好派人把苏武接来，连同随苏武前来的使臣一齐送还。

昭帝始元六年，即公元前81年春天，出使匈奴十九年的苏武终于回到了他日思夜想的长安。壮年离开，归来时却须发皆白、步履蹒跚。回到长安的那天，长安的百姓都出来迎接他。须发皆白的苏武手里仍旧握着光秃秃的节杖，他的不辱使命的气节感动了在场的人，人们称赞他是个有气节的大丈夫！苏武回到朝廷做的第一件事，是到茂陵祭奠汉武帝，他当年是奉汉武帝之命出使的，回来后要向汉武帝的在天之灵“述职”。“述职”回来，汉昭帝论功行赏，封苏武为主管外交事务的典属国，苏武算是苦尽甘来了。遗憾的是，苏家此时已是人丁稀少，所幸儿子苏元还在。然而，第二年厄运又临，父子俩卷入了一场权力争斗的漩涡之中，苏武被罢官。汉昭帝死后，苏武因为参与了拥立汉宣帝刘询为帝，被赐爵关内侯，可以说苏武历经苦难，最终还是有个好的归宿。

故事讲到这里，我们想想，苏武带着使命在异乡经历过威逼利诱、非人生活、家人罹难等种种打击，但他依旧牢记使命，坚守着忠诚与气节，这才是故事留给我们的最宝贵的精神财富。

钻木取火

中华民族的发展历史，与原始社会各个部族的发展和对人类文明的贡献是密不可分的，如同黄河与长江的发展，一条条溪流从不同的山谷汇向一条大川，最终形成浩浩荡荡的大江大河。像伏羲氏，取蟒蛇的身、鳄鱼的头、雄鹿的角、猛虎的眼、鲤鱼的鳞、巨蜥的腿、苍鹰的爪、白鲨的尾、长须鲸的须，创立了中华民族的图腾，团结统一了华夏各个部落，定都在陈地。今天，我们自称为龙的传人，就来自于此。

神农氏制造农具，开启了农耕时代，又尝遍百草，了解植物的药用价值，开启了中草药治疗疾患的先河，人类由此向文明迈出了一大步。原始社会时期，人类少而禽兽多，人类在地面居住，经常遭受野兽的攻击、蛇蝎的荼毒，时时与危险相伴。有巢氏开始像鸟一样在树上搭建栖息的地方，既可挡风遮雨，又能避免野兽的攻击，让祖先们的生活更加安全。原始社会的人，基本上是赤身裸体的，冬天降临时，不知有多少人死于冰天雪地之中。后来，缁衣氏部族教会人们用兽皮、树皮、草叶制作衣服，用来遮体御寒，从此，族人有衣可穿，不再因为冬天的到来而被冻死。

钻木取火的故事记载了燧人氏为中华民族发展做出的巨大贡献。在远古时代，原始人类过的是茹毛饮血的生活，植物果实生吃也没什么，捕获来的野兽也是生吞活剥，连毛带血地吃了，既伤害肠胃，也易生疾病。所以，那个时代的人的寿命极短。火在人类产生之前，已经在自然界存在，如火山喷发、煤炭自燃、雷电引发的森林大火以及磷与空气接触而自燃，等等。但是，人类早期并不了解火，对火产生恐惧感，视火为洪水猛兽，绕火而行，离火而居。燧人氏部族中有敢为天下先的人，也许他是森林大火过后第一个敢把烧死的动物撕开吃的人，也许他是第一个用手触摸火的人。通过长时间体验，他发现了火的妙用。在寒冷的时候，人靠近火堆身体就不会寒冷，身体会跟晒太阳时一样暖洋洋的，只是不能靠得太近。被火烧熟的植物果实和动物皮肉，好咬又好吃，也易于消化，多了香味而少了腥膻的味道。总之，他就是最先对火感兴趣并了解火、研究火的人。古书上记载，就是这个对火感兴趣的人，观察到有只模样长得像猫头鹰的鸟，它不断地用喙敲啄燧木，燧木就冒出火花来。这个人看到这一幕，就有了想法，他折下燧木枝，在手上搓动木枝，来摩擦燧木，从而获得了火种。这位燧人氏的先行者，把取火的方式和火的使用方法教给部族的每个人，人们开始用火烤制食物、照明、取暖以及冶炼，人类的生活从此进入了一个全新的阶段。在人类发展的历史上，火的使用不亚于蒸汽机的出现，因为它是人类历史上主动利用自然来为人类自身服务的一个里程碑事件！部族的成员因为他而有了新的生活，他自然就被推举为部族的首领，其他的部族也纷纷前来学习火的使用，有些部族就融合进来，很快便形成了以燧人氏为首的远古人类氏族部落。这个氏族部落被后世形象地称为“燧明国”。那时，燧明国就在今天河南的商丘一带。

中国古代的人类开始进入吃熟食的阶段，加快了他们从动物界中彻底分离出来的速度。火的应用，使人类焚林而猎，人们开始利用自然去征服自然，获得更多的生活必需品。河湖中的鱼虾之类在火的烤炙下也不再损害人的肠胃。食物丰富了，又易消化、易吸收。从此，部族成员的生理结构发生了巨大的变化，肌体越来越强壮，大脑结构越来越复杂，部族加快了走向文明的发展步伐。

燧人氏对华夏文明的贡献，除了火的使用之外，还有许多贡献。他们在昆仑山顶观察天象的运行，创造大山扶木纪历，又从天象的运行中受到启发，为山川百物命名，产生了天地之德孕育万物、人是万物的尊长的关于人与世界的朴素思考。燧人氏开始以风姓给人命名，对人们的婚姻交媾有了血缘上的限制，这也是人类对伦理道德的早期思考。他们发明了搓绳技术，用柔软而有韧性的树皮搓成细绳，然后将数十条细绳排列整齐，悬挂在一处，通过在上边打结来记录容易被人遗忘的事情。通过绳结的大小区分记录的大事和小事，通过绳结的排列顺序区分事情发生的时间顺序。为了能够记录更多的事情，他们又利用植物的天然色彩，把细绳染成各种颜色，每种颜色分别代表一类事情或一类事物，让所记之事更明了。燧人氏以前，人们把天上飞的、地上跑的、水中游的所有动物都叫作“虫”。燧人氏经过细心观察，把这些动物划分为四类：天上飞的为“禽”，地上跑的为“兽”，爬行动物中有脚的叫“虫”，没脚的叫“豸”。划分虽然不合理，但在远古时代，这也是了不起的事情。

恩格斯的《在马克思墓前的讲话》中，评价马克思的经济基础决定上层建筑的人类历史的发展规律和剩余价值学说两个发现时说：一生中能有这样两个发现，该是很足够了。即使只能做出一个这样的发现，也已经是幸福的了。就是这位伟大的思想家，他这样说道："就世界的解放作用而言，摩擦生火还是超过了蒸汽机，因为，摩擦生火第一次使得人支配了一种自然力，从而最后与动物界分开。"由此我们就能看到，燧人氏在华夏民族发展中的地位和作用。

小红帽

从前有个可爱的小姑娘，谁见了都喜欢，当然，最喜欢她的人就是她的奶奶。一次，奶奶送给她一顶丝绒的小红帽，她戴在头上很合适。从此，小姑娘不再戴别的帽子，大家就用"小红帽"称呼她。

一天，妈妈对小红帽说："小红帽，把这块蛋糕和一瓶葡萄酒给奶奶送去。奶奶生病了，需要吃些好吃的东西，你趁着天还没有热起来，早点动身吧。在路上不要跑，也不要离开大路，如果你摔倒了，酒瓶会破，蛋糕也会摔得满地都是，奶奶就没办法吃了。还有，到奶奶家别忘了说‘早安’，进屋要守规矩。”“我会小心的。”小红帽对妈妈说，还和妈妈做了保证。

奶奶住在村子外面的森林里，离小红帽的家有很长一段路，小红帽一进森林就遇到一只狼，她不了解狼是坏家伙，所以心里也不怕。

“你好，小红帽！”狼说。

“你好，狼先生！”小红帽礼貌地回答。

“这么早出门要到哪里去呀？”

“我要到奶奶家去看望她。”

“你那围裙下面都装了什么呀？”

“蛋糕和葡萄酒，昨天家里烤的蛋糕，奶奶生了病，要吃些好东西才能恢复。”

“你奶奶住在哪里呀，小红帽？”

“进了林子再走一段路，她的房子就在三棵大橡树下面，周围栽着核桃树篱笆，你应该知道的。”小红帽没有一点防范地说。

狼心中盘算着：“这小东西细皮嫩肉，味道肯定比老太婆好，我得谋划一下，让她俩都成为我的美餐。”于是，狼就陪着小红帽走，又对小红帽说：“你看森林里开着的花多么美丽啊！你怎么不回头看一看呢？还有这些小鸟，它们的歌声多么动听啊！你难道没有听到吗？林子里的美景那么多，而你却一个劲地往前走，就像去上学的孩子要迟到一样。”

小红帽抬起头来，她看到阳光穿过树林在地上撒下斑驳的光影，美丽的鲜花在四周开放。“我该摘一把鲜花给奶奶，她一定很高兴！天色还早，我不会去迟的。”于是，她离开大路，走进林子去采花。她每采下一朵花，就觉得前面还有更美丽的花，不知不觉就进入林子深处。

这时，狼却离开小红帽，跑到奶奶家，敲起门来。

“谁呀？”

“我，小红帽。”狼回答，“我给你送蛋糕和葡萄酒来了，开开门吧。”

“你拉拉门闩就行了，”奶奶大声说，“我身上没有力气，起不来。”

狼拉拉门闩，门就开了，狼直接冲到奶奶床前，把奶奶绑起来藏在柜子里。然后，它穿上奶奶的衣服，戴上她的帽子，躺在了奶奶的床上，还没有忘记拉上床前的帘子。

小红帽还在采花，她采了许多许多花，多得都抱不住了。这时，她才想起要去奶奶家，于是又重新回到大路上，向奶奶家走去。

到了奶奶家，屋门开着，她觉得奇怪，走进屋子，她就有种不同往常的感觉，她心想：“平常我最喜欢来奶奶家，今天怎么有些害怕？”她大声叫道：“早安，奶奶！”可是没有人回答，她把床前的帘子拉开，看到“奶奶”躺在床上，帽子把脸都遮住了，样子非常奇怪。

“咦，奶奶，”她说，“你的耳朵怎么这样大呀？”

“为了听清楚你说话呀，乖乖。”

“可是奶奶，你的眼睛怎么这样大呀？”小红帽又问。

“为了把你看得更清楚呀，乖乖。”

“奶奶，你的手怎么这样长呀？”

“可以更好地抱你呀。”

“奶奶，你的嘴巴大得吓人呀！”

“对，为的是可以一口把你吃掉呀！”

狼把话说完，就跳下床来，准备伤害小红帽。

这时，正巧一位猎人从屋前走过，心想：“老奶奶家怎么有吵闹声，我得进去看看。”猎人进屋发现是狼，喊道：“你这坏蛋，我找了你很久，今天可是‘得来全不费工夫’！”

他用猎枪瞄准狼，一枪就打中了狼，狼便一命呜呼了。

猎人救了奶奶和小红帽，扛起狼就回家去了。奶奶享受了小红帽带来的蛋糕和葡萄酒，精神好多了。小红帽在想：“今后一定要听妈妈的话，再也不独自离开大路，跑进森林了。”

这个故事告诉我们，不要轻易地相信别人，对陌生人要时刻保持警惕，这样才能够保护自己，不被坏人伤害。

阳光的故事

风儿和雨儿争着要讲故事。

“现在轮到我继续讲一个故事啦！”风儿说。

“不行，现在轮到我了！对不起。”雨儿说，“你已经使足了最大的气力，在大街小巷甚至在各个角落呼叫了很长时间，该歇歇了。”

“为了你，我可以把人们打的雨伞吹得翻过来，甚至把那些不喜欢和你打交道的人们手中的雨伞吹破！”风儿说，“我想着你，为你做事，你该感谢我，可你却和我争，这是应该的吗？”

“好啦！你们不要争吵。”阳光说，“还是听我的讲话吧！”它的声音有些大，有震慑力，风儿因此就静悄悄地伏在那里。但是，雨儿心有不服，它摇着风儿说：“在我们获得发言权的时候，刚说到兴头时，就总被这个阳光老太太打断，真让人难以忍受。我们不听她的讲话，她讲得不值得听！”

阳光没有理会躲在角落里窃窃私语的风儿和雨儿，开始讲起了自己要讲的故事：“在波涛汹涌的大海上，有一只天鹅凌空飞翔。它的每根羽毛都像金子一样发出璀璨的光芒，有一根羽毛飘向一艘很大的、挂着满帆行驶的商船，这船上有一个管理货物的年轻人，人们把他叫‘货物长’，天鹅的羽毛飘向他，落到他的卷发上，触到了他的额头，他把羽毛拿在手里，羽毛就变成了他手中的一支笔。不久，他就成了一个富有的商人。后来在陆地上，他穿的马靴镶嵌着黄金打造的马刺，身上挂着用金盘改制成的代表贵族身份的徽章。我的光在他的黄金打造的徽章上面照过，金光灿灿。”阳光说。

“这只天鹅在绿色的草原上飞，草原上有一棵孤独的老树，一个七岁的牧羊孩子躺在树荫下面休息。天鹅飞过的时候，特意亲吻了这树上的一片叶子，这片叶子就落到孩子的手中。在孩子手中，叶子开始变成三片叶子，接着变成十片叶子，最后变成了一整本书。孩子在这本书里读到了祖国的语言、信仰和知识，领略了自然的变化。睡觉的时候，孩子把这本书枕在头下，以免忘记他所读到的东西。这书把孩子带进了学校，带进了图书馆，带进了学者行列。我在许多著名学者中读到过他的名字！”阳光说。

“天鹅飞到一片寂静的树林中，林中有一汪平静、幽暗的湖水，水中睡莲自由地生长着，湖岸生长着野苹果树，杜鹃和斑鸠在这宁静的地方建立起各自的家，天鹅也在这里停留下来。

林中一个穷苦的拾柴女人带着孩子，她把树上落下的树枝捡在一起扎成捆，背在背上，然后把孩子抱在怀里，向来时的路走去。那只停留下来的金色的天鹅（带给人们幸运的天鹅）从长满了灯芯草的岸上飞起来。它起飞的地方出现了一个闪闪发光的东西，拾柴女人走过来一看，原来是一枚闪亮的金蛋。她把金蛋放在怀里，金蛋仍然带着天鹅的体温，蛋壳里不断发出敲击声，开始她还以为这是自己的心跳，不过很快就确定：这是金蛋中的那个小生命发出的声音。她把金蛋放在自己温暖的怀里，带回了家。

在简陋的房间里，她把金蛋取了出来。金蛋不断发出‘嗒嗒’声，好像是金表发出的声音。她懂得那是一个小生命要破壳而出时发出的声音。金蛋终于裂开了，一只小天鹅把它的头伸了出来，它的羽毛黄得像金子，颈上带着四个环。她很快就明白了，为什么小天鹅的颈上带着四个环，因为她有四个孩子，三个留在家里，第四个是她抱着到树林里拾柴的那个孩子，她的每个孩子将有一个环。当她想明白这件事以后，这只小小的金天鹅就留下四个环飞走了。

她亲吻了每一个环，然后让每一个孩子吻一个环，并把它放在孩子的心口，让孩子默默许下心愿，最后把环戴在孩子的手指上。”

阳光接着说：“我看到了！我看到了随后发生的事情：头一个孩子坐在泥坑里边，顺手抓取一把泥，泥在他的手指搓捏下，就成为取得金羊毛的雅森的塑像。

第二个孩子跑到草原上，他在开着种种不同颜色的花的花从中，摘取了一大把花，他把五颜六色的花捏得那么紧，花色进入了他的眼睛，花浆把手和那支环都弄湿了。几年以后，京城的人都把他称为伟大的画家。

第三个孩子把这个环牢牢地衔在嘴里，他内心的思想和感情随着气流从口腔涌出发出声响，声响在天空和他的心里盘旋，如同天鹅在天空和海面盘旋。最后，他成了一个伟大的音乐家，一个所有国家都以拥有他为荣的伟大的音乐家。

至于第四个孩子，他是一个体弱多病、不被人喜欢的孩子。人们让他像病鸡一样吃些胡椒和黄油，他也就听别人的话，吃了些胡椒和黄油。我给了他一个阳光的吻。我的一吻会胜过医生，他因此就健康了，因为我喜欢他有诗人的气质。他从幸运的金天鹅那里得到的环，让他的思想像一只只金色的蝴蝶，从他的大脑中飞出，他成为一个伟大的思想家。金蝴蝶是不朽的象征，他的思想也是不朽的。”

“这个故事冗长乏味！”风儿说。

“而且我听得厌烦！”雨儿说，“风儿你吹吹我吧，好让我从

tóu hūn nǎo zhàng zhōng qīng xǐng qǐ lái yú shì fēng er jiù chuī qǐ lái
头昏脑涨中清醒起来。”于是，风儿就吹起来。

yáng guāng yī jiù jì xù shuō xìng yùn de tiān é zài wēi làng fàn qǐ de hǎi wān shang fēi guò
阳光依旧继续说：“幸运的天鹅在微浪泛起的海湾上飞过。
yú fū men zài zhèr xià wǎng bǔ yú tā men zhī zhōng yǒu yí gè fēi cháng qióng de yú fū tā
渔夫们在这儿下网捕鱼，他们之中有一个非常穷的渔夫，他
xiǎng jié hūn yīn cǐ tā jiù shí xiàn le jié hūn de yuàn wàng tiān é dài le yí kuài hǔ pò gěi
想结婚，因此他就实现了结婚的愿望。天鹅带了一块琥珀给
tā hǔ pò shì yì zhǒng kě ài ér guì zhòng de xiāng liào tā fā chū zhèn zhèn yōu xiāng hǔ pò fā
他，琥珀是一种可爱而贵重的香料，它发出阵阵幽香，琥珀发
chū de yōu xiāng bǎ tā men de xīn jǐn jǐn de jù jí zài jiā li tā men gǎn dào le zhēn zhèng de
出的幽香，把他们的心紧紧地聚集在家里，他们感到了真正的
jiā tíng xìng fú jí shǐ shēng huó zài jiǎn pǔ zài jiān nán tā men yī jiù gǎn dào mǎn zú yīn
家庭幸福，即使生活再简朴，再艰难，他们依旧感到满足。因
cǐ tā men de shēng huó chéng le yí gè zhēn zhèng de yáng guāng jiǎng de gù shi
此，他们的生活成了一个真正的阳光讲的故事。”

wáng yáng bǔ láo
亡羊补牢

zhè shì fā shēng zài zhàn guó shí qī chǔ guó de gù shi shuō dào chǔ guó rén men dōu huì xiǎng
这是发生在战国时期楚国的故事。说到楚国，人们都会想
qǐ yì míng jīng rén de gù shi chūn qiū shí qī chǔ zhuāng wáng jí wèi zhī chū chén mí shēng sè quǎn
起一鸣惊人的故事：春秋时期，楚庄王即位之初，沉迷声色犬
mǎ de shēng huó bù lǐ zhèng shì bìng jù jué dà chén de quàn shuō rú guǒ yǒu rén quàn shuō nà shì
马的生活，不理政事，并拒绝大臣的劝说，如果有人劝说，那是
yào shā tóu de kě shì piān piān yǒu yí wèi míng jiào wǔ jǔ de dà chén gǎn yú mào zhe kǎn tóu de
要杀头的。可是，偏偏有一位名叫伍举的大臣敢于冒着砍头的
wēi xiǎn gěi chǔ zhuāng wáng jiǎng le gè gù shi tā shuō chǔ guó de gāo shān shang yǒu yì zhǒng
危险，给楚庄王讲了个故事。他说：“楚国的高山上有一种

大鸟，栖息在树上三年，不飞也不鸣，不知是什么鸟。”这时，楚庄王在国君的高位上已经三年了，楚庄王知道伍举在用大鸟讽喻自己，于是他回答说：“大鸟三年不飞，飞则冲天；三年不鸣，鸣必惊人。”然而，此后几个月里，楚庄王依然沉湎于玩乐的生活。他的大夫苏从也是个不畏死的诤臣，他再次直言劝说楚庄王：“再这样下去，楚国必定走向衰败！”终于，楚庄王听了劝告，远离身边的佞邪小人，任用有德有才的大臣，励精图治，使得楚国国力日益强盛，最终使楚国成为春秋五霸之一。然而从楚怀王开始，楚国强势已去，由盛转衰。楚怀王的儿子楚襄王当上国君以后，在治国措施上仍然没有起色，这时，秦国强大的虎狼之师攻城略地，大有席卷天下之势。而楚国的大臣庄辛清楚地看到了楚国的危机，作为大臣，在国家面临危险时，他有责任和义务为国担忧。于是，他进入王宫，直言不讳地对楚襄王说：“国君呀！看看您吧，州侯、夏侯、鄢陵君和寿陵君围在您的身边相跟相随，美言、美色、美酒、美食相拥相伴，整日过着放荡奢靡的生活，不思考、不处理国家大事。如此下去，楚国的国都就很危险啦！”庄辛这种不留情面的劝说，让楚襄王下不了台。楚襄王用带着嘲讽的口气说：“先生老糊涂了吧，说这样的话，是心里想让楚国遭受厄运吗？”看着楚襄王恼怒的样子，庄辛辩解说：“臣是看到了当前的天下大势必然会产生可怕后果，我为楚国的将来担忧，心里决不希望楚国遭受厄运。如果国君始终听信这四个宠臣的话，一味享乐，把国家大事放在一边，那楚国一定会因此而灭亡的，我为此而痛心！我请求国君准许臣到赵国去待一阵子，在那里静观局势的变化。”

听惯了阿谀之词的楚襄王并不喜欢这个直言犯上的庄辛留在身边，因此，庄辛也就顺利地离开楚国，到了赵国。但他的心并没有离开，他牵挂着楚国，担心楚国即将蒙受国难。不出他的预料，他只在赵国住了五个月，秦国的虎狼之师就攻占了鄢、郢、巫、上蔡、陈这些地方，楚襄王也只能逃离楚国的国都——郢，流亡到城阳躲藏。蒙难的楚襄王此时才想起直言敢谏的庄辛，他马上派人快马加鞭赶到赵国，召请庄辛回来。

为了楚国，庄辛爽快地答应了。他一路风尘，赶到了城阳，楚襄王愧疚地对他说：“寡人当初不听先生的话，如今事情到了这个地步，都城不保，土地丢失，臣民流离失所，我愧对先王啊！怎么办呀？”

此时，庄辛面对六神无主的楚襄王并没有直言以对，他态度平和、语气委婉地讲道：“臣听过一句俗语：‘见到兔子以后再放出猎犬去追，并不算晚；羊丢掉以后再去修补羊圈，也不算迟。’臣还听说，过去商汤王和周武王依靠百里的土地，使天下昌盛；而夏桀王和商纣王虽然拥有天下，最终难免身死国亡。现在，楚国土地虽然狭小，但是如果可以取长补短，还能有数千里的土地，岂是一百里的土地可比的呢？但是，国君呀，人无远虑，必有近忧。难道没有见过蜻蜓吗？长着六只脚和四个翅膀，在天地之间飞翔，低下头来捕食蚊虫，抬起头来喝甘美的露水，又和谁都没有争执，自己认为无忧无患，怎能知道哪个不高的孩童，正在调制黏糖涂在丝网上，在房屋高的空中把它粘在网上，它的命运将是被蚂蚁吃掉。蜻蜓的事可能是小事，其实黄雀也是如此，它飞到地上去啄食谷物，向上飞又可栖息在茂密的树丛中，它可以鼓动着翅膀飞得很高，在空中自己认为没有祸患，和人没有争执，却怎么也想不到，王孙公子左手撑着弹弓，右手拉紧弹丸，把飞在十几米高空中黄雀的颈项作为射击目标，白天还在茂密的树丛中飞舞的黄雀，晚上就成了王孙公子桌上的佳肴。黄雀的事情可能也是小事，其实黄鹄也是如此。黄鹄在江河湖海上遨游，停留在旷野沼泽之中，低下头可以捕食黄鳝、鲤鱼，抬起头又可以吃到菱角和水草，振动翅膀，它可以凌驾清风之上，飘飘摇摇在高空飞翔，又与人无争，自己认为不会有祸患，然而却不知道，射箭的人已准备好箭和弓，拖着细箭绳的箭冲向百十米的高空射中它，它带着箭，在长风中坠落下来，掉在地上。黄鹄白天还在沼泽游弋，晚上就成了大锅中的美味佳肴。那黄鹄的事可能还是小事，其实蔡圣侯的事也是如此。他曾经到南面的高陂游玩，到北面登上巫山之顶，饮茹溪之水，吃湘江之鱼，左手抱着年轻貌美的侍妾，右手搂着如花似玉的宠妃，驾着马车和她们游逛于高蔡之中，根本没把国家大事放在心上。却不知道，楚宣王已经命令子发围攻蔡国，蔡圣侯最终成了阶下囚。”

讲到这里，楚襄王有些坐立不安了，他开始意识到，只顾享乐而不把国家大事放在心上，总有一天会灾祸临头。庄辛继续说：“蔡圣侯之事还算小事，国君呀，您的作为也像这一样，州侯、夏侯、鄢陵君和寿陵君整天陪伴在您的身边，吃的是来自国土的粮食，携带的是国库的金银，驱车寻乐于云、梦泽中，而不问天下大势，不理国家政事。您能想到吗？穰侯魏冉接受秦王的命令，秦将白起挥军攻入楚国国都郢，您被迫逃到陈地，成了逃亡国君。然而，您宠爱的大臣却把您抛弃在黾塞以北，穰侯魏冉已经奉秦王命令，在黾塞之南布满秦军。”楚襄王听得神色俱失、面色如土、浑身发抖，他内心感到异常恐惧和悔恨。于是，楚襄王封庄辛为阳陵君，授予重权，并把淮北之地赐给他，期待庄辛能解楚国之危。庄辛再次对楚襄王说：“羊因为羊圈破损没有及时修补而被狼叼走，丢了羊再去修补羊圈，还不算晚。”不久，庄辛帮助楚襄王收复了淮北的土地，化解了楚国的危机。

楚襄王在国难当头的关键时刻，能够痛改前非，远离小人而任用良才，接受了庄辛的逆耳良言，励精图治，免遭国破身亡之祸，这一点还是值得称道的。

毛遂自荐

平原君赵胜是赵国的众多公子中的一位。在众多公子中，赵胜因为贤能、有才而出众，好招纳天下奇才，宾客纷纷投奔到他的门下，大约有几千人。当时，他与魏国的信陵君、齐国的孟尝君、楚国的春申君都以广揽天下人才、多门客而闻名于各诸侯国。平原君担任过赵惠文王和孝成王的宰相，曾经三次离任宰相职位，又三次官复原职，封地在东武城。

秦军围攻赵国的邯郸时，赵王派平原君去楚国求援。当时，秦军强大，其他六个诸侯国拟推楚国为盟主，订立合纵盟约，联合起来对抗秦国。平原君欣然答应，并对赵王说：“假使能通过平心静气的谈判取得结果，那就最好了。如果谈判没有结果，那么我也要想办法挟制楚王，在大庭广众之下把盟约签订下来，只有确定了合纵盟约，我才会返回赵国。同去的人无须在朝内的文武众臣中选择，我在门下的食客中选取就可以了。”赵王终于松了口气，平原君也去准备在门下食客中挑选有勇有谋、文武兼备的二十个人跟随自己前往楚国的事。平原君根据自己对将要遇到的问题的估计来选择可用的人，结果选得十九人，剩下的人没有符合条件的，一时还凑不齐二十人。这时，门下食客中有个叫毛遂的人走到平原君面前，自我推荐说：“我听说您要到楚国去，让楚国做盟主订下合纵盟约，并且约定与门下食客二十人一同去，现在还少一人，希望您就拿我充个数一起去吧。”平原君问道：“先生依附在我的门下，至今已有几年了？”毛遂回答道：“到现在整整三年了。”平原君说：“有才能的贤士生活在世上，就如同锥子放在口袋里，它的锋尖立即就会显露出来。如今先生依附在我的门下已经三年了，可是我的左右近臣们从没有人称赞、推荐过你，我也从来没听说过你，这也许是因为先生没有什么专长吧？先生不能去，还是留下来吧。”毛遂说：“就算是因为我的请求，今天才把锥子放在口袋里吧，假使我早就被放在口袋里的话，那就不只是露出一点锋尖了，整个锥针都会露出来的。”平原君最终答应了毛遂的请求，让他一同去楚国。那十九个人使眼色互相示意，暗暗嘲笑毛遂，但是事情已确定，平原君不愿再改变。

到达楚国后，毛遂跟那十九个人谈论天下局势，慢慢地，这十九个人被毛遂独到的分析、卓越的眼光折服了，开始对他另眼相看。平原君与楚王谈订立合纵盟约的事，再三陈述其中的利害关系，从早晨开始谈判，直到中午还没有任何结果，那十九个人就私下鼓动毛遂说：“先生，这种只在浅表的谈论不会有结果，该您登堂论事了！”于是，毛遂手搭在剑柄上，登着台阶一步步走到殿堂上。他对平原君说：“主人，谈合纵的事只有两点：一是‘利’，二是‘害’。两句话就可以说透彻了。今天从早晨就谈合纵，到了中午还没有结果，这是因为什么呀？”楚王心有不快地对平原君说：“这个人是干什么的？”

平原君回答说："这是我的门客，是家臣。"楚王厉声呵斥道："怎么还不下去！我在跟你的主人谈国家的大事，你跑来干什么！"毛遂紧握剑柄走向前说："大王敢在大庭广众之下呵斥我，不过是依仗楚国人多势众。现在，我与你相距只有十步，十步之内，人多势众对大王没有用，大王的性命已在我的控制之中。我的主人就在面前，当着他的面，你怎么能这样呵斥我？呵斥狗也得看看主人的脸色吧！况且，我听说商汤王曾经凭借着七十里方圆的地方，最终统治了天下。周文王凭借着百里方圆的土地，让天下的诸侯国臣服。难道是因为他们的军队多吗？不是！而是因为他们善于把握大势，在恰当的时机用好自己的力量。如今，楚国领土纵横五千里，士兵百万，这是可以建立霸业的资本。楚国如此强大，天下谁能与之抗衡！秦国的白起，不过是个毛孩子罢了，他带着几万人的军队，发兵攻打楚国，第一战就攻克了楚国的鄢城和郢都，第二战烧毁了夷陵，第三战使大王先祖的寝地受到践踏。这是楚国永世不忘的仇恨呀！赵王都为此感到耻辱，大王您难道没感到耻辱吗？合纵盟约最有利于楚国，不只是为了赵国。我的主人就在面前，您呵斥我，我的主人脸面往哪放？”听了毛遂这番义正词严的话，楚王改变了态度，说：“对的，对的，的确像先生说的那样，我把楚国的命运寄托在合纵盟约中。”毛遂进一步问道：“合纵盟约签订吗？”楚王回答说：“签订。”于是，毛遂用带着命令的口吻，对楚王的左右近臣说：“把鸡、狗、马的血取来。”毛遂接过装着动物血的铜盘，双手捧着铜盘走向前，下跪进献到楚王面前说：“大王应先饮血以表示签订合纵盟约的诚意，接下来是我的主人，再下来是我。”就这样，在楚国的殿堂上，双方签订了合纵盟约。之后，毛遂又左手托起铜盘，右手招呼那十九个人说：“各位在堂下也一块儿饮盘中的血。各位虽然平庸，可也算是依靠他人的力量完成了自己的任务。”

平原君签订了合纵盟约后，便返回赵国，回到赵国后对赵王说：“我不敢再观察选拔人才了。我观察选拔人才，多说上千，少说几百，自己认为不会遗漏天下的贤能之士，现在，竟然在毛先生这里看走眼了，把一个天下奇才给漏掉了。毛先生第一次到楚国，就使赵国的地位比周王的传国之宝——九鼎大吕还要尊贵。毛先生能言善辩，比百万大军还要强大。我不敢再观察选拔人才了，因为我缺少识人的慧眼。”后来，平原君私下问毛遂：“先生，我有一事不明白，在楚王那里，我好言陈述利害关系，楚王回头看看左右大臣而说些别的。你毫无掩饰地揭他的心痛之事，楚王为何不怒，反而变得恭敬有礼了？”毛遂说：“主人啊，人言‘知耻而后勇’，我观察楚王并不是个首鼠两端的人，只是过于畏惧秦国了，况且，他还寄希望于秦国远交近战的连横政策，对楚国有利，所以我要当众揭开楚国的伤疤，一是让他在事实面前不再对连横政策存有幻想，二是楚王也是个男子汉，即使是个百姓，你无端闯进他的家里毁坏器物、羞辱他的老人，他也会怒从心中起，和你拼命。更何况是一国之主呢？他怎能不热血上涌，产生与仇敌再战的决心呢？”平原君说：“先生为我解惑了。”于是，平原君把毛遂尊为上等宾客。

zài zhè ge gù shi li， wǒ men kě yǐ huò dé zhè yàng de qǐ shì： zuò rén bù kě kuáng wàng
在这个故事里，我们可以获得这样的启示：做人不可狂妄

zì dà， dàn shì， bǎ zì jǐ de cái huá mái zài xīn lǐ yě bú shì qiān xū； gè rén cái huá shì
自大，但是，把自己的才华埋在心里也不是谦虚；个人才华是

yào wèi shè huì suǒ yòng de， zhǐ yào shè huì xū yào， jiù yào zhǎn shì chū lái。
要为社会所用的，只要社会需要，就要展示出来。

wō jù gū niang
莴苣姑娘

cóng qián yǒu yí duì fū qī， liǎ rén yì zhí xiǎng yào gè hái zi， kě shì bù suí rén yuàn， zǒng
从前有一对夫妻，俩人一直想要个孩子，可事不随人愿，总

yě dé bu dào。 tā men jiā de wū zi hòu miàn yǒu gè xiǎo chuāng hu， cóng nà lǐ kě yǐ kàn dào
也得不到。他们家的屋子后面有个小窗户，从那里可以看到

yí gè měi lì de huā yuán， qí huā yì cǎo bǐ bǐ jiē shì。 kě shì， huā yuán de zhōu wéi yǒu yí
一个美丽的花园，奇花异草比比皆是。可是，花园的周围有一

dào gāo qiáng， shuí yě bù gǎn mào rán jìn rù， yīn wèi nà ge huā yuán shǔ yú yí gè nǚ wū， yí
道高墙，谁也不敢贸然进入，因为那个花园属于一个女巫，一

gè fǎ lì fēi cháng dà、 rén rén dōu jù pà de nǚ wū。
个法力非常大、人人都惧怕的女巫。

yì tiān， qī zi zhàn zài chuāng kǒu xiàng huā yuán wàng qù， tā kàn dào yí kuài cài dì li zhǎng zhe
一天，妻子站在窗口向花园望去，她看到一块菜地里长着

lǜ yóu yóu、 shuǐ líng líng de wō jù。 zhè xiē wō jù fēi cháng piào liang、 tǐng bá， lì kè jiù gōu
绿油油、水灵灵的莴苣。这些莴苣非常漂亮、挺拔，立刻就勾

qǐ le tā de shí yù。“ nà yí dìng hěn hǎo chī， qīng cuì kě kǒu。” qī zi zhè yàng xiǎng zhe。
起了她的食欲。“那一定很好吃，清脆可口。”妻子这样想着。

zhè zhǒng yù wàng yǔ rì jù zēng， dàn tā zhī dào， zì jǐ wú lùn rú hé yě chī bu dào， yīn cǐ
这种欲望与日俱增，但她知道，自己无论如何也吃不到，因此

tā biàn de shí fēn qiáo cuì， miàn sè cāng bái， tòng kǔ bù kān。 tā de zhàng fu hěn dān xīn， wèn
她变得十分憔悴，面色苍白，痛苦不堪。她的丈夫很担心，问

她：“亲爱的，你哪不舒服呀？”

“唉，”她回答，“咱们家后面那个花园中的莴苣，我要是吃不到，我就会死掉的。”

丈夫非常爱她，就想：“与其让妻子痛苦，不如给她弄些莴苣来，先不管会发生什么事情。”

黄昏时分，他翻过围墙，溜进了女巫的花园，飞快地拔了一把莴苣，带回来给妻子吃，妻子急不可耐地把莴苣做成沙拉，狼吞虎咽地吃了下去，这莴苣的味道真是太好了。第二天，她想吃莴苣的愿望居然比前一天更加强烈，为了满足妻子，丈夫决定再次翻进女巫的园子。黄昏时分，他又偷偷翻墙进入园子，刚从墙上下来，他就吓坏了，女巫就站在他的面前。

“你好大的胆子，”女巫怒气冲冲地说，“竟敢溜进我的园子来，偷我的莴苣！”

“唉，可怜呀！”他回答，“饶恕我吧，我实在是没办法才这样做，我妻子从窗口看到了你园子中的莴苣，想吃得要命，吃不到她就会死去的。”

女巫听了之后，气消了一些，对他说："如果事情像你说的那样，你可以在我的花园里随便采莴苣，但我有一个条件，你必须把你妻子将要生的孩子交给我，我会让她过得很好，而且会像妈妈一样对待她。"

丈夫由于害怕，只好答应了女巫的条件。当妻子刚刚生下孩子时，女巫就来了，她给孩子取名叫"莴苣"，然后就把孩子带走了。

时光慢慢过去，"莴苣"长成了天底下最漂亮的女孩，她长着一头美丽的金丝般的浓密长发。十二岁那年，女巫把她关进一座高塔。这是森林里的一座高塔，没有门也没有楼梯，只是在塔顶上有一个小小的窗户。别人是无法进入高塔的，女巫想进去时，她就站在塔下朝上喊道："莴苣，莴苣，把你的头发垂下来。"

听到女巫的叫声，莴苣姑娘就松开她的发辫，把顶端绕在窗钩上，然后放下二十多公尺的长发，女巫就顺着长发缓缓地爬上来。

就这样，莴苣姑娘在塔上过了一两年。有一天，王子骑马穿过森林，经过这座塔，他突然听到了美妙的歌声，不由得停下来静静倾听。唱歌的就是莴苣姑娘，她在寂寞中只能靠唱歌来打发漫长的时光。王子想爬到塔顶上去见见唱歌的女子，可是绕遍四周也没有找到进入的门。他回到了宫中，那歌声依旧留在他的心里。此后，他每天都骑马去森林里听莴苣姑娘的歌声。

有一天，他站在一棵树后，看到女巫来了，而且听到女巫朝着塔顶叫道：“莴苣，莴苣，把你的头发垂下来。”莴苣姑娘立刻垂下她的金发，女巫顺着金发爬了上去。王子想：“如果那就是让人爬上去的梯子，我也可以试试我的运气。”

第二天傍晚，他骑马穿过森林，来到塔下叫道：“莴苣，莴苣，把你的头发垂下来。”头发立刻垂了下来，王子也努力地顺着金发爬了上去。

莴苣姑娘看到爬上来的是个男人时，真是不知所措，因为她从出生到现在还从来没有见到过男人。不过，王子和蔼的

tài dù qīn qiè de huà yǔ ràng tā xiāo chú le jǐn zhāng qíng xù wáng zǐ shù shuō tā rú hé bèi
态度、亲切的话语让她消除了紧张情绪。王子述说他如何被
tā de gē shēng dǎ dòng rú hé nèi xīn bù píng jìng yǐ zhì yú jiàn bu dào tā de huà huì qǐn shí
她的歌声打动，如何内心不平静，以至于见不到她的话会寝食
nán ān
难安。

zhè yí qiè bèi nǚ wū zhī dào le tā nù qì chōng chōng de bǎ wō jù gū niang dài dào tǎ
这一切被女巫知道了，她怒气冲冲地把莴苣姑娘带到塔
xià yì bǎ zhuā zhù tā piào liang de biàn zi chán zài shǒu shang yòu ná qǐ yì bǎ jiǎn dāo liǎng
下，一把抓住她漂亮的辫子，缠在手上，又拿起一把剪刀，两
sān xià jiù bǎ wō jù gū niang nà měi lì de biàn zi jiǎn luò zài dì shang rán hòu tā yòu hěn xīn
三下就把莴苣姑娘那美丽的辫子剪落在地上。然后，她又狠心
de bǎ wō jù gū niang sòng dào le yí piàn méi yǒu rén jì de huāng yě zhōng ràng tā zài nà lǐ qī
地把莴苣姑娘送到了一片没有人迹的荒野中，让她在那里凄
cǎn tòng kǔ de shēng huó
惨痛苦地生活。

sòng zǒu wō jù gū niang de dàng tiān nǚ wū bǎ jiǎn xià lái de biàn zi bǎng zài tǎ dǐng de chuāng
送走莴苣姑娘的当天，女巫把剪下来的辫子绑在塔顶的窗
gōu shang yè mù jiàng lín wáng zǐ lái dào tǎ xià hǎn dào wō jù wō jù bǎ nǐ de tóu
钩上，夜幕降临，王子来到塔下喊道：“莴苣，莴苣，把你的头
fa chuí xià lái
发垂下来。”

nǚ wū fàng xià jiǎn xià de tóu fa wáng zǐ biàn pá le shàng qù rán ér tā méi yǒu jiàn dào
女巫放下剪下的头发，王子便爬了上去，然而，他没有见到
xīn ài de wō jù gū niang què kàn dào le chǒu lòu de nǚ wū dèng zhe è hěn hěn de yǎn jing kàn
心爱的莴苣姑娘，却看到了丑陋的女巫瞪着恶狠狠的眼睛看
zhe tā
着他。

hā hā tā cháo nòng wáng zǐ shuō nǐ shì lái jiē xīn shàng rén de ba kě shì měi
“哈哈！”她嘲弄王子说，“你是来接心上人的吧？可是，美
lì de niǎo er bú huì zài zài tǎ lóu shang gē chàng le tā rě nù le yě māo yě
丽的‘鸟儿’不会再在塔楼上歌唱了，她惹怒了‘野猫’，‘野

猫’当然要抓走她，莴苣姑娘的生命就要结束了。”

王子痛苦极了，他绝望地从塔上跳了下去。他掉进了荆棘丛里，虽然没有丧生，但是双眼却被尖刺刺伤了。他不辨东西地在森林里走着，饿了就摸索些草根和浆果吃，渴了只能吸啜些露水，一想到失去的爱人，他就会伤心地痛哭一场。在森林里，他就这样痛苦地转了一年又一年，最后，走到了莴苣姑娘受苦的荒野。

这时，莴苣姑娘已经生下了一对双胞胎，一个是儿子，一个是女儿，这是她和王子的孩子。王子在荒野中听到有说话的声音，而且声音很熟悉，他便摸索着朝那里走去。莴苣姑娘一眼就认出了王子，她跑过来紧紧地搂住王子，思念、心酸、痛苦都变成了泪水，她的泪水流到了王子的脸上，也流到了他的眼睛里，这眼泪有着神奇的力量，让王子的眼睛重见了光明，他又能像从前一样看到这个世界了。他带着妻子和一双儿女回到自己的王国，人们热烈地欢迎王子归来，一家人从此幸福美满地生活到老。

qīng wā wáng zǐ
青蛙王子

zài yáo yuǎn de gǔ dài yǒu gè lìng rén shén wǎng de shí dài rén men xīn zhōng de měi hǎo yuàn
在遥远的古代，有个令人神往的时代，人们心中的美好愿
wàng zài nà ge shí dài wǎng wǎng néng gòu biàn chéng xiàn shí nà shí yǒu yí wèi guó wáng tā yǒu
望，在那个时代往往能够变成现实。那时有一位国王，他有
hǎo jǐ gè nǚ ér gè gè dōu zhǎng de fēi cháng měi lì yóu qí shì tā de xiǎo nǚ ér gèng shì měi
好几个女儿，个个都长得非常美丽，尤其是他的小女儿更是美
ruò tiān xiān jiù lián yáng guāng dōu yào zài tā de liǎn páng dòu liú
若天仙，就连阳光都要在她的脸庞逗留。

guó wáng de gōng diàn fù jìn yǒu dà piàn yù yù cōng cōng de sēn lín zài sēn lín zhōng de yì kē
国王的宫殿附近有大片郁郁葱葱的森林，在森林中的一棵
lǎo duàn shù xià yǒu yí gè hěn shēn de shuǐ tán tiān rè de shí hou xiǎo gōng zhǔ xǐ huan dào sēn lín
老椴树下有一个很深的水潭，天热的时候，小公主喜欢到森林
li zuò zài qīng liáng de shuǐ tán biān nà liáng yǒu shí tā zuò zài nà lǐ gǎn dào wú liáo jiù
里，坐在清凉的水潭边纳凉。有时，她坐在那里感到无聊，就
huì qǔ chū yì zhī jīn qiú bǎ jīn qiú pāo xiàng kōng zhōng rán hòu zài yòng shǒu jiē zhù zhè chéng le
会取出一只金球，把金球抛向空中，然后再用手接住，这成了
tā zài shuǐ tán biān zuì xǐ ài de yóu xì
她在水潭边最喜爱的游戏。

yǒu yí cì xiǎo gōng zhǔ shēn chū liǎng zhī xiǎo shǒu qù jiē jīn qiú hěn bú còu qiǎo jīn qiú méi
有一次，小公主伸出两只小手去接金球，很不凑巧，金球没
yǒu luò jìn tā de shǒu li ér shì diào dào dì shang shùn zhe xié pō jiù gǔn dào le shuǐ tán li
有落进她的手里，而是掉到地上，顺着斜坡就滚到了水潭里。
xiǎo gōng zhǔ suī rán liǎng yǎn jǐn jǐn de dīng zhe jīn qiú kě shì jīn qiú gǔn jìn shuǐ tán li jiù xiāo shī
小公主虽然两眼紧紧地盯着金球，可是金球滚进水潭里就消失
le xiǎo gōng zhǔ bù zhī gāi zěn me bàn jiù kū le qǐ lái kū de hěn shāng xīn ér qiě kū
了。小公主不知该怎么办，就哭了起来，哭得很伤心，而且哭

声越来越大。

哭着哭着，小公主突然听见有人大声说：“伤心的公主呀，是什么事让你伤心，让你哭了这么久？石头都叫你哭得心动了呀。”

听到说话声，小公主四处张望，想知道说话声是从哪里传来的。奇怪的是，她只看到一只青蛙从水里伸出它那两眼突出的大脑袋。

“原来是你呀，游泳健将！”小公主对青蛙说道，“我在这儿哭，是因为我的金球掉到水潭里去了。”

“这点小事，不要再哭了，”青蛙回答说，“我可以帮助你把你的金球捞出来，你拿什么东西来报答我呢？”

“亲爱的青蛙，你要什么东西都行，”小公主回答说，“我的衣服、珍珠和宝石，甚至我头上戴着的金冠，都可以给你。”

听了这话，青蛙对小公主说：“你的衣服、珍珠、宝石，还有金冠，我哪样都不想要，不过，要是喜欢我，让我做你的好朋友，我们一起游戏，吃饭让我和你同桌，用你的金碟吃东西，用你的高脚杯饮酒，晚上还让我睡在你的小床上，要是你答应的话，我就潜到水潭里去，把你的金球捞出来。”

“好的，太好了，”小公主说，“只要你愿意把我的金球捞出来，你的一切要求我都答应。”小公主虽然嘴上这么说，心里却想：“这只青蛙真是异想天开！它只配蹲在水潭里，和其他青蛙一起呱呱叫，怎么可能做人的好朋友呢？”

青蛙得到了小公主的许诺，一头扎进水里，潜入了潭底，不一会儿，青蛙嘴衔着金球浮出了水面，把金球吐在草地上。小公主又见到了自己心爱的玩具，心里别提有多高兴了，她把金球拣了起来，撒腿就向家的方向跑去。

“别跑，别跑！”青蛙大声喊道，“带上我，我可跑不了那么快。”

青蛙扯着嗓子喊，可是没有一点用，小公主根本不理睬它，只是径直向家里跑。到了家，她很快就把青蛙忘得一干二净了。

第二天，小公主跟着国王和大臣们一起用餐，刚开始用她的金碟进餐，就听见啪啦啪啦的声音，像是有什么东西沿着大理石台阶往上跳，然后又听到叫喊声："小公主，快开门！"听到喊声，小公主急忙跑到门口，想知道是谁在门外喊叫。打开门一看，原来是那只青蛙正蹲在门前，小公主见是青蛙，急忙把门关上，转身回到座位上，心里害怕起来。

国王看到小公主心慌意乱的样子，就问她："孩子，你怎么会一脸惊恐，该不是门外有个巨人要抓走你吧？"

"嗨，不是的，"小公主回答说，"不是什么巨人，而是一只讨厌的青蛙。"

"青蛙找你干什么？"父亲问。

"唉，我的好父亲，昨天，我到森林里去了，坐在水潭边玩的时候，金球掉到了水潭里，于是我就哭了，哭得很伤心。青蛙就帮我把金球捞上来，并且请求我做它的朋友，我就答应了，可是我没有想到，它会从水潭里爬出来，爬这么远的路来找我，现在它就在门外，想要进来。"

正说着，又响起敲门声，接着是喊叫声："我的爱啊，小公主！快点把门打开吧！爱你的人已到来，快点把门打开吧！你不会忘记昨天，老椴树下水潭边，潭水深深球不见，是你亲口许诺言。”

国王听了之后对小公主说：“你不能言而无信，开门让它进来吧。”

小公主走过去把门打开，青蛙蹦蹦跳跳地进了门，然后跟着小公主来到座位前，接着大声叫道：“把我抱到你身旁呀！”

小公主身子有些发抖，国王却吩咐她按青蛙说的做，她只得把青蛙放在椅子上。青蛙并不高兴，它想要到桌子上去，上了桌子它又说：“把你的金碟推过来点好吗？这样我们就可以一起进餐啦。”

很显然，小公主很不愿意，可她还是把金碟推过去，青蛙吃得津津有味，可小公主却没有了胃口。青蛙又开口说：“我已经吃饱了，跑了那么远的路真有点累了，请把我抱到你的小卧室去，铺好你的缎面被褥，然后我们就寝吧。”

小公主本来就害怕这只冷冰冰的青蛙，碰都不敢碰，把它放在自己整洁漂亮的小床上睡，她无论如何也接受不了，于是就哭了起来。

国王见小公主这样，就生气地对她说：“在我们困难的时候，帮助过我们的人，不论他是谁，都是我们的恩人，都应当受到尊重。”

于是，小公主用两只纤细的手指把青蛙夹起来，上楼把它放在卧室的角落里。可是，她刚刚在床上躺下，青蛙就爬到床边对她说：“我累了，我也想在床上睡觉。请把我抱上来，要不然我就告诉你父亲。”

听到这话，小公主积聚很久的怨愤突然爆发了，她一把抓起青蛙，朝墙上使劲摔去。“去睡吧，你这个讨厌的家伙！”她边摔边说。

谁能想到，青蛙一撞墙落地，就不再是什么青蛙了，一下子现了原形，恢复了两眼炯炯有神、满面笑容的王子模样。到这时候，王子告诉公主，自己被一个狠毒的巫婆施了魔法，变成了青蛙，只能遇到一位美丽的公主才能恢复原形。小公主感动了，也爱上了这位王子。

于是，遵照国王的旨意，王子成为小公主亲密的伴侣，他们将一道返回王子的王国。

第二天太阳爬上山的时候，一辆八匹马拉的大车停在门前，每匹马的头上都插着洁白的羽毛，身上披挂着金光闪闪的马具，车后边站着王子的仆人——忠心耿耿的亨利。亨利的主人被巫婆变成青蛙之后，他悲痛欲绝，于是，他在自己的胸口套上了三个铁箍，避免他的心因为悲伤过度而破碎。马车来接年轻的王子回自己的王国去，忠心耿耿的亨利扶着他的主人和未来的王妃上了车，然后自己又站到了车后边。

他们上路后走了不远，突然听见噼啪的响声，像是什么东西断裂了。路上，一次又一次地发出响声，每次王子和未来的王妃听见响声，都以为是车的某个部件坏了。其实不是的，因为忠心耿耿的亨利见主人那么幸福，自己也欣喜若狂，于是那几个铁箍就从他的胸口上一个接一个地崩裂掉了。

pī shān jiù mǔ

劈山救母

cóng qián yǒu gè shū shēng jiào liú xiàng yī míng liú xǐ zì yàn chāng tā fù jīng gǎn kǎo

从前，有个书生叫刘向（一名刘玺，字彦昌），他赴京赶考，

lái dào huà shān jiǎo xià dú shū rén yǐ dú wàn juàn shū xíng wàn lǐ lù wéi yào miàn duì

来到华山脚下。读书人以“读万卷书，行万里路”为要，面对

yǐ xiǎn jùn zhù chēng de huà shān qǐ kě bù yóu cǐ qián yù dì de wài sheng nǚ yě jiù shì èr

以险峻著称的华山岂可不游！此前，玉帝的外甥女，也就是二

láng shén de mèi mei míng wéi sān niáng bèi wáng mǔ pài qiǎn dào huà shān zhù zài sān shèng mǔ shén

郎神的妹妹，名为三娘，被王母派遣到华山，住在三圣母神

miào tā měi lì ér shàn liáng yīn wèi xiàng wǎng rén jiān yě yuàn yì lái dào huà shān rán ér shān

庙。她美丽而善良，因为向往人间，也愿意来到华山，然而山

gāo rén xī tā yì zhí guò zhe yǔ tiān gōng wú èr de gū dú jì mò de shēng huó zhè yì tiān

高人稀，她一直过着与天宫无二的孤独寂寞的生活。这一天，

tā zhèng zài miào zhōng guǎng xiù dú shū yòng gē wǔ xiāo mó shí guāng fā xiàn yí gè shū shēng kuà jìn

她正在庙中广袖独舒，用歌舞消磨时光，发现一个书生跨进

le miào mén tā cōng cōng máng máng dēng shàng lián huā bǎo zuò huà wéi sān shèng mǔ sù xiàng liú xiàng

了庙门。她匆匆忙忙登上莲花宝座，化为三圣母塑像。刘向

yì zǒu jìn dà diàn jiù bèi zhè měi lì de sù xiàng shēn shēn xī yǐn zhù le měi lì ér níng jìng de

一走进大殿，就被这美丽的塑像深深吸引住了，美丽而宁静的

liǎn páng mò mò hán qíng de yǎn jing zhè ràng tā de xīn tōng tōng de tiào dòng zhè shì yǐ

脸庞、脉脉含情的眼睛……这让他的心“通通”地跳动，这是以

qián cóng wèi yǒu guo de gǎn shòu tā xīn xiǎng yào shi néng yǒu rú cǐ měi lì de nǚ zǐ péi bàn zài

前从未有过的感受。他心想，要是能有如此美丽的女子陪伴在

shēn biān rén shēng hái yǒu hé qiú tā duō me xī wàng yǎn qián de diāo xiàng huà zuò yǒu qíng gǎn yǒu

身边，人生还有何求！他多么希望眼前的雕像化作有情感、有

zhī jué de huó shēng shēng de rén liú xiàng yì zhì bú zhù nèi xīn de jī dòng huái zhe shēn shēn de

知觉的活生生的人。刘向抑制不住内心的激动，怀着深深的

爱意和遗憾，挥毫在墙上作诗，抒发自己对三娘的眷恋："……华山之巅鉴吾情，地老天荒心亦恒。"

刘向的表达三娘心知肚明，面前这个书生面目清秀、心胸坦荡、颇具文采，而且他对自己满怀深情，看着面前的情景，她心中不禁百感交集，也对这个书生产生了爱慕之情。可是，天地有别，一个是天界的仙女，一个是人间的读书人，天条禁令不允许她对凡人产生依恋的感情，又哪能相亲相爱呢？目送着依依不舍而又不得不怅然离去的刘向，三娘的内心再也不能平静了，她思考再三，决心放弃天女的地位，不再享受天界的生活，她要做一个平凡的人间女子，和自己心仪的人厮守终生。于是，三娘化为朴素的、布衣裹体的民间女子，离开庙堂，下了华山，一路向京城方向追去。在路上，他们又相见了，四目相对，不用任何语言，内心相依相爱的情感通过眼睛瞬间涌进了对方的心底。这一瞬间，天地间似乎只有他二人的存在，风屏住了呼吸，路边的树木静悄悄，似乎都被他俩的真情感染。他们租下一间简陋的民居，一人勤奋读书，一人洗衣做饭，过起了普通人的日子，两情依依，恩爱无比。但是，京城大考的日子临近，刘向不得不与相依相爱的三娘告别，这时的三娘已有孕在身。十里相送，长亭下，刘向拿出祖传的沉香挂件，挂在三娘颈上，轻声地嘱咐说：“日后孩子出生，就叫他沉香吧。”在三娘的泪眼中，刘向消失在进京的路上。

在京城考场，刘向一举中榜，后来被任命为扬州府巡按。在他走马上任时，心想着：一切就绪后，就可以接三娘来扬州团聚。这时，正值王母娘娘生日，天宫中大办蟠桃会，各路神仙均来赴会为王母娘娘祝寿，三娘以染病在身为托词，来掩盖有孕在身的真相，没有去天宫为王母娘娘祝寿，依旧在民居中过着简朴的生活，守望着刘向归来。然而，真相被前来巡山的三娘的哥哥二郎神知道了，二郎神勃然大怒，他责怪妹妹私嫁凡人，触犯天条律令，一定要把她捉拿到天庭接受惩罚。早已决定在人间生活的三娘为了腹中的孩子，为了期待的人，早把自己置之度外，她拿出随身携带的镇山之宝——宝莲灯，这是三娘去任华山庙神时，王母娘娘亲赠的宝物，只要放出宝莲灯的奇光异彩，无论哪方神仙、哪路妖魔，都会被震慑臣伏，束手就擒。二郎神自知宝物的厉害，不敢正面对敌，只能伺机而动，乘三娘休息之际，他就令自己的哮天犬盗取宝莲灯。失去了镇山之宝，三娘就无法与二郎神对抗，二郎神拿下三娘，将她压在华山下的黑云洞中，然后带着哮天犬和宝莲灯，返回天庭向玉皇大帝邀功去了。三娘在暗无天日的洞中度日如年，但为了腹中的孩子，三娘坚强地活着，沉香终于在黑暗的洞中出生了。“天有不测风云，人有旦夕祸福”，为了这个小生命，她再犯天条，恳请同情她的夜叉寻访刘向，并将儿子送到他身边，夜叉答应了她的请求。在夜叉的帮助下，儿子来到了刘向的身边。

沉香渐渐成长起来，也知道了许多父母的事，尤其是母亲被压在华山暗无天日的洞中受难，让他寝食难安，他心中只有一个念头，一定要救出母亲三娘。他把想法告诉父亲。对于天庭的事，刘向一介凡人也毫无办法，有的只是无奈，但他对儿子的决心和勇气很赞赏。于是，沉香便独自一人走出家门，踏上寻找母亲的路。他不畏山高路险，经历千辛万苦，终于来到华山。可是母亲在哪里呢？他放声大喊，可是只有空谷的回声。他因找不到母亲而着急，他因找不到母亲而痛哭，痛苦的哭声在空寂的山谷中飘荡，引起了一位行脚仙人的注意。他静心捻指，了解了事情的原委，心有不平，决定帮助这个苦命的孩子，完成他的心愿。于是，他来到沉香身边问沉香：“你有移山的力气吗？”沉香摇摇头。“你有腾云驾雾的本领吗？”沉香还是摇摇头。“你要救母亲，就得练就开山的力气和与天将抗争的本领，想学吗？吃得了苦吗？”沉香这次点了点头。于是，仙人带着沉香回到自己的洞府。在仙人的指点下，沉香认真刻苦地学习本领，锤炼筋骨，增强力气，行拳舞棒，研习武艺，调息打坐，修养智慧。时间过得很快，转眼间沉香已到二八之年，身形健硕，精神内隐，在师父眼里已成奇才。这一天，沉香向师父辞行，前去华山救母，师父没答应。天晚了，沉香还在为不能前行犯愁。这时，师父的召唤声传来，沉香寻声来到师父的屋内，行礼毕，师父密授仙界变化之法，并叮嘱说：“前去救母，一定会与天将发生争战，变化之法有大用，要熟记于心。”接着，师父又拿出一柄开山大斧，赠给沉香做兵器。

太阳升起的时候，沉香叩拜过神仙师父，使出腾云驾雾的功夫，很快就来到华山下的黑云洞前。沉香运足真气大声呼喊妈妈，华山被声音震得颤抖，声音穿透重重岩层，传入三娘耳中。多少年了，三娘终于听到了儿子的喊声，她知道儿子已经长大成人，来救自己，此时的三娘百感交集，眼里充满了泪水。三娘知道沉香不是神通广大的二郎神的对手，大闹天宫的孙悟空也败在他手下，况且宝莲灯也在他的手上。三娘在岩层下面嘱咐沉香去请求舅舅。沉香借着自己非凡的功力，听到了母亲的嘱咐，他飞身来到二郎庙，哀求舅舅放出母亲。谁知二郎神铁板一块，只认天条不认亲情，不但不肯放出三娘，反而操起三尖两刃刀，要拿下沉香。沉香觉得这个舅舅冰冷无情，只有一战才能救出母亲。于是，沉香抡起开山大斧，与舅舅打起来。两人腾云驾雾，化作两条巨龙，刀来斧往，厮杀得天昏地暗。山为之变色，水为之哭泣，他们从天空杀到水下，从人间杀到天宫。大战惊动了和蔼的太白金星老人，他让四位仙姑去看个究竟。四位仙姑在云端看着这翻天倒海的争斗，都觉得二郎神身为舅舅，却如此凶狠地对待尚未成年的外甥，真是无情无义。于是，她们相互默契地暗中为沉香助力，沉香神力剧增，越战越勇，二郎神无论如何也招架不住众神之力，只得落荒而逃，连宝莲灯也丢掉了。沉香拾起宝莲灯，也不再去追赶舅舅了。“舅舅无情，我不能无义。”沉香想。

沉香立刻奔回华山，举起开山神斧，大吼一声，奋力劈下。只听到一声巨响，华山裂开了，封在山下的黑云洞出现了，山还在摇，地还在动，沉香不管这些，跳进黑云洞，背出了母亲。十六年暗无天日的生活到头了，三娘重新看到了天空，她与儿子紧紧相拥，泪流满面。

沉香带着母亲回到了父亲身边。看着健硕成熟的儿子和受尽苦难的妻子，刘向不知是伤心还是高兴，泪水已洒满衣衫……他们终于团圆了。后来，二郎神也觉得自己太无情无义了，给妹妹和外甥道了歉，沉香也因为英勇有加，被玉帝敕封了天职。

这个故事告诉我们：幸福生活乞求不来，只有通过不懈的努力斗争来获得。

张骞出使西域

在中国历史上，秦灭亡之后，经历楚汉之争，刘邦最终打败项羽，建立了西汉政权。经过短暂的惠帝和高皇后吕雉时期，大臣陈平、周勃等人诛灭擅权的吕氏，迎请刘邦的庶子刘恒即位，他就是汉文帝，在位二十三年。他去世后，儿子刘启继位，史称汉景帝，在位十六年。文帝、景帝在位期间，去除繁多的苛捐杂税，使天下百姓能够休养生息，逐渐恢复了因连年战争而毁坏的生产和生活。文帝、景帝在位的近四十年里，皇帝虚心纳谏，倚重功臣，选拔贤能，减轻百姓负担，经济得到恢复，人口繁衍，民富国强。历史上将这一时期称为“文景之治”，可与儒家理想的治世典范以及周成王、康王时代相媲美。这一时代，为后来汉武帝着手解决北方的匈奴威胁打下了物资和人力基础。

匈奴是秦末汉初称雄中原以北的强大游牧民族，匈奴人彪悍勇猛，自秦始皇时期就时常逐水草南下，兼以抢掠。到了汉代，匈奴更加强大起来，这些游牧民族组成纵横天下的匈奴骑兵，挥师南下，掠夺财物、人和牲畜，中原不堪其扰。汉武帝即位后，经济繁荣，国力强盛，已经具备对匈奴采取大规模军事行动的条件，他决心彻底解决来自北方的忧患。在大军出征前夕，汉武帝从士兵那里听说，在远方有一个叫作大月氏的国家，这个国家曾经受到匈奴铁骑的攻击，国王被害，因此，大月氏国与匈奴有着不共戴天的仇恨。这引起了汉武帝深深的思考：如果大汉王朝与大月氏国结成同盟，就可以东西夹击匈奴，获得战争的胜利。于是，汉武帝决定招募胆识过人的人作为使者，穿过匈奴控制的河西走廊地区，进入西域联络大月氏国，共击匈奴。

当时，正在汉武帝身边任侍从官的张骞，因为强壮有力、心胸宽厚、待人诚恳，又有坚韧不拔的意志，受到招募，承担了出使西域的使命。公元前138年，张骞率领向导兼翻译堂邑父（一个投降大汉的胡人）和一百余人组成的使团，携带礼物离开长安，出陇右，渡大河，风雨兼程，走出了西汉的控制范围，进入河西走廊，但是天不遂人愿，他们一行人一进入河西走廊就被匈奴骑兵抓获，押送到匈奴王庭（今呼和浩特附近）。单于见张骞这个关中汉子高大健壮、一表人才，非常喜欢他，也了解到张骞西行的目的，他对张骞说："大月氏国在我们的西边，你大汉的使者怎能经过我们的领地前去呢？这就如同你们大汉不允许我们的使者经过你们的领地，到南方的越国一样！"于是，单于就将他们扣留下来，分发到各个部落。为了软化拉拢张骞，单于又给张骞许配了胡人妻子，在胡地成家生子。张骞在匈奴人那里一待就是十几年，也有了自己的儿子，但张骞一直秘密保存着汉武帝授予他的使臣节杖，时时刻刻铭记自己的使命。

终于有一天，他抓住匈奴人放松对他们监管的机会，带着汉朝使团成员和家眷逃离了匈奴部落，向大月氏国的方向西行，经过几十天的奔波，他们先到了大宛国。大宛国国王早就听说大汉王朝非常富强，有与汉朝通好的愿望，但始终没有机会。张骞的到来，让国王喜出望外，他马上召见张骞，盛情款待，双方相互介绍了本国的风土人情，增加了相互的了解。张骞也把西行的使命告诉了大宛国国王，以求得国王的帮助，并许诺返回汉朝后，一定为国王筹备丰厚的礼物以表谢意。大宛国国王发给张骞通行证，并派人护送他继续西行，过了康居国，找到了大月氏国当时的所在地。那里原来是大夏国的地盘，大月氏人征服了大夏人，占领了这块土地肥沃、水草丰美又没有其他部落侵扰的宝地。大月氏人在这里生活富足而安逸，早已丧失了找匈奴人报仇的斗志。张骞在这里逗留了一年多，也难以说服大月氏人再和匈奴人开战，无奈之下，便踏上了回汉朝的路，但是命运多舛，路上又被匈奴人抓住，囚禁一年多，因匈奴人内乱，再次得以脱身回到汉地。

百余人出使，归来时只剩张骞与胡妻及堂邑父，此行的凶险和磨难可想而知。张骞返回长安时，已流逝了十三年的岁月，他虽然没有完成与大月氏国结盟的使命，但到过大宛、康居、大月氏、大夏等西域之地。在大夏国，他还见到过四川产的布帛和竹手杖，当地人告诉他，那是商人从印度贩运来的，他因此想：大夏国在大汉的西南方，大夏国离汉朝一万两千多里，而印度又在大夏东南几千里的地方，印度有四川的物产，可以断定印度离四川不会太远，而且有商贾往来，如果再次出使大夏，从四川出发可能是一条捷径。在这次历程中，他认识到大夏国、大宛国、安息国都不是小国，那里物产丰富且多奇珍异宝，民风质朴，风俗又与汉朝相近，如果大汉王朝再派使者带着厚礼和诚意前去通好，西域的各国都会拥戴大汉王朝，汉朝的威德就会遍布西域。归国拜见汉武帝时，他把一路的见闻和自己的想法向汉武帝一一上奏，汉武帝对异域的风土人情很感兴趣，也很赞赏张骞的见解，就封张骞为太中大夫，授堂邑父为奉使君，以表彰他们的功绩。

元狩元年（公元前122年），汉武帝命张骞主持从南面探路出使西域，张骞派出四个使团分别从蜀和犍为出发，从青海南部、西藏东部和云南向西进发，探寻出使身毒国（今印度）的路，但四路使团都在西行一两千里后，在西南少数民族地区受阻，未能到达目的地，但是他们带回了西南地区的大量信息，促成了后来汉武帝令郭昌率蜀兵征服西南夷、分土设郡县的大行动。

公元前119年，汉武帝再次派大军与匈奴作战，张骞也因了解西域而跟随大将军卫青深入大漠攻击匈奴。张骞在匈奴驻地居住过十多年，知道哪有水草方便驻军，哪有道路方便行军，使汉军得以顺利进军，西汉大军历经多场大战，将匈奴彻底击溃。西汉北部边郡得以安定下来，通往西域的道路也得以畅通无阻，张骞也因获战功被封侯。西北的战事平息了，张骞又向汉武帝提出了与西域各国互通友好，招乌孙国东返敦煌一带与汉军共御匈奴的“断匈奴右臂”的战略设想，得到汉武帝的采纳。汉武帝想起张骞以前对西域各国的介绍以及这些年从战将和降者口中得到的信息，他已经有了西域的基本轮廓——西域不仅包括天山南北两个区域的诸多小国，还包括葱岭以西的中亚西亚至地中海沿岸一带，农业和畜牧业发达，很多地方盛产葡萄和苜蓿等，有的地方掌握了用铜铁铸造兵器的技术。他决定加强中原与西域的联系，实施“断匈奴右臂”的战略，于是任命张骞为中郎将持节，率领三百部下，部下也都持有汉节，可以以副使的身份分头进入沿途各国通好，每人备马两匹，带足金银布帛，牛羊万头，再次出使西域。

张骞带使团风雨兼程，一路风尘到达乌孙，向乌孙王转达汉天子的问候，劝说乌孙王东返敦煌，尽管没有结果，但加深了两国之间的了解和信任。张骞又派遣副使到大宛、康居、月氏、大夏等国去沟通交流，建立友好关系。元鼎二年（公元前115年），张骞回国时，乌孙王隆重欢送，还派数十名使臣同行，作为对大汉王朝的答谢。

第二年，张骞在长安去世。不久，其他副使和各国随行的回拜使团也先后回到长安。从此，西域各国与西汉的往来日益频繁。元封六年（公元前105年），乌孙国王用千匹良马为聘礼向大汉王朝请求和亲，汉武帝把江都公主细君嫁给乌孙国王。细君死后，又把楚王戊孙女解忧公主嫁给乌孙国王。神爵三年（公元前60年），匈奴人内部分裂，许多匈奴人投降大汉王朝，匈奴人再也无力控制西域，汉宣帝任命卫司马郑吉为西域都护，驻守乌垒城（今新疆轮台东）。至此，越来越多的使者、商旅、僧侣、手工业者穿行在这条最早开辟的“丝绸之路”上，西域的核桃、葡萄、石榴、蚕豆、苜蓿等多种作物，大宛国的汗血宝马以及后来的佛教文化，沿着这条道路进入中原，中原的丝绸、茶叶、瓷器以及冶炼、打井、造纸技术等，也沿着这条道路传向西域，道路经过的地方共享了各地创造的物质和精神成果。

伟大的史学家、文学家司马迁把张骞出使西域称为“凿空”，也就是开辟了中原与西域交流的大通道的意思。这个评价一点也不为过。

sēn lín li de sān gè xiǎo ǎi rén

森林里的三个小矮人

cóng qián yǒu gè sǐ le qī zi de nán rén hái yǒu gè sǐ le zhàng fu de nǚ rén tā men
从前，有个死了妻子的男人，还有个死了丈夫的女人，他们
liǎng gè gè zì yǒu yí gè nǚ ér liǎng gè xiǎo gū niang hù xiāng rèn shi jīng cháng yì qǐ sàn bù
两个各自有一个女儿。两个小姑娘互相认识，经常一起散步、
wán shuǎ yǒu yì tiān tā liǎ sàn wán bù hòu yì qǐ lái dào nǚ rén jiā li nǚ rén duì nán rén
玩耍，有一天，她俩散完步后一起来到女人家里，女人对男人
de nǚ ér shuō gào su nǐ bà ba shuō wǒ yuàn yì jià gěi tā nǐ bà ba qǔ le wǒ nǐ
的女儿说：“告诉你爸爸，说我愿意嫁给他，你爸爸娶了我，你
jiù kě yǐ tiān tiān zǎo chen yòng niú nǎi xǐ liǎn hái néng hē shàng pú tao jiǔ ér wǒ zì jǐ de nǚ
就可以天天早晨用牛奶洗脸，还能喝上葡萄酒，而我自己的女
ér zhǐ néng yòng shuǐ xǐ liǎn yě zhǐ néng hē qīng shuǐ
儿只能用水洗脸，也只能喝清水。”

xiǎo gū niang huí dào jiā zhōng bǎ nǚ rén de huà gào su tā de bà ba wǒ gāi zěn me bàn
小姑娘回到家中，把女人的话告诉她的爸爸。“我该怎么办
ne nán rén xiǎng jié hūn shì xǐ shì kě yě huì dài lái tòng kǔ
呢？”男人想，“结婚是喜事，可也会带来痛苦。”

tā yǒu xiē ná bu dìng zhǔ yi zuì hòu tuō xià yì zhī xuē zi shuō hái zi zhè zhī xuē
他有些拿不定主意，最后脱下一只靴子说：“孩子，这只靴
dǐ yǒu gè dòng nǐ bǎ tā līn dào gé lóu shang bǎ tā guà zài yì gēn dà dīng zi shang rán hòu
底有个洞，你把它拎到阁楼上，把它挂在一根大钉子上，然后
wǎng lǐ miàn guàn xiē shuǐ yào shi shuǐ méi yǒu lòu chū lái wǒ jiù zài qǔ gè qī zi yào shi shuǐ
往里面灌些水，要是水没有漏出来，我就再娶个妻子，要是水
lòu le chū lái wǒ jiù bù qǔ
漏了出来，我就不娶。”

xiǎo gū niang àn fù qīn de yāo qiú zuò le shuǐ shǐ de xuē zi péng zhàng bǎ dòng dǔ zhù le
小姑娘按父亲的要求做了，水使得靴子膨胀，把洞堵住了，

靴子被灌满了，水也没有漏出来。她告诉父亲结果，父亲也亲自上来查看，情况果然如此，他就去向寡妇求婚，然后举行了婚礼。

他们再婚的第一天早晨，两个姑娘起床后，男人的女儿面前放着葡萄酒和洗脸用的牛奶，而女人的女儿面前放着洗脸的清水和喝的清水。第二天早晨，男人的女儿和女人的女儿面前都放着洗脸的清水和喝的清水。到了第三天早晨，男人的女儿面前放着洗脸的清水和喝的清水，而女人的女儿面前放着葡萄酒和洗脸用的牛奶。以后，天天都是第三天的样子。那女人变成了男人的女儿的死对头，对男人的女儿一天比一天坏，男人的女儿长得美丽可爱，而女人的女儿长得又丑又令人讨厌，这也让她万分嫉妒。

冬天到了，大地冻得像石头一样硬，风雪占领了高山和峡谷。一天，女人做了件纸衣服，把男人的女儿叫过来说：“你听着，穿上这件衣服到森林里采一篮子草莓，我很想吃。”

“天哪！”男人的女儿说，“大冬天哪里会有草莓呢？大地像冰一样硬，上面又覆盖着大雪。再说，外面冷得连呼出的气都能冻成冰屑，穿着这身纸衣服出去，风能把它撕破，荆棘也能把它挂破，我只能冻死在森林了。”

“你敢不听我的？”女人说，“要是没有采到一篮子草莓，这个家门你就再也进不来了！”说完，她塞给可爱女儿一小块干硬的面包。“这是你一天的口粮。”她说着，心里又在想：“这样的天气外出，冻不死也会饿死，再别想回来烦我啦。”

可爱女儿只能顺从，穿上纸衣服，提着篮子走进冰天雪地，她来到森林里，连一根绿草都找不到，哪来的草莓！它在森林里不停地走，没有方向，因为一停下来，严寒就会把她变成冰棒。在她想放弃抵抗严寒的时候，眼前出现了一座小房子。有三个小矮人趴在窗户上看着她，也许她的踏雪声惊动了他们，她主动向他们问好，轻轻地敲他们的门，他们打开了门，让她进来，她就走进屋里。多暖和的小屋啊！她感觉这是她一生中进过的最暖和的小屋。小矮人邀请她坐在炉子旁的长凳上烤火取暖，这时她也饿了，就拿出了自己一天的食品——

yì xiǎo kuài gān yìng de miàn bāo
一小块干硬的面包。

xiǎo ǎi rén men shuō yě fēn yì diǎn gěi wǒ men ba
小矮人们说："也分一点给我们吧。"

hǎo de tā shuō zhe jiù bǎ miàn bāo bāi chéng liǎng bàn gěi le tā men dà de yí bàn
"好的。"她说着就把面包掰成两半，给了他们大的一半。

tā men wèn zhè me lěng de tiān qì nǐ chuān zhe zhè me dān bó de yī fu dào sēn lín li lái gàn má
他们问："这么冷的天气，你穿着这么单薄的衣服到森林里来干吗？"

ài tā huí dá jì mǔ jiào wǒ wèi tā cǎi yì lán zi cǎo méi cǎi bu dào jiù bù néng huí jiā
"唉，"她回答，"继母叫我为她采一篮子草莓，采不到就不能回家。"

děng tā chī wán miàn bāo tā men dì gěi tā yì bǎ sào zhou shuō qù bāng wǒ men bǎ hòu mén de xuě sǎo diào ba
等她吃完面包，他们递给她一把扫帚说："去帮我们把后门的雪扫掉吧。"

tā chū qù hòu sān gè xiǎo ǎi rén shāng liang shuō tā zhè me kě ài yòu bǎ miàn bāo fēn gěi wǒ men shuō míng tā hěn shàn liáng wǒ men gāi sòng tā shén me hǎo ne
她出去后，三个小矮人商量说："她这么可爱，又把面包分给我们，说明她很善良，我们该送她什么好呢？"

dì yī gè ǎi rén shuō wǒ sòng gěi tā de lǐ wù shì tā yì tiān bǐ yì tiān gèng měi lì
第一个矮人说："我送给她的礼物是她一天比一天更美丽。"

dì èr gè ǎi rén shuō wǒ sòng gěi tā de lǐ wù shì bú zài shòu qióng kāi kǒu shuō huà jiù huì tǔ chū jīn zi
第二个矮人说："我送给她的礼物是不再受穷，开口说话就会吐出金子。"

dì sān gè ǎi rén shuō wǒ sòng gěi tā yì shēng xìng fú de lǐ wù chéng wéi yí gè wěi
第三个矮人说："我送给她一生幸福的礼物，成为一个伟大国王的王后。”

善良的姑娘按照他们的吩咐，用扫帚把小屋后面的雪扫掉，她惊奇地看到，雪下面露出了红彤彤的草莓！她高兴极了，赶紧将草莓装满了篮子。道别时，她真诚地感谢小矮人，依依不舍地和他们握手道别，然后带着继母想吃的东西回到家中。

让她没有想到的是，她进门刚说了声“晚上好”，嘴里就掉出一块金子！于是，她把自己在森林里遇到的事情讲了出来，每讲一句，嘴里就掉出一块金子，家里很快就堆起一堆金子。

“看她那副样子！”女人的女儿嚷道，“金子是可以随便乱扔的吗？”此时，她心里妒火中烧，难以自控，她想自己现在就到森林里去采草莓！

她母亲却说：“我的好女儿，外面太冷，你会冻死的，不能去。”

可是她的女儿铁了心，死活要去，女人只好让步。于是，她给女儿缝了件皮袄，要女儿穿上，又给女儿带上抹了黄油的面包和蛋糕，让她在路上吃。

这个姑娘来前也大体知道了小屋的位置，她径直向小屋走去，三个小矮人又从窗户向外张望，她根本不和他们打招呼，毫不客气地走进屋里，一屁股坐到炉子旁，拿出自己的面包和蛋糕自顾自地吃起来。

“分一点给我们吧！”小矮人们说。

可是她却说：“这不够我自己吃，怎么能再分给别人呢？”

等她吃完，他们又说：“这里有把扫帚，去把后门的雪扫干净。”

她回答：“我不是你们的佣人。”

吃饱了，也没有看到他们给自己拿任何礼物，她自己冲出屋子，不打招呼就走了。

三个小矮人商量说：“像她这种自私自利的小气鬼，心肠也不好的懒家伙，我们该让她得到点什么呢？”

第一个矮人说：“我让她得到的是一天比一天长得丑！”

第二个矮人说：“我让她一开口说话，就从嘴里跳出一只癞蛤蟆！”

第三个矮人说："我让她得到的是痛苦的结局！"

女人的女儿走出小屋后就到处找草莓，可连草莓的影子也找不到，只好生气地回家了。回家以后，她气不打一处来，开口给母亲讲自己的遭遇。可是，她每讲一句话，嘴里就窜出一只癞蛤蟆，像是气吹出来一样，大家都吓坏了。

女人更是气坏了，她千方百计地盘算着下一步怎么折磨丈夫的女儿，她一看到长得一天比一天更美的丈夫的女儿，就如坐针毡。一天，女人取出大锅架在火堆上，在里面煮线团，线团煮了之后，她捞出来，搭在丈夫的女儿肩膀上，线团滚烫，幸好姑娘每天都要干负重的活，衣服下的肩上衬着牛皮。然后，女人又给丈夫的女儿一把斧头，让她去结冰的河面凿一个洞，在洞里漂洗线团。姑娘顺从地来到河边，走到河中间凿冰。

她凿冰时，一辆华丽的马车驶来，里面坐着一位国王。马车停了下来，国王问："漂亮的姑娘，你是谁，为什么在这里干这样的粗活？"

"我是个失去母亲的女孩，是继母派我在这里漂洗线团的。”

国王的同情心油然而生，又看到她长得如此美丽，就对她说：“跟我走吧，我让你过上王后的生活，你愿意吗？”

“当然愿意啦！”她回答，因为，没有比在继母和继母的女儿身边的生活更苦的生活！她非常高兴。

于是，姑娘坐上国王的马车，和国王一起回到王宫。很快，他俩就举行了婚礼，她的命运和三个小矮人许诺的一模一样。一年过去了，年轻的王后生下了她和国王的儿子。她的继母早已知道她离开后的幸福生活，这个丑恶的继母打着看望外孙的幌子，带着亲生女儿来到王宫。她们来到王宫，恰巧国王外出，王后身边又没有别人，这个丑恶的继母就和她的女儿乘机把王后扔进了外面的大河里。然后，这个坏透心肠的女人让丑女儿躺在床上，她把女儿从头到脚盖了起来。

国王外出归来回到房间，想和“妻子”说话，丑恶的继母赶紧凑上前说：“嘘，嘘，不要打搅她，她病了，正在发汗，今天别打搅她了。”

国王信以为真，离开了，直到第二天早晨才过来。他来到“妻子”身边和“妻子”说话，她一开口，嘴里就跳出来一只癞蛤蟆，而不像从前那样，掉出一块金子。国王不明白这是怎么回事，丑恶的女人便说，这是发汗的结果，很快就会好的。

不过当天夜里，王宫里的一个小帮工看见一只鸭子从河道里游了出来，而且对他说：“国王在做什么，你是睡着了还是醒着？”

看到小帮工没有回答，鸭子又说：“国王的两位客人在做什么？”

小帮工说：“她们睡了。”

鸭子又问：“国王的小宝宝在做什么？”

小帮工回答：“他在摇篮里睡得很好。”

于是，鸭子就变成了王后的模样，给孩子喂奶，她摇着他的小床，给他盖好被子，然后又变成鸭子从河道游走了。她这样一连来了两个晚上，第三天晚上，她对小帮工说：“你去告诉国王，让他带上他的宝剑，立在门槛上，看到鸭子，就在鸭子的上面，把宝剑挥舞三下。”

小帮工不敢怠慢，赶忙跑去告诉国王，国王提着宝剑来了，在那幽灵般的鸭子头顶挥舞了三下。他刚舞完第三下，他的妻子就站在了面前，像以前一样美丽端庄，国王因而知道了事情的原委，他高兴极了，可他仍然冷静地把王后藏进密室。礼拜天到来，婴儿在教堂接受洗礼，洗礼结束之后，他对丑恶的继母说：“要是有人把别人拖下床，并且扔进河里，这个人该受到怎样的惩罚？”

丑恶的继母说：“对这样坏心肠的人，我有好办法，做一个大木桶，把坏人装进去，然后抬到山上放开，大木桶会从山坡上滚到河里去。”

“很好，”国王说，“你做出了一个公正的判决，我赞同你的判决！但我不是像你一样残忍的人。”

国王对众属下吩咐说：“把丑恶的继母和她的女儿送进国家监狱的牢房吧，让她们在那里度过余生。”于是，众属下把母女俩送到了她们该去的地方。

负荆请罪

故事发生在战国时期，故事中有两个主人公：一个是赵国的大将廉颇，他凭着作战勇猛而闻名于诸侯各国，他带兵攻打齐国，大败齐军，夺取了阳晋，被赵惠文王封为上卿。另一个名声并不显赫，他是赵国宦官头领缪贤的门客。

故事的起因，还得从赵惠文王在位时期得到楚国的和氏璧说起。古书记载，这块玉有着凄惨的故事：春秋时期，楚国有一个叫卞和的玉工，在荆山（今湖北省南漳县内）里得到一块璞玉。卞和捧着璞玉去见楚厉王，厉王命朝廷的玉工查看，玉工说这只不过是一块石头。厉王大怒，以欺君之罪砍下卞和的左脚。厉王死，武王即位，卞和再次捧着璞玉去见武王，武王又命朝廷的玉工查看，玉工仍然说只是一块石头，卞和因此又失去了右脚。武王死，文王即位，卞和抱着璞玉在楚山下痛哭了三天三夜，眼泪流干了，接着流出来的是血。文王得知后派人询问原因，卞和说："我并不是哭我被砍去了双脚，而是哭宝玉被当成石头，忠贞诚挚的人被当成欺君行骗的小人，无罪而遭受刑罚的污辱。"文王命人剖开这块璞玉，才发现这真是稀世之玉。于是，楚文王就以卞和的名字，将这块玉命名为和氏璧。

这块稀世珍宝落入赵惠文王之手的事，秦昭王很快就知道了，于是派人送给赵王一封信，表示愿意拿十五座城来换取这块璧。当时的秦国军力强大，已有鲸吞天下的野心。赵惠文王审时度势，同大将军廉颇等大臣商议可行之策，如果把璧给秦国，恐怕不能得到秦国的城，白白上当受骗；如果不给，又担忧秦国以此为由，发兵攻打赵国。而且，敢于出使秦国、解决问题的智勇双全的人还没有找到。此时的赵惠文王坐立不安，他的宦官头领缪贤就来到他的榻前说："我的门客蔺相如可以为国君做这件事。"赵王问："你怎么能确定他有能力办这件事呢？"缪贤回答说："我曾经犯过罪，私下打算逃到燕国去，蔺相如阻止我说：'您怎么知道燕王会收容您呢？'我告诉他说：'我曾跟随大王同燕王在边境会过面。燕王背地里握着我的手告诉我，愿意和我交朋友。所以，我觉得他在我危难的时候，会接纳我，因为这个原因打算前往。'蔺相如对我说：'那时候赵国强而燕国弱，而且您又受赵王宠爱，所以燕王要同您结为朋友，是想通过您拉近燕国和赵国的关系。可是，您现在要背叛赵国去投奔燕国，燕国畏惧赵国，一定不敢收留您，还会把您捆绑起来送回赵国，来显示燕国是赵国最可信赖的邻邦。您不如祖露身体伏在刑具上，让人抬到王宫，请求国君宽恕，或许能得到赦免。'当时，我觉得他说得很有道理，就按他说的办了。真没想到，国君认为我深知自己的罪过，有改过的决心，就赦免了我。我认为，这个人有智谋，敢在生死之间做决策，勇气亦可嘉，适合担当这种重任。"

于是，赵王召见蔺相如，问蔺相如："秦王要拿十五座城来换我的和氏璧，我担心给了璧而得不到城。因为秦国很强大，真不知该如何办。"蔺相如说："陛下的担心是明智的，秦国强而赵国弱，不可以不答应。"赵王又说："要是拿了我的璧，又不给我城该怎么办？”蔺相如说：“秦国用城来换璧，要是赵国不答应，理亏在赵国；赵国给了璧，而秦国不给赵国城，理亏在秦国。权衡这两种可能，只能答应秦国，让秦国理亏，在诸侯各国中成为言而无信的那个。”赵王再问：“谁可前去为我办这件事呢？”蔺相如说：“陛下如果没有合适的人选，我愿意捧璧出使，等城给了赵国，我就把璧留给秦国；如果陛下得不到城，我回不来，也得让和氏璧完整无缺地回归。”赵惠文王在蔺相如坚毅而正气浩然的目光中，看到蔺相如不辱使命的信心，于是，赵惠文王就派遣蔺相如捧璧西行，出使秦国。

蔺相如捧璧来到秦国，秦王让宦官通告蔺相如，到章台宫中拜见秦王，蔺相如心知秦王有意恃强而羞辱赵国的使臣，依然神态庄重地捧着和氏璧，进入秦王与宠妃的宫中，把和氏璧恭恭敬敬地献给秦王，秦王非常高兴，把璧传递给姬妾和左右侍臣欣赏，姬妾和左右侍臣一边传看一边高呼秦王万岁，秦王则在欢呼声中陶醉。蔺相如看出秦王没有诚意用城换取和氏璧，就上前说：“这璧上有点瑕疵，请让我指给大王看。”

秦王把璧递给蔺相如，蔺相如趁机抱过和氏璧，倒退到殿柱旁边站住，用极其强硬的口气对秦王说：“大王想得到和氏璧，派人送信给赵王，赵王把所有的大臣召集起来商议，大臣们都说：‘秦国贪婪，倚仗自己势力大，想拿空话来赚取和氏璧，赵国不会得到城。’商议的结果是不能把璧给秦国。我却认为，普通百姓之间的交往尚且不相互欺骗，何况秦国这样的大国呢？而且因一块璧惹恼强大的秦国，也不值得。赵王听了我的话，于是斋戒五天，派我带着国书，捧璧前来。赵王为什么这样做呢？是为了尊重大国的威严，并表示出自己的恭敬之意啊！现在我来到这里，大王不在秦国的大殿中接见我，礼节很傲慢；拿到璧，又递给嫔妃们传看，没把这当成庄重的事。我看大王没有诚意把城给赵国，所以我就取回璧。如果大王一定要逼迫我交出璧的话，我的头颅就跟这块璧一起撞碎在殿柱上！”蔺相如双手高举着和氏璧，看着殿柱，随时准备撞向殿柱。秦王害怕他撞碎和氏璧，请求他不要这样，并召唤主管版图的官吏展开地图，指划着十五座城划给赵国。

蔺相如料想秦王这只是假装做出要给赵国十五座城的样子，就对秦王说：“和氏璧是天下公认的宝物。赵王畏惧强大的秦国，不敢不献。赵王让我送璧前，斋戒了五天。现在大王也应该斋戒五天，在朝廷上设九宾大礼，我才敢献上和氏璧。”秦王估计不能强夺，就答应斋戒五天，并安置蔺相如一行住在了广成国宾馆。

蔺相如预料秦王即使斋戒，也一定不会守信用，不会把城给赵国，于是就派他的一个随从，穿上百姓的粗布衣裳，怀揣着璧，从小路逃回赵国。

秦王斋戒五天以后，就在大殿上设下九宾大礼，召请赵国的使臣蔺相如。蔺相如到来，对秦王说：“秦国从穆公以来二十多位国君，未曾有过坚守信约的人。我实在怕被大王欺骗而辜负了赵国，所以叫人抄小路把璧送回赵国了。好在秦国强而赵国弱，大王只要派一个小小使者到赵国，赵国立刻就会把璧送来。现在凭秦国的强大，要是先把十五座城割给赵国，赵国怎敢留下璧而得罪大王您呢？我知道欺骗大王的罪过该受惩罚，我请求把我放到开水锅中煮了吧。我只有一个愿望，就是您和各位大臣再仔细考虑一下该怎样获得和氏璧！”

秦王和群臣们听后，你看着我，我看着你，相互发出苦笑声。左右侍卫有人想把蔺相如拉出去处死，秦王说：“现在杀了蔺相如也得不到和氏璧，却会断绝秦国和赵国的友好关系，倒不如趁此机会好好款待他，让他回赵国去。赵王难道会因为一块璧的缘故欺骗秦国吗？”于是，秦王在大殿中做完接待使节的一切礼仪之后，就送蔺相如回了赵国。

蔺相如回国以后，赵惠文王认为他是个贤能的人，奉命出使，不辱使命，就任命他为上大夫。最终，秦国没有割城给赵国，赵国也没有把和氏璧给秦国。

在这件事以后，秦国攻打赵国，夺取了石城。第二年，又攻打赵国，杀了两万赵国军民。

秦王又派遣使臣告知赵王，想同赵国和好，约赵王在黄河以西的渑池相见。赵王惧怕秦国，不想去。廉颇、蔺相如商议后对赵王说：“您不去，就显得赵国国君胆怯了，秦王对赵国会更加肆无忌惮。”于是，赵王决定由蔺相如跟随，前去赴会。廉颇将赵王送到边境，与赵王拜别时说：“大王此行，估计全部行程和会见的礼节完毕，不超过三十天，三十天还不回来，那就请允许立太子为王，断绝秦王用您要挟赵国的念头。”赵王答应了廉颇，于是和秦王在渑池相会。

秦王喝酒喝到兴头时说：“我听说赵王爱好音乐，请弹奏古瑟来助兴吧。”赵王无法拒绝，只好为秦王弹奏古瑟。秦国的史官上前记道：“某年某月某日，秦王和赵王相会饮酒，令赵王弹瑟。”这时，蔺相如走上前来说：“我们赵王也听说秦王善于敲击瓦盆，请允许我献上瓦盆由秦王表演敲击技艺，来相互娱乐。”秦王怒，不答应。于是，蔺相如走向前，尽量贴近秦王，献上瓦盆，跪请秦王献艺。秦王不肯敲瓦盆。蔺相如说：“在这五步之内，请让我把颈中的血溅到大王身上！”秦王的左右侍卫要杀蔺相如，蔺相如怒目相对，侍从都被吓退了。于是，秦王很不高兴地为赵王敲了一下瓦盆。蔺相如回头召呼赵国的史官写道：“某年某月某日，秦王给赵王敲打瓦盆。”秦国的大臣们说：“请用赵国的十五座城为秦王祝寿。”蔺相如也反击道：“请用秦国的国都咸阳为赵王祝寿。”秦王直到酒宴完毕，始终没有占上风。赵国在这段时间里，大规模地部署军队来防备秦国进攻，秦国因此不敢轻举妄动。

渑池之会结束后，赵王回到赵国，封蔺相如为上卿，位次在廉颇之上。

廉颇说：“我身为赵国的大将，有攻城野战的大功；而蔺相如仅凭着口舌之功，位次却在我之上。况且，蔺相如本来是个地位低贱的人，我感到羞耻，不甘心地位在他之下。”并扬言说，“我见了蔺相如，一定要羞辱他。”蔺相如听说了这些话，每逢上朝时，常常以有病为借口不上朝，他不愿与廉颇争位次的高低。后来，蔺相如出门，远远望见廉颇的车，就赶忙调转车身，绕道回避。于是，蔺相如的门客们产生不满情绪，对蔺相如说：“我们之所以离开亲眷家人来侍奉您，是因为仰慕您的品行啊。现在您和廉颇职位相同，廉将军公然说一些无礼的话，您却因害怕而躲避他，恐惧得过分了。一般的人对此尚且会感到羞耻，何况身为将相的人呢！我们无能，请让我们离开吧！”蔺相如一再劝阻他们说：“你们看廉将军与秦王哪个威风？”门客们回答说：“廉将军自然不如秦王威风。”蔺相如说：“面对着秦王那样的威风，我敢在朝廷上呵斥他，羞辱他的大臣们。我虽然笨，难道会单怕廉将军吗？只是我想，强大的秦国之所以不敢对赵国动武，只因为有我们两个人在。假如两虎相斗，势必不能共存。我之所以这样做，是因为把国家的危难放在前头，把个人的恩怨放在后头。”后来，廉颇听到了这些话，这个性格率直的汉子就光着膀子，背上荆条，由门客引导，来到蔺相如府上赔罪说：“我这粗野鄙贱的人，不知道您心胸广阔，竟然宽容我到了这种地步啊！”蔺相如被廉颇知错就改的坦诚态度感动，急忙扶起廉颇。两人最后成为生死与共的挚友。

guó wáng de xīn zhuāng
国王的新装

hěn jiǔ yǐ qián yǒu gè bú dà de guó jiā guó wáng shì gè fēi cháng zhù zhòng zhuó zhuāng de rén
很久以前，有个不大的国家，国王是个非常注重着装的人，
tā xǐ huan chuān piào liang de xīn yī fu guó jiā xiàng hǎo chén mín de shēng huó shuō de guò qù
他喜欢穿漂亮的新衣服。国家向好，臣民的生活说得过去，
dà chén hái suàn jìn xīn guó wáng chú le xǐ hào zhuó zhuāng bìng wú qí tā ài hào tā bǎ xǔ duō
大臣还算尽心，国王除了喜好着装并无其他爱好，他把许多
qián dōu yòng lái gòu mǎi yī fu shàng jiē huò qù gōng gòng chǎng suǒ tā bù xǐ huan chéng zuò mǎ
钱都用来购买衣服。上街或去公共场所，他不喜欢乘坐马
chē wèi le xuàn yào yí xià xīn yī fu tā nìng kěn tú bù tā měi tiān zuì xǐ huan de shì shì
车，为了炫耀一下新衣服，他宁肯徒步。他每天最喜欢的事是
huàn shàng xīn yī fu zhàn zài jìng zi qián zì wǒ xīn shǎng yì fān yīn cǐ rén men xiǎng zhǎo dào guó
换上新衣服，站在镜子前自我欣赏一番。因此，人们想找到国
wáng shí dōu huì lái dào guó wáng de gēng yī shì mén qián děng dài
王时，都会来到国王的更衣室门前等待。

zài guó wáng jū zhù de zhè ge dà chéng shì li shēng huó qīng sōng ér yú kuài měi tiān yǒu xǔ
在国王居住的这个大城市里，生活轻松而愉快。每天有许
duō wài guó rén dào lái yóu rén rú suō dāng rán yě xī yǐn le piàn zi yǒu yì tiān lái le
多外国人到来，游人如梭，当然也吸引了骗子。有一天，来了
liǎng gè zhī gōng tā men xuān yáng shuō tā men shì zuì yōu xiù de zhī gōng néng zhī chū shuí yě xiǎng
两个织工，他们宣扬说，他们是最优秀的织工，能织出谁也想
xiàng bu dào de jù yǒu yàn lì sè cǎi hé jīng měi tú àn de bù pǐ bù jǐn rú cǐ yòng tā féng
象不到的具有艳丽色彩和精美图案的布匹，不仅如此，用它缝
chū lái de yī fu hái jù yǒu shén qí de tè xìng nà jiù shì fán shì bú chèn zhí de rén huò zhě
出来的衣服还具有神奇的特性，那就是：凡是不称职的人或者
yú bèn de rén dōu wú fǎ kàn jiàn zhè yàn lì de yī fu bù jiǔ zhī gōng de huà chuán dào le
愚笨的人，都无法看见这艳丽的衣服。不久，织工的话传到了

国王耳中，国王心想：“那正是我最喜欢的衣服呀！我穿了这样的衣服，就可以看出我的王国里哪些人不称职；就可以辨别出哪些人是聪明人，哪些人是傻子！”于是，国王吩咐大臣找来那两个织工，给他们付了许多现款，叫他们马上开始工作，用最短的时间织出这样的布来。

两个织工摆出两架织机来，织机上什么东西也没有。不过，他们却不断地请求国王给他们金钱和最好的生丝，他们把这些东西都装进自己的行囊和腰包，然后做出努力工作的样子，那两架空空的织机发出吱吱的声响，直到夜深人静。

国王很想知道他们的织布究竟织得怎样了，不过，他立刻就想起了愚蠢的人或不称职的人是看不见这布的。虽然他相信自己是用不着害怕的，但是心里还是感到有些不大自在，他觉得先派一个人去看看比较妥当。于是，他派诚实的老大臣到织工那儿去看看布料织成什么样子了。国王认为，老大臣这个人很有头脑，而且谁也不像他那样称职，因此这位认真的老大臣就来到两个织工的工作地点。

他看到那两个织工正在空空的织机上忙忙碌碌地工作。老大臣什么都没有看到。“这是怎么一回事？”老大臣想。他把眼睛睁得有铜铃那么大。“我怎么什么东西也看不见！”但是，他不敢把这句话说出来。

那两个织工请求他走近一点，他们指着那两架空空的织机不断地问他，布的花纹是不是很美丽，色彩是不是很漂亮。

老大臣的眼睛越睁越大，可是他还是什么东西也看不见。“天呀！”他想，“难道我是一个愚蠢而不称职的人吗？我从来没有怀疑过自己呀。不行，我决不能让人知道我不称职，也决不能让人知道我看不见布料。”

“唉，”一个正在织布的织工说，“您一点意见也没有吗？”

“啊，美极了！真是美妙极了！”老大臣说，“这花纹，这色彩，多么美呀！是的，我要把我看到的报告给国王，我对你们的工作非常满意。”

“嗯，我们听到您的话真高兴！”两个织工一起说。他们又把这些稀有的色彩和花纹描述了一番，还加上许多漂亮的词，这位老大臣注意听着，以便回到国王那里可以照原话说出来。事实上，他也是这样办的。

这两个织工又要了很多钱和上好的丝，他们说这是织布的需要。他们又把钱和上好的丝全装进自己的行囊和腰包里，连一根线也没有放到织机上去。不过，他们还是继续在空空的机架上努力地工作。

过了不久，国王心里着急，又派了另一位诚实的大臣去看看布是不是很快就可以织好。可是，这位大臣的运气并不比头一位大臣好，他看了又看，什么东西也没看出来，只有那两架空空的织机在他们手里吱吱作响。

“您看这段布多美呀！”一个织工说。他指指点点地给大臣介绍各种美丽的花纹，然而大臣什么花纹也没有看到。

“我并不愚笨！”这位大臣心慌了，“这也真让人沮丧，难道我不配担当现在这样好的官职吗？但是我决不能让别人看出来！”因此，他就把他完全没有看见的布称赞了一番，同时对织工们说：“是的，真是太美了，我非常喜欢这些美丽的花纹和颜色的巧妙搭配，我回去一定要把看到的原原本本地告诉国王。”

全城的人也都听说了这种艳丽布料有一种奇异的力量，所以大家纷纷前来观看，也想趁这个机会来测验一下自己的邻居有多笨，有多傻。于是，城里所有的人都开始谈论这美丽的布料，国王也听到了人们的议论，他按捺不住内心的激动，决定亲自去看一看。他挑选了一帮大臣，其中包括已经去看过的那两位“诚实”的大臣。他们来到那两个织工织布的地方，听到吱吱作响的织机声，看到这两个织工正在聚精会神地织布，但是国王看到的两架织机上什么都没有。“这是怎么一回事呢？”国王心里想，“我怎么什么布也没看见！难道我是一个愚笨的人？难道我不配做国王吗？这可是我从来没有碰见过的可怕的事情。”

“您看这布漂亮吗？”那两位“诚实”的官员指着空空的织机不断地说，“陛下请看，多么美丽的花纹！多么美丽的色彩！”他俩决不想让国王和其他大臣看出自己是愚笨而不称职的人。

“啊，真是美极了！”国王说，“我表示十二分的满意！”国王当然更不愿意大臣们把自己看成是愚笨而不称职的国王，他一边认真看着，一边称赞着，脸上流露着十二分的满意。跟他来的其他大臣们也做出很仔细地看织机上美丽布料的样子，他们也不想让别人看出自己是愚笨而不称职的人。他们依照国王的话说：“啊，真是美极了！”并且建议国王用这种新奇的、美丽的布料做成衣服，穿上这衣服亲自去参加快要举行的游行大典。“真华丽！真精美！真是无与伦比！”每个人都随声附和着，脸上流露着说不出的快乐。国王当众赐给织工每人一枚人人都想获得的勋章，并且还封他们为“王国纺织大师”。

在即将举行游行大典的头天晚上，这两个“王国纺织大师”整夜不睡，他们点起了二十四支蜡烛，人们都可以看到他们在明亮的屋内忙碌，加班加点完成国王的新衣。午夜的时候，他们从织机上取下谁也看不到的布料，用两把大剪刀在空中剪裁，又用看不到线的针缝来缝去，窗户上映着他们忙碌的身影。

黎明时分，国王带着他的群臣和骑士们到来时，两个“王国纺织大师”齐声说：“请看，新衣服缝制好了！”他们把手举起，好像拿着什么东西似的说，“这是裤子，这是外衣，这是披风……”他们继续说着，“这衣服轻柔得如同蜘蛛网，穿着它的人会感觉到身上没穿什么东西似的——这也正是这无与伦比的衣服的美妙之处！”

“一点也不错。”大臣和骑士们都说。可是，他们什么也没有看见，因为实际上什么东西也没有，但是他们谁都不想在别人眼里成为愚笨和不称职的人。

“现在请陛下脱下衣服，”两个“王国纺织大师”说，“我们要在这个大镜子前为陛下换上新衣。”

国王把身上的衣服统统脱光了，这两个“王国纺织大师”把刚缝好的“新衣服”一件一件地给国王穿上，又在国王的腰部系上些什么，一个“王国纺织大师”走到国王的身后，两手轻轻托起“后摆”说道：“这是后摆，华丽而轻盈。”国王在镜子前转了转身子，扭了扭腰肢，露出满意的笑容。

“这衣服多么合身啊！式样裁得多么好看啊！”大家都说，“多么美的花纹！多么美的色彩！这真是一套华丽的衣服！”

典礼官在外面高声喊道：“华盖准备好，等待国王陛下参加盛大的国家典礼！”

“好，我已经穿戴完毕。”国王说。于是，他又在镜子前看看自己的装扮，几个大臣手中托着衣服的“后摆”，随着国王转动着身体，因为他们在这关键的时刻，一定要让大家看出：他们个个都是能看到并欣赏这美丽服装的人，从而也就是聪明和称职的大臣。游行在明亮的阳光下开始了，天公作美，除了蓝天只有阳光，是个让人心情爽朗的天气！大臣们跟随着国王，手中托着空气，昂首挺胸地走向游行的大街。

在阳光灿烂的天空下，在“富丽华盖”映衬下的国王无疑成了游行队伍中万众瞩目的焦点！站在街上和窗口探出身子的人们纷纷说：“看呀，国王的新装真是漂亮、合体！真是漂亮、合体！他上衣的后摆是多么悠长和美丽！多么悠长和美丽！”因为无论是站在街上的人，还是窗口中探出身子的人，谁也不愿意让人知道自己只看到赤身裸体的国王，而让别人认为自己是愚笨的人。国王也在赞扬声中心情很好，飘飘欲仙，然而身体并不温暖……

“爸爸，国王什么衣服也没有穿呀！”一个小孩子高声嚷着。

爸爸睁大眼睛，不断地再睁大眼睛看，心里越来越感觉到：“孩子说的是真的呀！而我们大家因为怕别人认为自己愚笨，就睁着眼睛说瞎话了！”于是，孩子的话和爸爸的想法就在人群中传播开来，如骨牌阵中第一张骨牌倒下……

“他并没有穿什么衣服！”“他实在是没有穿什么衣服呀！”

说的人越来越多，声音也越来越大，游行队伍中也响起了这样的声音。国王似乎也听到了，因为他有点发抖了，他也觉得臣民的话是对的。不过他也知道，既然如此，也必须把这游行大典举行完毕！于是，他抑制住内心的恐慌，继续走下去，他的大臣们跟在他后面，手中依旧托着一个并不存在的后摆，人群中开始传出了笑声。

“梦魇终于结束了！”国王在宫中裹上衣服，长长地舒了口

qì gān gà gāng jié shù huǐ hèn yòu yǒng shàng xīn tóu tā lì kè xià lìng ràng qí shì men quán bù
气，尴尬刚结束，悔恨又涌上心头。他立刻下令让骑士们全部
chū dòng qù jī ná zhī bù cái yī de nà liǎng gè piàn zi tóng shí ràng tā de lǎo dà chén qù xún
出动，去缉拿织布裁衣的那两个骗子，同时让他的老大臣去寻
fǎng shuō chū shí huà de rén bǎ tā men qǐng rù gōng zhōng
访说出实话的人，把他们请入宫中。

qí shì men liǎng shǒu kōng kōng de huí lái bǐng bào liǎng gè piàn zi zǎo yǐ wú yǐng wú zōng lǎo
骑士们两手空空地回来禀报：两个骗子早已无影无踪。老
dà chén dài zhe nà ge shuō zhēn huà de hái zi hé tā de bà ba lái dào gōng li guó wáng tīng wán
大臣带着那个说真话的孩子和他的爸爸来到宫里。国王听完
lǎo dà chén bǐng bào hòu méi yǒu zé guài tā men ér shì yào hái zi de bà ba lái shuō shuo duì zhè
老大臣禀报后，没有责怪他们，而是要孩子的爸爸来说说对这
jiàn shì de kàn fǎ
件事的看法。

kàn zhe guó wáng de liǎn sè bìng wú zé guài de yì si hái zi de bà ba jiù chǎng kāi xīn xiōng
看着国王的脸色并无责怪的意思，孩子的爸爸就敞开心胸
de shuō guó wáng bì xià zài lái de lù shang chén mín zài xiǎng piàn zi de quān tào bìng bù gāo
地说：“国王陛下，在来的路上 臣民在想，骗子的圈套并不高
míng kě wèi shén me zūn guì de guó wáng zhì huì de dà chén yǐ jí zhòng duō de chén mín dōu tiào jìn
明，可为什么尊贵的国王、智慧的大臣以及众多的臣民都跳进
le zhè ge juàn tào ràng piàn zi dé chěng ne zūn guì de guó wáng bù zhī wǒ kě bu kě yǐ
了这个圈套，让骗子得逞呢？尊贵的国王，不知我可不可以
zhí yán
直言？”

guó wáng jí zhe xiǎng tīng jiù cuī cù shuō nǐ zhí jiē shuō zhí jiē shuō
国王急着想听，就催促说：“你直接说，直接说！”

rú guǒ guó wáng bù xǐ ài xīn zhuāng bù xū róng piàn zi jiù nán yǐ xíng piàn rú guǒ dà
“如果国王不喜爱新装、不虚荣，骗子就难以行骗；如果大
chén bú zì rèn wéi cōng míng chèn zhí yǒng yú shí huà shí shuō chén mín bú zài hu bié rén shuō zì jǐ
臣不自认为聪明称职，勇于实话实说，臣民不在乎别人说自己
yú bèn piàn zi zǎo jiù shì bì xià de qiú tú le tóng yán wú jì hái zi shuō le zhēn huà
愚笨，骗子早就是陛下的囚徒了。童言无忌，孩子说了真话，

但是晚了。陛下，我自知自己愚笨，但我不会说自己愚笨，大臣也不会说自己不称职，我们大家都在自己欺骗自己，在睁着眼睛说瞎话，在掩耳盗铃！我们因此而走向愚蠢，而国王您是不是也该反省呢？”国王打断他的话，说：“好啦！因你们父子的诚实，就不处罚了；因你们父子的直话，也不奖励了。”

故事是久远的事了，不管怎么说，国王也还算开明！至于他事后对自己的行为是否反省过，我们就不得而知了！

飞将军李广

中国西汉时期，有个了不起的将军，名字叫李广。他的家原来在槐里，后来迁到成纪（今天的甘肃秦安县）。他的先祖叫李信，秦朝时任职将军，也就是擒获燕太子丹的那位将军。李广家族世代传习射箭技术。公元前166年，匈奴人大举侵犯萧关，李广凭借良家子弟的身份从军抗击南下的匈奴，因为他善于骑射，斩杀很多敌人，所以被任命为大汉朝廷的中郎。李广的堂弟李蔡，也被任命为中郎。二人都担任武骑常侍，一年俸禄八百石。李广曾经跟随皇帝出行，常有冲锋陷阵、抵御敌人和格杀猛兽的事迹。汉文帝曾说：“可惜啊！你生不逢时，如果你处在高祖的时代，封个万户侯也是再平常不过的了。”

汉景帝即位后，李广担任陇西都尉，又改变担任骑郎将。吴、楚等七国叛乱时，李广担任骁骑都尉，跟随太尉周亚夫反击吴、楚等叛军，在昌邑城下夺取了敌人的军旗，立下大功，名声远扬。可是，因为梁孝王私自把将军印授给李广，所以李广回朝后，朝廷并没有对他进行封赏，调他任上谷太守。典属国公孙昆邪对皇帝哭着说：“李广的才能天下无双，他凭着自己的本领，多次和敌人正面作战，我担心会失去这员良将。”于是，皇帝又调他担任上郡太守。他曾担任过陇西、北地、雁门、代郡、云中等太守，都因为奋力对抗匈奴而闻名。

匈奴大举入侵上郡，皇帝派来一名宦官跟随李广学习军事，抗击匈奴。这位宦官带领几十名骑兵，与三个匈奴人相遇而战，三个匈奴人返身放箭，射伤了宦官，几乎杀光了他的骑兵。宦官逃回李广那里，李广说："你遇到的是匈奴的射雕能手。"李广随即带上一百多名骑兵，去追赶那三个匈奴人。那三个人没有马，徒步走了几十里，李广命令骑兵左右散开，包抄过去。李广亲自射死了两个，活捉了一个，一审问才知道，他们果然是匈奴的射雕手。李广命令属下把活着的匈奴人捆在马上，准备离开。但是意外出现了，几千名匈奴骑兵出现在远处，他们看到李广这些散兵游勇，认为他们是诱敌的骑兵，就在山上摆开阵势，并不进攻。李广的骑兵也很惊恐，想飞马逃跑，李广对部下说："我们离开大军几十里，现在这种情况，我们一跑，他们就会识破我们不是诱饵，匈奴军就会掩杀过来。我们只有停留不走，匈奴人才会认为我们是为汉军做诱饵的，就不敢攻击我们。"李广命令骑兵朝着匈奴军队的方向前进，到了离匈奴阵地还有大约二里的地方，李广下令说："停止前进，全体下马，解下马鞍！"骑兵们说："敌人那么多，又离得近，他们一旦进攻，如何是好？"李广说："那些敌人原以为我们会逃跑，现在我们都解下马鞍，表示不逃，这样就让他们更相信我们是诱敌之兵。”匈奴骑兵果真不敢来攻击。有一名骑白马的匈奴将领离开阵地，出来监护自己的士兵，李广立即上马和十几名骑兵一起奔向前，射死了那个骑白马的匈奴将领，然后又回到自己的骑兵队伍里，再次解下马鞍，并让士兵们把马都放开，人随意地躺卧。到了日暮黄昏，匈奴军队始终觉得奇怪，不敢进攻。到了半夜，匈奴人认为汉军就埋伏在附近，也许会夜间偷袭他们，因此，他们就撤离了。第二天早晨，李广才回到军营中。

过了好几年，景帝去世，武帝即位。李广由上郡太守调任未央宫的禁卫军长官。到出兵攻打匈奴的时候，李广行军没有严格的队列和阵势，驻扎军队所停宿的地方，总选择水丰草茂的地方，人人都感到方便，简化军中的各种文书簿册，但他总要在远远的地方布置哨兵。而他的士兵跟随他也觉得很轻松，都甘心为他拼命。

后来，汉朝用马邑城引诱单于，大军埋伏在马邑城两旁的山谷中，李广任骁骑将军，受护军将军韩安国统领节制。但是，单于发现了汉军的计谋，就逃跑了，汉军无功而返。四年以后，李广由卫尉任为将军，出雁门关进攻匈奴。匈奴兵多，打败了李广的军队，并生擒了李广。单于平时就听说李广很有才能，下令说："俘获李广一定要活着送来。"匈奴骑兵俘虏了受伤生病的李广，把他装在绳编的网兜里躺着，架在两匹马中间。走了十多里，李广假装昏死，斜眼看到旁边的匈奴少年骑着一匹好马，他突然纵身跳上匈奴少年的马，夺了弓箭，趁势把少年推下马，匈奴出动几百名骑兵追赶他，他一边逃一边拿起匈奴少年的弓箭射杀追来的骑兵，向南飞驰数十里才得以逃脱。在路上又遇见自己的残部，于是带领他们进入关塞。李广回到汉朝京城，朝廷把李广交给执法官吏，执法官判决李广损兵太多，自己又落入敌手，应该斩首，李广用钱物赎了死罪，削职为民。

没过多久，匈奴入侵杀死辽西太守，打败了韩安国将军，皇帝就召见李广，任他为右北平太守。匈奴人称李广为"汉朝的飞将军"。李广率军驻守右北平，匈奴听说后，为了躲避他，多年不敢入侵右北平。

有一天，李广回军营晚了，天色昏暗，他和随从警觉地向前走着，忽然，他瞧见山脚下草丛里蹲着一只斑斓猛虎，他赶忙拿起弓箭，使尽全力射了过去。他的箭法以百发百中著称，自然射中了猛虎。士兵们见他射中老虎，拿着刀枪跑上前捉虎，走近一瞧，都感到惊奇，原来中箭的不是老虎，竟是一块大石头，而且，这支箭没入石头很深，几个人都拔不出来，大家真是又惊奇又佩服。李广过去一看，自己也觉得奇怪。“箭头怎么能射进石头呢？”他想。他又走回到原来的地方，对准那块石头又射了几箭，箭头碰到石头，迸出火星，却再也射不进去。可以想见，李广在遇见紧急情况时，身体在瞬间会迸发出多么大的力量啊！

李广话不多，一生做二千石俸禄的官共四十多年，家中没有余财，也不谈家产方面的事。他身材高大、两臂如猿、善于射箭，即便是他的子孙或外人向他学习，也没人能超越他。与别人在一起时，他就在地上画军阵，然后比射箭，按射的准确度和射中的比例来确定罚谁喝酒，这也是李广军中生活的唯一消遣。李广带兵，遇到缺粮断水的时候，如果见到水，士兵还没有喝到水，李广也不去喝水，士兵还没有吃上饭，李广一口饭也不尝。李广为将体恤士兵，得到赏赐就分给部下，饮食总与士兵在一起，不搞特殊。由于他对待士兵宽厚不苛刻，士兵因此也爱戴他，乐于为他所用。

李广射箭的方法是：估计射不中时，就不射，让敌人逼近到数十步之内，只要一射，敌人立即随弓弦之声倒地。

没过多久，郎中令石建死了，于是，皇帝召见李广，让他接替石建任郎中令。公元前123年，李广又被任命为后将军，跟随大将军卫青的军队从定襄出塞，征伐匈奴。许多将领以战功被封侯，而李广的军队却没有战功。过了两年，李广以郎中令官职率领四千骑兵从右北平出塞，博望侯张骞率领一万骑兵与李广一同出征，分行两条路。行军约几百里，匈奴左贤王率领四万骑兵包围了李广，李广的士兵都很害怕，李广就派他的儿子李敢骑马往匈奴军中奔驰。李敢独自和几十名骑兵飞

bēn zhí chuān xiōng nú qí bīng zhèn yòu cóng qí zuǒ yòu liǎng yì tū chū huí lái xiàng lǐ guǎng bào gào
奔，直穿匈奴骑兵阵，又从其左右两翼突出，回来向李广报告
shuō xiōng nú dí bīng hěn róng yì duì fu a shì bīng men zhè cái ān xīn lǐ guǎng bù chéng
说：“匈奴敌兵很容易对付啊！”士兵们这才安心。李广布成
yuán xíng bīng zhèn miàn xiàng wài xiōng nú měng gōng jiàn rú yǔ xià hàn bīng sǐ le yí bàn duō
圆形兵阵，面向外，匈奴猛攻，箭如雨下。汉兵死了一半多，
jiàn yě kuài yòng guāng le lǐ guǎng jiù mìng lìng shì bīng lā mǎn gōng bú yào fàng jiàn ér lǐ guǎng qīn
箭也快用光了。李广就命令士兵拉满弓，不要放箭，而李广亲
zì yòng dà huáng nǔ gōng shè xiōng nú de fù jiàng shā sǐ le hǎo jǐ gè rén xiōng nú jūn cái jiàn jiàn
自用大黄弩弓射匈奴的副将，杀死了好几个人，匈奴军才渐渐
sàn kāi tiān sè yǐ wǎn xǔ duō shì bīng méi jiàn guo zhè yàng de zhèn shì kě shì lǐ guǎng què shén
散开。天色已晚，许多士兵没见过这样的阵势，可是李广却神
tài zì ruò zhěng dùn zhèn xíng gǔ wǔ shì qì shì bīng men dōu hěn pèi fú tā de yǒng gǎn yě
态自若，整顿阵型，鼓舞士气。士兵们都很佩服他的勇敢，也
gèng jiā zhèn zuò dì èr tiān yòu jì xù yǔ xiōng nú jūn zuò zhàn bó wàng hóu de jūn duì yě gǎn dào
更加振作。第二天又继续与匈奴军作战，博望侯的军队也赶到
le xiōng nú jūn tuì qù zhè shí hàn jūn yǐ fēi cháng pí bèi bù néng qù zhuī jī yǔ shí bèi
了，匈奴军退去。这时汉军已非常疲惫，不能去追击。与十倍
yú jǐ de jūn duì zuò zhàn lǐ guǎng jūn jī hū quán jūn fù mò zhǐ hǎo shōu bīng huí cháo àn hàn
于己的军队作战，李广军几乎全军覆没，只好收兵回朝。按汉
cháo fǎ lǜ bó wàng hóu xíng jūn chí huǎn yán wù xiàn qī yīng chǔ sǐ xíng hòu yòng qián shú zuì
朝法律，博望侯行军迟缓、延误限期，应处死刑，后用钱赎罪，
jiàng wéi píng mín lǐ guǎng gōng guò xiāng dǐ méi yǒu fēng shǎng
降为平民。李广功过相抵，没有封赏。

yòu guò le liǎng nián dà jiāng jūn wèi qīng piào qí jiāng jūn huò qù bìng shuài jūn chū zhēng xiōng nú
又过了两年，大将军卫青、骠骑将军霍去病率军出征匈奴，
lǐ guǎng jǐ cì qǐng qiú suí xíng huáng dì rèn wéi tā yǐ nián lǎo méi yǒu dā ying zhí dào gōng
李广几次请求随行。皇帝认为他已年老，没有答应。直到公
yuán qián nián cái zhǔn xǔ tā qián qù ràng tā rèn qián jiāng jūn lǐ guǎng suí dà jiāng jūn wèi qīng
元前119年才准许他前去，让他任前将军。李广随大将军卫青
chū zhēng xiōng nú chū biān sài yǐ hòu wèi qīng zhuō dào dí bīng zhī dào le chán yú zhù de dì
出征匈奴，出边塞以后，卫青捉到敌兵，知道了单于住的地

方，就自己带领精兵去追逐单于，命令李广和右将军的队伍合并，从东路出击。东路有些迂回路远，大军行在水草缺少的地方，不能并队行进。李广就请求说："我是前将军，大将军却命令我改从东路出兵，我从少年时就与匈奴作战，至今才得到与单于对敌的机会，我愿做前锋，与单于决一死战。"大将军卫青曾暗中受到皇帝的警告，认为李广年老，不要让他与单于对敌，担心失去俘获单于的机会。当时，公孙敖才丢掉爵位，任中将军，随大将军出征，大将军也想让公孙敖跟自己一起与单于对敌，所以把前将军李广调开。李广当时也知道内情，他要求大将军收回军令，大将军不答应，命令长史写文书发给李广，命令他按照文书上写的办，带上军队与右将军合并东进。李广没向大将军告辞就起程了，心中充满失意和悲愤，领兵与右将军赵食其合兵后，从东路出发。军队没有向导，难免迷失道路，结果落在大将军之后。大将军与单于交战，单于逃跑，没有战果只好回兵。大将军南行穿过沙漠，遇到了前将军和右将军。李广谒见大将军之后，回到自己军中。大将军派长史带着干粮和酒送给李广，顺便向李广和赵食其询问迷失道路的情况，要给皇帝上书报告军情。李广没有回答，大将军派长史责令李广幕府人员前去受审对质。李广说："校尉们没有罪，迷失道路责任在我，我去大将军幕府受审对质。"

之后，李广对他的部下说："我从少年时起与匈奴打过大小七十多仗，如今有幸跟随大将军出征同单于交战，可是，大将军又调我的军队绕路前行，偏偏又迷失道路，难道这不是天意吗？况且，我已六十多岁，不能再受那些刀笔小吏的侮辱。"于是，李广怀着壮志未酬的遗憾，拔刀自刎了。李广军中的所有将士都为之痛哭。百姓听到这个消息，无论男女老幼，都为李广掬一捧泪。

谚语说："开花结果的桃树李树不会讲话，然而，树下却自然会让人踩出一条小路（桃李不言，自下成蹊）。"唐代有很多诗人留下了赞誉的诗："但使龙城飞将在，不教胡马度阴山。"（王昌龄《出塞》）"林暗草惊风，将军夜引弓。平明寻白羽，没在石棱中。"（卢纶《塞下曲》）"君不见沙场征战苦，至今犹忆李将军。”（高适《燕歌行》）“更催飞将追骄虏，莫遣沙场匹马还。”（严武《军城早秋》）“时运不齐，命途多舛，冯唐易老，李广难封。”（王勃《滕王阁序》）

司马迁记述完李广的事迹后这样评价道：“《论语》说：‘在高位的人，自身行为端正，不用命令，该执行的都会实施；自身行为不端正的话，发下命令，也没人听从（其身正，不令其行；其身不正，虽令不从）。’这话是为了李将军这样的人说的吧！”

灰姑娘

从前，有一个富人的妻子得了重病，自知不久于人世，她把自己的独生女儿叫到身边，遗憾地说：“我的好女儿，妈妈不能陪伴你了，只能在天上保佑你了。”说完，她就闭上眼睛，离开了这个世界和牵挂的女儿。

妈妈被埋葬在花园里，虔诚而又善良的小姑娘每天都到妈妈的坟前哭泣。冬天来了，大雪为她妈妈的坟墓盖上白色的雪毯；春风吹来，太阳又收走了坟上的雪毯。冬去春来，她爸爸又娶了另外一个妻子。

新妻子带着自己的两个女儿来到新家，她们外表美丽，但是内心却非常阴暗邪恶。她们到来之时，就成了这个可怜的小姑娘苦难的开始。她们说：“厅堂里不需要一个没用的饭桶，谁想吃上面包，谁就得自己去挣，到厨房去做女佣吧！”她们边说边脱去小姑娘穿的漂亮衣裳，给她换上灰色的旧外套，用侮辱人的语言奚落、嘲笑她，最后把她赶到厨房去。小姑娘被迫天天去干艰苦的活儿，天不亮就起来担水、生火、做饭、洗衣，还要忍受那姐妹俩对她的羞辱。到了晚上，她已经累得筋疲力尽，却没有睡觉的床铺，于是她就不得不睡在炉灶旁边。长此以往，她身上沾满了灰烬，脏且难看，因为这个原因，大家都把她称作“灰姑娘”。

父亲要去集市，就问妻子的两个女儿，需要给她们带什么回来。

姐姐说："我要漂亮的衣裳。"

妹妹叫道："我要珍珠和钻石。"

他又对自己的女儿说："孩子，你想要什么？"

灰姑娘说："亲爱的爸爸，就把你回家路上碰到你帽子的第一根树枝折给我吧。"

他为妻子的两个女儿买好了漂亮衣服、珍珠和钻石。在回来的路上，他穿过一片浓密的矮树林时，有一根榛树枝条碰到他，几乎把他的帽子扫掉，他就把这根树枝折下来带上。回到家时，他把树枝给了自己的女儿，女儿拿着树枝来到妈妈的坟前，把它栽在坟边。每天，她都要到坟边几次，让泪水把心中的痛苦倾泻出来，每次伤心的哭泣时，泪水就滴落在树枝上，泪水浇灌着树枝，树枝很快长成了一棵大树。不久，有一只小鸟来树上筑巢，灰姑娘与小鸟成了知心朋友，她需要什么，小鸟都会给她带回来。

国王为给自己的儿子选择未婚妻，准备举办为期三天的盛大宴会，他明确邀请年轻漂亮的姑娘来参加，灰姑娘的两个姐姐也被邀请去参加宴会。王子打算在参加舞会的姑娘中选一位做自己的新娘。

姐妹俩把灰姑娘叫来说：“你来为我们梳好头发，擦干净鞋子，穿好盛装，我们要去参加国王举办的舞会。”

灰姑娘按她们的要求为她们打扮完毕，她们就走了。姐妹俩走后，灰姑娘不禁哭了起来，因为她也想参加舞会。她哀求继母，继母却说：“哎哟！你也想去？你连礼服都没有，就这样邋邋遢遢地去吗？况且你连舞都不会跳，如何参加舞会啊？”

灰姑娘依旧苦苦地哀求。为了摆脱她，继母说：“我把这满盆的豌豆倒进灰堆里，如果你在一个时辰内把它们都拣出来，你就可以参加。”说完，她将一盆豌豆倒进灰堆里，扬长而去。

灰姑娘没办法，只好跑出后门来到花园里喊道：“掠过天空的鸽子和斑鸠，飞到这里来吧！举办歌会的鸟雀朋友们，快快飞到这里来吧！我需要大伙的帮助，帮我拣出灰中的豌豆吧！”

随后，先是从厨房窗子飞来两只白鸽，跟着飞来两只斑鸠，接着成群的小鸟从天而降。小白鸽开始在灰堆里拣豌豆，其他的鸟儿也跟着拣，一颗一颗不停地拣，半个时辰，一盆豌豆就拣出来了。在她的道谢声中，鸟雀们从窗口飞向天空。

她怀着兴奋的心情，端着盘子去找继母，以为自己可以去参加舞会了，但继母却说道：“不行！你这样邋遢，又没有礼服，还不会跳舞，你去了会给我们家丢尽脸面的。”

灰姑娘又苦苦地哀求。为了摆脱她的苦苦哀求，继母又想好办法说道：“如果你在半个时辰之内，把这两盘豌豆从灰堆里拣出来，你就可以去了。”说完，她将两盘豌豆倒进灰堆里，还搅和了一通，然后得意地走了。

小姑娘又来到屋后的花园里，再次向鸟儿呼唤道：“掠过天空的鸽子和斑鸠，飞到这里来吧！快乐的鸟雀朋友们，快快飞到这里来吧！伙伴们快来帮助我，快快拣出灰中的豌豆吧！”

于是，从厨房窗子先飞进来两只白鸽，跟着飞来的是两只斑鸠，接着天空中大群的小鸟都拍动着翅膀，飞到了灰堆上。

小白鸽低下头，开始在灰堆里拣豌豆，其他的鸟儿也开始拣，一粒一粒不停地拣。它们把所有的豆子都从灰里拣出来，放到了盘子里，所有豌豆拣出来时，只用了半个时辰的一半时间。

鸟雀们飞走之后，灰姑娘端着两盘豌豆去找继母，她满怀兴奋的心情，请求继母让她去参加舞会，但继母依旧说道："你别再白费心思了，你不能去！不能因为你，让我们家在王子面前丢尽脸面。"说完，继母就带着她自己的两个女儿参加宴会去了。

家里只留下灰姑娘孤零零的一个人，她来到花园，悲伤地坐在大树下哭泣："大树啊！请你帮帮我，为我抖落整套金银礼服和金丝编织的舞鞋吧！"

她的小鸟朋友从树中飞出来，为她带了一套金银做饰品的礼服和一双光亮的丝织的舞鞋，灰姑娘在小鸟的帮助下穿好礼服，梳洗打扮一番，在她两个姐姐之后来到了宴会。穿上豪华礼服的灰姑娘看起来是如此高雅、漂亮、美丽动人。姐姐们都认不出她，以为她一定是一位陌生的公主，根本就没有想到她就是灰姑娘，她们以为灰姑娘仍老老实实地待在家中的灰堆里呢。

王子看到灰姑娘，很快向她走来，伸出手挽着她，请她跳起舞来。他再也不和其他姑娘跳舞了，他的手始终不肯放开灰姑娘。每当有人来请她跳舞时，王子总是说：“这位女士在和我跳舞。”他们一起跳到很晚，她才想起要回家去了。

王子想知道美丽的姑娘到底住在哪里，就说道：“我送你回家去吧！”

灰姑娘表示同意，但却趁他不注意时悄悄溜走了。王子发现后紧紧地跟随她，她只好躲进鸽子房并把门关上。王子等在外面很久也没见到她出来，于是就撞开门进去，可里面却已空无一人，他只好带着失望回宫去了。其实，就在王子等待的时候，灰姑娘已经很快穿过鸽子房来到大树下，她脱下了漂亮的礼服，让小鸟放回树上，自己回到屋里穿上了她那灰色的外套。

继母她们进屋子时，灰姑娘身穿邋遢的衣服躺在灰堆边上，像是睡着了，昏暗的小油灯在烟囱柱上的墙洞里摇晃着。

第二天，舞会又要开始时，继母带着她的两个女儿早早地去了。灰姑娘来到树下说：“大树啊！请你帮帮我，为我抖落一整套金银礼服。”

那只小鸟从树中出来，它带来了一套比昨天穿的礼服更加漂亮的礼服。当她来到舞会大厅时，她的美丽容貌和高雅气质让所有人惊讶不已。一直在等待她到来的王子立即上前邀请她跳舞。王子挽着她的手走向中央，跳起优美的华尔兹，一曲接着一曲，王子只约她跳舞，别人是没有机会的。

到了灰姑娘要回家的时候，王子也和昨天一样跟着她，就是要看她进了哪一幢房子，但她还是甩掉了王子，并跳进父亲房子后面的花园里。花园里有一棵很漂亮的大梨树，枝叶浓密，结满了成熟的梨，灰姑娘就爬到树上，暂时躲避王子。

灰姑娘的父亲听到花园里有动静，也来到了这里，王子见到他不知如何解释，就对他说：“我似乎看到一个人爬到树上，就想在这看个究竟。”

灰姑娘的父亲暗想："难道有人惦记我的财富了吗？"于是，他让人拿来一柄斧子，把树砍倒了，落了一地的梨，根本没有人。

继母回来后，让父亲陪她到厨房看看，灰姑娘和平时一样躺在炉灶旁。

原来，灰姑娘爬上梨树后，借着浓荫又从树的另一边爬下来，躲到之前那棵大树后，脱下漂亮的礼服，让大树上的小鸟带了回去，然后又穿上了自己的灰色外套，借着夜幕，回到厨房。

第三天，继母又带着自己的两个女儿去参加舞会，王子没有和自己的女儿跳过一曲舞，她心有不甘。她们走后，灰姑娘又来到花园的大树下说道："大树啊！请你帮帮我，为我抖落整套的金银礼服。"

她知心的小鸟朋友又带来了一套比第二天更加漂亮的礼服和一双金丝编织的舞鞋。当她赶到舞会现场时，大家都被她那无法用语言形容的美惊呆了！王子只与她一个人跳舞，每当有其他人请她跳舞时，王子就会说："抱歉，这位女士是我的舞伴。"

当午夜快要来临时，灰姑娘要回家，王子坚持要送她回去，并暗自想："这次我可不能让她跑掉，她是我需要的相伴一生的人。"

然而，灰姑娘还是设法从他身边溜走了，由于匆忙，她把左脚的金舞鞋落在了楼梯上。

王子将舞鞋拾起，来到国王面前说："父王，我决定要娶正好能穿上这只金舞鞋的姑娘，做我的新娘。"

灰姑娘的两个姐姐也听到这个消息，她们非常高兴，因为她们都有一双小巧而漂亮的脚，她们认为那只舞鞋即使再小点，也能穿上。她们的妈妈陪着她们来到指定的试鞋房里，由大女儿先到房里试穿那只舞鞋，可舞鞋太瘦，她的大脚趾穿不进去。于是，她的妈妈拿来线绳说："受点委屈吧，把大脚趾和其他脚趾勒在一起，为了你能当上王后，让脚趾受点苦也是值得的。"

dà nǚ ér jué de yǒu dào lǐ jiù rěn zhe tòng ràng mǔ qīn bǎ jiǎo zhǐ lēi zài yì qǐ miǎn
大女儿觉得有道理，就忍着痛让母亲把脚趾勒在一起，勉
qiǎng bǎ xié chuān zài jiǎo shang lái dào wáng zǐ miàn qián wáng zǐ kàn tā chuān hǎo le xié zi jiù bǎ
强把鞋穿在脚上，来到王子面前。王子看她穿好了鞋子，就把
tā dàng chéng xīn niáng yǔ tā bìng pái qí zài mǎ shang fǎn huí wáng gōng
她当成新娘，与她并排骑在马上返回王宫。

tā men huí wáng gōng de lù jīng guò huī gū niang zāi de nà kē dà shù de hòu huā yuán tíng liú
他们回王宫的路经过灰姑娘栽的那棵大树的后花园，停留
zài shù zhī shang de yì zhī xiǎo gē zi chàng dào fǎn huí ba fǎn huí ba nǐ shēn biān de rén
在树枝上的一只小鸽子唱道：“返回吧，返回吧！你身边的人
bú shì nǐ de xīn niáng xì kàn kan jiǎo dà xié xiǎo xié bú shì wèi tā zuò de wáng zǐ huí
不是你的新娘！细看看，脚大鞋小，鞋不是为她做的！王子回
qù wáng zǐ huí qù zhǎo nǐ zhēn zhèng de xīn niáng ba
去，王子回去，找你真正的新娘吧！”

wáng zǐ tīng hòu xià mǎ tuō xià dà nǚ ér de xié fā xiàn tā de jiǎo zhǐ yòng xiàn shéng kǔn zài
王子听后，下马脱下大女儿的鞋，发现她的脚趾用线绳捆在
yì qǐ tā zhī dào zì jǐ bèi qī piàn le biàn diào zhuǎn mǎ tóu bǎ jiǎ xīn niáng sòng huí tā de
一起，他知道自己被欺骗了，便掉转马头，把假新娘送回她的
jiā bìng shuō zhè bú shì wǒ zhǎo de xīn niáng ràng lìng yí gè lái shì shi xié zi ba
家，并说：“这不是我找的新娘，让另一个来试试鞋子吧。”

èr nǚ ér jiù lái dào shì xié de wū li chuān lái chuān qù jiǎo jiù shì bǐ xié cháng yì diǎn
二女儿就来到试鞋的屋里，穿来穿去，脚就是比鞋长一点，
gēn běn chuān bu jìn qù tā mā ma xiàng duì dài jiě jie yí yàng ràng tā rěn zhe tòng yòng bù tiáo
根本穿不进去，她妈妈像对待姐姐一样，让她忍着痛，用布条
bǎ jiǎo zhǐ chán de wān qū qǐ lái xié zǒng suàn chuān shàng jiǎo le rán hòu lái dào wáng zǐ miàn
把脚趾缠得弯曲起来，鞋总算穿上脚了，然后来到王子面
qián wáng zǐ kàn tā chuān hǎo le xié jiù bǎ tā dàng zuò xīn niáng fú shàng mǎ bìng jiān ér xíng huí
前。王子看她穿好了鞋，就把她当作新娘扶上马，并肩而行回
wáng gōng
王宫。

tā men hái děi jīng guò hòu huā yuán xiǎo gē zi réng rán qī xī zài dà shù de zhī tóu shang
他们还得经过后花园，小鸽子仍然栖息在大树的枝头上，

它唱道："再返回吧，再返回吧！你身边的人不是你的新娘！细看看，脚大鞋小，鞋不是为她做的！王子回去，王子回去，找到你真正的新娘吧！"

王子听后再次下马，脱下二女儿脚上的舞鞋，发现自己受骗了，他调转马头，也把她送了回去，这次出来的不是她的母亲，而是她的继父。王子说："这不是真新娘，给您送回来了，还想问一下，您还有女儿吗？"

父亲回答说："还有前妻生的邋遢女儿，人们都叫她灰姑娘，她不可能成为王子的新娘的。"

然而，王子一定要她试一试。父亲让灰姑娘先梳洗干净，就带她走进来。她很有教养地向王子行礼，王子眼前一亮，她的相貌似曾相识。王子把舞鞋递给她穿，鞋子就是为她做的，非常合脚。王子走上前仔细端详她的脸，认出了她，马上兴奋地说道："她就是我日思夜想的新娘。"

这时，继母和她的两个女儿看到这一切，像泄了气的皮球摊在了那里。王子和灰姑娘路过大树边时，小白鸽又唱道："回家吧，回家吧！快看，那是王妃穿的鞋，是专为灰姑娘做的鞋！王子，幸运的王子，快带新娘回家吧，你找到了真正的新娘！”

鸽子唱完之后，飞上前来，停在了灰姑娘的右肩上，大树也抖动起来，灰姑娘参加舞会的礼服和知心的小鸟一起飘落下来。“把这些带回王宫吧！”小鸟说。又有更多的鸟儿飞来，它们都要陪着灰姑娘进入王宫，参加王子和灰姑娘的婚礼盛典。而这时，灰姑娘泪流满面，她不光是因为自己得到了爱——王子的、小鸟们的——喜极而泣，更是因为她想起了母亲最后留下的话：“我的好女儿，妈妈不能陪伴你了，只能在天上保佑你了。”

白雪公主

寒冬时节，鹅毛般的雪片漫天飞舞，一个王后坐在窗边为她的女儿缝制衣物，寒风卷着雪花飘进窗子，乌木窗台上渐渐地飘落了不少雪花。她抬头向窗外望去，一不小心，缝衣针刺进了她的手指，鲜红的血从针口流出来，有几滴血滴落在飘进窗子的雪花上。她若有所思地看着点缀在白雪上的鲜红色的血滴，又看看乌木窗台，心里想：“希望我小女儿的皮肤长得白里透红，就像这洁白的雪和鲜红的血一样，娇嫩而艳丽，还要有一头乌发，就像这窗子的乌木又黑又亮！”

她的小女儿渐渐长大了，小姑娘长得美丽动人，她的皮肤洁白细腻，真的像雪一样，脸上又透着红晕，头发如乌木般黑亮。也因为如此，王后给她取名叫白雪公主。但是，白雪公主还没有长大成人，她的妈妈就永远离她而去了。

没过多久，国王又娶了一个妻子，新王后长得非常漂亮，但她傲慢自负、心胸狭隘、嫉妒心极强，只要听说有比她漂亮的人，她就难以忍受。

她有一面魔镜，她经常走到镜子面前自我欣赏，并问道：“镜子，告诉我，告诉我实话！在这儿所有的女人中，谁最漂亮，她是谁？”

镜子回答道：“当然是你，王后，你就是最漂亮的女人！”听到这种称赞，她就发出满意的笑声。

白雪公主一天天长大，而且长得越来越漂亮，长到七岁时，她比明媚的春光还要夺人眼目，见到她的人都认为她的美丽已超过王后。

有一天，王后跟往常一样去问魔镜，镜子给出了她不能接受的回答：“王后，你很漂亮，但是白雪公主的漂亮要超过你！”

一听到这话，她心里即刻产生了妒忌和愤怒，脸色变得煞白，她喊来一个仆人并对他说：“让白雪公主消失在大森林里，我再也不希望见到她。”

仆人把白雪公主带进森林，面对楚楚动人的哭泣着的白雪公主，他不忍心加害于她，他对白雪公主说：“你是个人见人爱的孩子，我不会加害于你，但是，我也不能把你带回去，如果带你回去，你和我都会难逃厄运，所以只能把你单独留在森林里。”

仆人走了以后，白雪公主心里很害怕，她在森林里到处徘徊，想找到出去的路，野兽在不远处吼叫，但没有伤害她。走到天黑，她来到了一间小房子前，她观察了一会儿，确定房子里没有人，就推门进去，因为她实在走不动了，只想休息。

进门后，她发现房子里的一切都收拾得井井有条，而且整洁干净。一张桌子上铺着白布，上面摆放着七个小盘子，每个盘子里都装有一块面包和其他吃的东西，每个盘子旁边都放着一个装满葡萄酒的玻璃杯和进餐用的刀叉，靠墙的地方还并排放着七张小床。

此时，她又饿又渴，也顾不得许多了，她就从每块面包上切了一小块吃了，又把每只玻璃杯里的酒喝了一点。解决了饥渴之后，她觉得困意浓重，于是来到那些床前，七张床的每一张她几乎都试过了，有的太长，有的太短，只有第七张床很合适，她就在第七张床上躺下，很快就睡着了。

不久，小房子的主人们回来了，他们是七个在山里开矿采金的小矮人。他们点亮七盏灯，马上就发现自己的东西被人动过。

dì yī gè wèn shuí zuò le wǒ de dèng zi
第一个问："谁坐了我的凳子？"

dì èr gè wèn shuí chī le wǒ pán zi li de dōng xi
第二个问："谁吃了我盘子里的东西？"

dì sān gè wèn shuí qiē le wǒ de miàn bāo
第三个问："谁切了我的面包？"

dì sì gè wèn shuí dòng le wǒ de tiáo gēng
第四个问："谁动了我的调羹？"

dì wǔ gè wèn shuí yòng guo wǒ de chā zi
第五个问："谁用过我的叉子？"

dì liù gè wèn shuí nuó le wǒ de cān dāo
第六个问："谁挪了我的餐刀？"

dì qī gè wèn shuí hē le wǒ de pú tao jiǔ
第七个问："谁喝了我的葡萄酒？"

dì yī gè jiē zhe xiàng sì zhōu qiáo zǒu dào chuáng qián jiào dào shuí tǎng guo wǒ de chuáng qí yú de yì tīng dōu pǎo guò lái jǐn gēn zhe tā men yě dōu jiào le qǐ lái yīn wèi tā men dōu kàn de chū yǒu rén dòng guo tā men de chuáng dì qī gè xiǎo ǎi rén kàn dào zì jǐ chuáng shang zhèng shuì zhe de bái xuě gōng zhǔ lì kè bǎ xiōng dì men dōu jiào guò lái tā men ná lái dēng zhào zhe bái xuě gōng zhǔ zǐ xì de kàn le bàn tiān rán hòu tā men dài zhe xiāng tóng de gǎn shòu shuō shàng tiān gěi wǒ men sòng lái le yí gè duō me kě ài de hái zi ya tā men gāo xìng ér yòu ài lián de kàn zhe tā shēng pà chǎo xǐng tā
第一个接着向四周瞧，走到床前，叫道："谁躺过我的床？"其余的一听都跑过来，紧跟着他们也都叫了起来，因为他们都看得出有人动过他们的床。第七个小矮人看到自己床上正睡着的白雪公主，立刻把兄弟们都叫过来，他们拿来灯，照着白雪公主仔细地看了半天，然后他们带着相同的感受说："上天给我们送来了一个多么可爱的孩子呀！"他们高兴而又爱怜地看着她，生怕吵醒她。

wǎn shang dì qī gè xiǎo ǎi rén lún zhe shuì zài qí tā jǐ gè xiǎo ǎi rén de chuáng shang dù guò le zhè ge yè wǎn
晚上，第七个小矮人轮着睡在其他几个小矮人的床上，度过了这个夜晚。

dì èr tiān qīng chén bái xuě gōng zhǔ zhēng kāi yǎn jing kàn jiàn qī gè xiǎo ǎi rén wéi zhe tā xià
第二天清晨，白雪公主睁开眼睛看见七个小矮人围着她，吓
le yí tiào dàn tā men miàn róng hěn hé shàn tā men kè qi de wèn tā shuō nǐ jiào shén me
了一跳，但他们面容很和善，他们客气地问她说：“你叫什么
míng zi
名字？”

kàn zhe tā men pǔ shí de miàn róng yǔ hé shàn de mù guāng bái xuě gōng zhǔ huí dá shuō wǒ
看着他们朴实的面容与和善的目光，白雪公主回答说：“我
jiào bái xuě gōng zhǔ
叫白雪公主。”

tā men yòu wèn nǐ shì zěn yàng lái dào zhè lǐ de
他们又问：“你是怎样来到这里的？”

bái xuě gōng zhǔ háo bù bǎo liú de xiàng xiǎo ǎi rén men jiǎng shù le zì jǐ de jīng lì tā men
白雪公主毫不保留地向小矮人们讲述了自己的经历，他们
dōu fēi cháng tóng qíng tā tā men shuō rú guǒ nǐ yuàn yì liú zài zhèr wèi wǒ men shōu shi
都非常同情她。他们说：“如果你愿意留在这儿，为我们收拾
fáng zi zuò xiē néng zuò de jiā wù wǒ men huān yíng nǐ liú xià lái wǒ men dōu huì hǎo hǎo zhào
房子，做些能做的家务，我们欢迎你留下来，我们都会好好照
gù nǐ de
顾你的。”

bái xuě gōng zhǔ hěn gāo xìng de shuō yuàn yì wǒ fēi cháng yuàn yì
白雪公主很高兴地说：“愿意，我非常愿意。”

zhè yàng qī gè xiǎo ǎi rén měi tiān dào shān li cǎi kuàng bái xuě gōng zhǔ zé dāi zài jiā li gàn
这样，七个小矮人每天到山里采矿，白雪公主则待在家里干
xiē jiā wù huó tā men gào jiè tā shuō wáng hòu bù jiǔ jiù huì zhǎo dào nǐ zhù de dì fang
些家务活。他们告诫她说：“王后不久就会找到你住的地方，
wǒ men bú zài shí nǐ bù néng gěi rèn hé rén kāi mén
我们不在时，你不能给任何人开门。”

zài shuō dào pú rén tā huí dào gōng li gào su wáng hòu tā bǎ xiǎo gōng zhǔ pāo gěi le láng
再说到仆人，他回到宫里告诉王后，他把小公主抛给了狼
qún wáng hòu xiāng xìn bái xuě gōng zhǔ bì sǐ wú yí tā yòu chéng wéi quán guó zuì piào liang de nǚ rén
群，王后相信白雪公主必死无疑，她又成为全国最漂亮的女人

了。她走到魔镜面前说："告诉我，镜子，告诉我实话！全国所有的女人谁最漂亮？"

镜子回答说："是你，王后，你是这里最漂亮的女人！但是，在山的那一边，绿色的森林中，七个小矮人建造的房中有一个小姑娘比你更漂亮。""告诉我她是谁？"王后因妒忌而愤怒地问。"王后，她就是白雪公主，野兽没有吃掉她。"王后知道这面镜子是从不说假话的，一定是那个仆人办事不力，她决不能容忍比她更漂亮的人活在这个世上。于是，她就把自己装扮成一个老太婆，挑着卖杂货的担子，翻山越岭找到了七个小矮人的住处。她敲着门喊道："卖杂货喽，又多又好的杂货！"

白雪公主从窗户往外看去，说道："老婆婆你好！你卖的都是些什么东西啊？"

老太婆回答道："好东西，好漂亮的东西，各种颜色的丝带和线卷，还有很多好东西，你可以自己看，自己选。"

白雪公主原本善良，心想："这老婆婆不是坏人吧。"于是，她就打开了门。

老太婆一进来就说：“看你的丝带多难看呀！配不上你，来吧，让我给你系上一根漂亮的丝带。”

白雪公主做梦也没想到危险就这样降临了。老太婆很熟练地将带子系在白雪公主的脖颈上，猛地将带子拉紧，勒住了白雪公主的脖子，她被勒得透不过气来，很快就失去了知觉。

看到她这样，恶毒的王后满意了，说道：“你的美丽到此为止了！”说完，她得意地走了。

七个小矮人晚上回来，看到他们诚实可爱的白雪公主躺在地上一动不动，就像死去一样，他们的心一下就提到嗓子眼了，他们马上剪断带子，将她抬到床上，不断地呼喊她……

过了一会儿，白雪公主有了呼吸，慢慢地醒了过来。她给小矮人们讲了事情的经过，他们说：“那个老太婆就是王后，下次在我们离开后，你一定要当心，千万不要让任何人进来。”

王后一回到家，就迫不及待地来到魔镜前，像往常一样对着镜子问话，令她吃惊的是，镜子的回答和上次一样：“是你，王后，你是这里最漂亮的女人！但是，在山的那一边，绿色的森林中，七个小矮人建造的房中有一个小姑娘比你更漂亮。”

知道白雪公主仍然活着，恼怒与怨恨让她心血翻涌，难以自持。她不甘心失败，更不能忍受有比她漂亮的人存在，于是，她又把自己打扮成另一个模样的老太婆，带上一把有毒的梳子，嫉妒心让她像打了鸡血一样，她翻山越岭，再次来到了七个小矮人的房门前，敲着门喊道：“买不买东西呀？”

白雪公主在里面听到了，把门打开一条缝说：“我可不敢让别人进来。”

伪装的王后连忙说：“你不需要打开门，我把梳子从门缝递进去，你看看，并试着梳梳你漂亮的头发，你就会喜欢上这把梳子。”说完，就把梳子从门缝递了进去。

白雪公主从门缝接过梳子，它看起来的确很漂亮，她就在头上试着梳一梳，梳子划过她的头发时，毒性就发作了，她又一次倒在地上，失去了知觉。

王后的阴谋得逞后，冷笑着说：“你早该这样躺着，永远别起来了！”说完就走了。

hěn xìng yùn zhè ge wǎn shang xiǎo ǎi rén men huí lái de tè bié zǎo kàn jiàn bái xuě gōng zhǔ
很幸运，这个晚上小矮人们回来得特别早，看见白雪公主
tǎng zài dì shang shí jiù zhī dào yòu fā shēng le bú xìng de shì tā men jí máng jiāng tā bào qǐ
躺在地上时，就知道又发生了不幸的事，他们急忙将她抱起
lái hěn kuài jiù fā xiàn le nà bǎ yǒu dú de shū zi tā men jiāng tā cóng bái xuě gōng zhǔ de tóu
来，很快就发现了那把有毒的梳子，他们将它从白雪公主的头
fa shang ná xià lái bù jiǔ bái xuě gōng zhǔ huī fù le zhī jué xǐng le guò lái jiē zhe tā
发上拿下来，不久，白雪公主恢复了知觉，醒了过来。接着，她
bǎ shì qing fā shēng de jīng guò yòu xiáng xì de gào su le xiǎo ǎi rén men qī gè xiǎo ǎi rén zài cì
把事情发生的经过又详细地告诉了小矮人们，七个小矮人再次
gào jiè tā rèn hé rén lái le dōu bú yào zài kāi mén
告诫她，任何人来了都不要再开门。

cǐ shí wáng hòu huí dào le wáng gōng tā zhàn zài mó jìng qián xún wèn jìng zi dàn tīng dào de
此时，王后回到了王宫，她站在魔镜前询问镜子，但听到的
yī rán hái shi hé shàng cì xiāng tóng de huí dá tā wú fǎ rěn shòu zhè yàng de huí dá qì de
依然还是和上次相同的回答。她无法忍受这样的回答，气得
hún shēn chàn dǒu fā fēng shì de kuáng jiào zhe bái xuě gōng zhǔ yí dìng yào sǐ jí shǐ yǐ wǒ de
浑身颤抖，发疯似的狂叫着："白雪公主一定要死，即使以我的
shēng mìng wéi dài jià dōu zhí dé
生命为代价都值得！"

tā jìn rù yì jiān piān pì de fáng zi li jīng xīn zhì zuò le yí gè dú píng guǒ cóng wài
她进入一间偏僻的房子里，精心制作了一个毒苹果。从外
miàn kàn píng guǒ hóng hóng de hěn yòu rén dàn zhǐ yào chī yì kǒu jiù huì yào mìng zhè huí tā
面看，苹果红红的很诱人，但只要吃一口就会要命。这回，她
bǎ zì jǐ zhuāng bàn chéng yí gè nóng fù jí dù xīn ràng tā tǐ lì chōng pèi tā yòu lái dào le
把自己装扮成一个农妇。嫉妒心让她体力充沛，她又来到了
xiǎo ǎi rén de fáng shè shēn shǒu qiāo le qiāo mén
小矮人的房舍，伸手敲了敲门。

bái xuě gōng zhǔ bǎ tóu cóng chuāng hu li tàn chū lái shuō dào wǒ bù néng ràng rén jìn lái yīn
白雪公主把头从窗户里探出来说道："我不能让人进来，因
wèi xiǎo ǎi rén men gào jiè wǒ rèn hé rén lái le dōu bú yào kāi mén
为小矮人们告诫我，任何人来了都不要开门。"

“听你的，”老农妇拿出那个毒苹果说，“这么漂亮的苹果太可爱了，我就作为礼物送给你吧。”

白雪公主说道：“不，我不能要。”

老农妇说：“傻孩子，你不用担心，难道怕苹果有毒吗？这样，我吃一半，给你一半。”

说完，老农妇就将苹果分成两半，自己吃了一半。其实，王后在做毒苹果时，只在苹果的一边下了毒。白雪公主很想尝一尝，因为那苹果看起来的确很诱人，她就接过另一半咬了一口，可还没咽下去，她就倒在地上死去了。

王后脸上露出了快意的狞笑，说：“再没有人能救活她了！”

她回到王宫，又来到魔镜前，问道：“告诉我，镜子，告诉我实话！全国所有的女人谁最漂亮？告诉我她是谁？”

镜子回答道：“是你，王后！你就是全国最漂亮的女人。”

听到这话，她的虚荣心得到满足，嫉妒心才平静下来，她感到世上最快乐的事不过如此。

夜幕降临时，小矮人们都回到了家里，他们又发现白雪公主躺在地上，没有了呼吸。他们不相信她真的死了，便将她抱了起来，给她梳理头发，用葡萄酒和水给她洗脸，但一切都是徒劳，因为白雪公主没有复活的迹象，看来这次是真的死了。他们悲痛欲绝，伤心地将她放在棺木上，七个小矮人就坐在旁边守着，整整三天三夜。

最后，他们绝望了，准备将她掩埋，但看到她的脸色红润依旧，和生前没两样，他们商量说："我们不能把她埋在阴冷黑暗的地下。"

他们一起动手，做了一口水晶棺材，把白雪公主放了进去，这样在棺材外面也能看见她，棺材上还用金子镶嵌着她的名字和铭文。小矮人们将棺材安放在一座小山上，每天由一个小矮人坐在旁边守护，天空中飞来不少小鸟，先是一只猫头鹰，又来了一只渡鸦，后来一只鸽子飞来了，它们都为白雪公主的死而哀伤。

水晶棺材安放在小山上很久了，白雪公主的样子仍然像是安睡一般，皮肤依然如雪一样白嫩，白皙的脸庞仍然透着红润，头发依然像乌木一样又黑又亮。

直到有一天，一个王子来到了小矮人的房子前，拜访七个小矮人。他来到小山上，看到棺内的白雪公主和铭文，他的心就再也无法平静，他要付给小矮人们金钱，无论多少，他只有一个请求——让他把白雪公主和棺材带走。

但小矮人们说："世界上所有的金子也没有我们的白雪公主珍贵，我们不会同意让她离去。"

王子的恳求是真诚的，他甚至哀求小矮人们给他一个机会，让他动用整个国家的医生和巫师来拯救白雪公主。小矮人们被他的真心诚意感动了，同意让他把棺材带走。就在他领着一群侍卫抬起棺材准备回家时，棺材被撞了一下，那块毒苹果突然从白雪公主嘴里吐了出来，她又一次奇迹般地醒了！她茫然地问："我是在哪呀？"

王子回答说："你与我在一起，要去我们的王宫。"他把自己知道的事都告诉了她，最后说："你是我在这个世界上的最爱，走吧！和我到我父亲的王宫去，我将娶你做我的新娘。"

白雪公主同意了，并与王子一同去了王宫。王宫被装饰一新，一切准备就绪后，就要举行盛大的婚礼，他们邀请了许多客人前来参加婚礼。

在他们邀请的客人中，有白雪公主的继母，这个嫉妒心极强的王后将自己打扮得极其艳丽，她对着魔镜说：“告诉我，镜子，告诉我实话！全国所有的女人谁最漂亮？告诉我她是谁？”

镜子回答说：“是你，在这儿是你最漂亮，但是，王子的新娘比你漂亮得多。”

听到这话，她勃然大怒，但又无可奈何！嫉妒心与好奇心让她决定去看看新娘。到了举行婚礼的地方，她才知道新娘不是别人，正是白雪公主。看到白雪公主，王后气得昏了过去，她想不明白，白雪公主怎么又活了？自此，她一病不起，不久就在嫉妒、暴怒与痛苦中死去。

白雪公主和王子结婚后，美满的生活充满了欢乐和幸福，七个小矮人以公主亲人的身份，成了王宫中最尊贵的客人。此后，他们一辈子都快乐地生活在一起。

齐国霸业的三个支柱

西周处在奴隶时代后期，核心的政治制度是分封制，周天子把天下的土地分封给各个诸侯管理，诸侯又把管辖的封地分给卿，卿下面又有士，这些人构成了奴隶社会统治者的金字塔顶层，而他们再把土地租给平民和奴隶，每年只管向下收租，再向上一级纳贡。《诗经·北山》中有“普天之下，莫非王土；率土之滨，莫非王臣”。也就是说，天下的土地都归周天子所有，管理土地的都是周天子分封的诸侯。随着社会发展，各个诸侯国为扩大自己的势力，不断发动战争，周天子对各诸侯国的控制也越来越力不从心，于是，春秋时期就先后产生了五个霸主，用今天的话说就是各个诸侯的盟主，他们在诸侯中的影响力远比周天子大。

这是发生在齐国的事，其中有三个主要的人物：公子小白，姜姓，姜太公吕尚的第十二代孙，齐僖公第三子，齐襄公的弟弟，春秋时齐国第十五位国君齐桓公，春秋第一位霸主；管仲，名夷吾，颍上（今安徽颍上）人，周穆王的后代，中国古代著名的经济学家、哲学家、政治家、军事家，法家代表人物；鲍叔牙，颍上人，春秋时期齐国大夫。

管仲和鲍叔牙是同乡，他们相识很早，年轻时就合伙做生意，赚了钱的时候，管仲总是把赚的钱多给自己留点，虽然鲍叔牙对此心知肚明，但是他从不抱怨，有人因不平而问鲍叔牙，鲍叔牙却说：“管仲这样做不是因为贪财，他家里很穷，因而比我更需要钱，当初和他一起做生意，就是为了能帮他摆脱穷困，他多拿不是很好吗？”在两人的交往中，管仲很想为鲍叔牙办些事，可是事没办成，反而惹来更多麻烦，鲍叔牙也从没有抱怨过，因为鲍叔牙理解事情办不成并不是因为办事的能力问题，而是时机尚未成熟，缺乏成事的条件，这是人力无法改变的。管仲还曾多次为官，想为国君出谋划策，可是又多次被国君驱逐出宫廷，鲍叔牙并不认为管仲缺少治国理政的才华与智慧，而是时运不济，管仲的才智难以发挥。后来，鲍叔牙和管仲都进入军队，管仲在进军的时候，并没有像其他士兵一样冲锋在前，而是跟在后面，而在败退的路上，他却总跑在前面，其他士兵都纷纷嘲笑他胆小怕死，没有男儿的样子。但是，鲍叔牙并不这样认为，他知道管仲如此表现的原因是家中还有一位需要他赡养的老母亲，他不是怕死，而是他不能死。管仲也深深地感激这位知己，他曾语重心长地对他人说："生我者父母，知我者鲍叔牙！"

齐襄公在位时，管仲和鲍叔牙都在齐国为官，齐僖公在位时，就希望鲍叔牙辅佐公子小白，鲍叔牙并不愿意，管仲私下对鲍叔牙说："就我的分析，齐国的下一位君主一定在公子小白和公子纠两人中产生，你和我应该各辅佐一人。"鲍叔牙同意管仲的看法。当时，公子纠看中管仲的才学，就把管仲留在身边辅佐自己。公子小白非常喜欢鲍叔牙仁厚大度的品质，就拜鲍叔牙做自己的军师。于是，他们两人就尽心尽力地辅佐各自的公子。

公子小白和公子纠的哥哥齐襄公，是一位武断、失信、放荡而又权力欲极强的君主，他也总是疑心两个弟弟要和自己争夺王位，便想设计把二人除掉。得到这样的消息，公子小白和公子纠都觉得最好的办法就是外出避祸。于是，管仲就带着公子纠出逃到鲁国，鲍叔牙和公子小白逃到了莒国。

公元前686年，两个齐襄公曾经失信于他们的大臣——连称、管至父，在齐襄公狩猎摔伤的时候，联合受到齐襄公冷遇的公孙无知（齐襄公的堂弟）发动宫廷政变，公孙无知杀死了齐襄公，并取而代之，成为齐国新一任君王。然而，公孙无知也很快在宫廷内乱中被手下大臣杀死，齐国陷入一片混乱。

管仲深知公子小白所在的莒国距离齐国更近，如果他先回到齐国，公子纠就会失去即位的机会，他立刻把这个消息告诉鲁庄公，鲁庄公决定亲自率领三百辆兵车，任曹沫为大将，护送公子纠回齐国，并且让管仲带部分兵马先行，在路上拦截公子小白。

管仲率几十辆兵车，日夜兼程，追到即墨（今山东省平度市东南），听路人说莒国军队已经过去半天了，管仲不敢歇脚，一口气又追了三十多里。远远看见莒国军队在树林边起灶做饭，公子小白端坐车中。管仲带的军队少，硬拼是不能获胜的，但他又不想让公子小白夺走公子纠的机会，于是他悄悄靠近，拉弓搭箭，瞄准公子小白射出，箭锋刺在公子小白身上，只听到公子小白大叫一声，身体倒在车中，一动不动。周围士兵迅速围上来，一部分救护，一部分向管仲冲来。管仲看到这个情景，觉得公子小白活不了了，就调转车头指挥士兵迅速逃离，留下一路尘土。鲁庄公得到公子小白中箭身亡的消息，也就放心了，犒劳了管仲和士兵，然后带着公子纠，不紧不慢地向齐国进发。

管仲并不知道，他射出的箭击中了公子小白的衣带钩，那时的衣带钩大多是用青铜铸造出来的，坚硬无比，因此挡住了飞来的箭，公子小白担心受到连续的攻击，急中生智，大叫一声，倒在车中不动了。忙乱中的士兵也都以为公子小白死了，直到管仲率兵远去，小白才睁开眼。鲍叔牙认为，管仲因为兵少才不敢战，一旦与鲁国大军会合，还会杀回来的。于是，他让公子小白换上普通人穿的衣服，坐进有篷的车里，抄小路，日夜兼程赶到了齐国都城临淄。

齐国按长幼排序，公子纠应为国君，但是大臣们都很敬佩鲍叔牙的人品，瞧不起管仲的为人，所以在国君的人选上犹豫不决。鲍叔牙对大臣们说："齐国因齐襄公不贤明，连遭内乱，国家处在存亡的时刻，最需要贤明国君来安定国家，我随公子小白多年，很了解公子小白，他心胸坦荡，礼贤下士，有君子之风。况且，遭暗箭却毫发无伤，路途多险而先至，这难道不是天意吗？"大臣们都知道鲍叔牙的人品，也相信他不说假话，于是听取了他的建议，推举公子小白即位，号齐桓公。

过了好几天，鲁庄公才率领大军到达齐国的边境。他听说公子小白并没有死，而且已经当上了国君，顿时大怒，马上向齐国发动进攻，齐桓公只好发兵应战。两军在乾时（今山东省淄博市西面）混战一场，鲁军被打得大败，鲁庄公弃车逃跑，才保住了一条性命，鲁国的汶阳也被齐军占领了。鲁庄公逃回国，还没喘过气，齐国大军又追了上来。齐国大军施压鲁庄公处死公子纠，交出管仲，以雪一箭之仇。一看大兵压境，鲁庄公不愿意为一个公子纠而失去鲁国，就下令将公子纠处死，又命人把管仲关押起来，准备送给齐国。谋士施伯劝鲁庄公说："管仲是天下奇才，把他留在鲁国，以后必有大用，与其送给齐国，不如把他杀掉，以免齐国用了他而国富兵强，成为鲁国的威胁。"

湿朋受鲍叔牙派遣，到鲁国去接管仲，他听说鲁庄公要杀管仲，急忙去拜见鲁庄公，他对鲁庄公说："我们国君在归国的路上遭到管仲的追杀，若不是箭射在衣带钩上，命就叫管仲夺走了，这一箭之仇，我们国君非要以亲手杀管仲来解心头之恨，你若成全我们国君的愿望，他一定会感激你，两国就会消解旧怨，重新修好。"鲁庄公觉得湿朋言之有理，就将管仲交给湿朋带回齐国。

鲍叔牙计算着湿朋的归期，来到王宫向齐桓公推荐管仲。

齐桓公说："管仲不就是射我衣带钩的那个家伙吗？"

鲍叔牙说："那时人各为其主，管仲射您的时候，他心中只有公子纠，如果是我，我也会这样做。再说，您如果真要富国强兵、建立霸业，身边就要有贤明的人辅佐。”

齐桓公说：“我已想好拜你为相，因为你是我最忠心、最能干的大臣。”

鲍叔牙说：“管仲有安邦图霸的雄才大略，我只是个诚心侍奉您的臣子而已，同他相比，一个天上，一个地下。您如果重用他，他将为您射得天下，与此相比，射中衣带钩的那一箭还值得计较吗？”

齐桓公受鲍叔牙多年的影响，也有着旷达而宽厚的胸怀，又因为鲍叔牙的推荐，就回复说：“明天带他来见我吧！”

鲍叔牙笑了笑说：“您要得到有用的人才，必须恭恭敬敬地以礼相待，怎么能随随便便召来呢？”于是，齐桓公选了吉日，斋戒沐浴三日，亲自出城迎接管仲，并把管仲请上自己的车，同车进城。

来到宫廷，管仲急忙跪下向齐桓公谢罪，齐桓公亲自把管仲扶起，设宴为管仲接风，宴席上二人交谈甚洽，谈到治国强兵、建立霸业的事，管仲的想法让齐桓公茅塞顿开，他们彻夜长谈，三日不休，都发出了相见恨晚的慨叹。接下来，齐桓公就任命管仲为相，鲍叔牙也非常高兴，甘愿身居管仲之下。

管仲拜相之后，在齐国开始一系列富国强兵的政治经济制度改革，“三其国而伍其鄙”：三其国就是将齐国划为二十一乡，士居十五乡，工居三乡，商居三乡，分设三官管理；伍其鄙则是将鄙野（国都之外的广大地区）分为五属，设立五大夫、五正官分管，下有县、乡、足、邑四级，分别设立县帅、乡帅、卒帅、司官管理，使农、工、商各就其业，淘汰了落后的部落残留的社会结构，社会日趋稳定，生产有序。齐国历来有厚葬的陋习，大量的财富、器皿、布帛、良材埋入地下，管仲建议颁布禁令，禁止厚葬陋习，既开了经济之源，又节了浪费之流，国家日益富足起来。

他还提出新的国家用人原则：在任命一切官员时，如果官员的品行、政绩不能彰显于朝廷，言行举止又不被百姓称赞的，决不授予高官厚禄。同时，建立了一整套人才推举、选拔、任用、提拔的制度，对后来的科举制度产生了深远影响。

在军事建设上，管仲提出工商六乡不组建军队，他们在战时提供强大的军需保障，十五个士乡中，每五个乡构成一支军队，形成齐国三军。鄙野也按军队架构组织起来，平时他们世代生产生活在一起，战时他们会很团结，很有战斗力。这种社会结构与军队构成相结合的军队建设方式，使齐军形成了强大的战斗力，可以应付任何大的战争。

国富军强之后，在外交方面，管仲提出了“尊王攘夷”的建议，也就是尊崇周天子，帮助受到北夷（北方游牧民族的统称）抢掠的地域靠北的诸侯国赶走北夷，齐桓公很赞赏这个外交政策。因为，齐桓公的很多对外行为都与管仲相左，而结果证明，管仲的策略是对的。有了这个外交策略，齐桓公率多国国君与周襄王派来的大夫会盟，确立周襄王在各诸侯国的天子地位，得到周襄王的信任和各诸侯国的拥护。后来，齐桓公在葵丘召集盟会时，周公宰代表周天子封齐桓公为诸侯长，授权齐桓公以后遇到侵害周王室权威的事都可以过问和制止。至此，齐桓公名正言顺地成为第一个诸侯国的盟主。此后，有两件大事更加巩固了齐桓公的霸主地位：

为解除北夷的侵扰，齐桓公率大军北征，到了一个叫鬼泣谷的地方，燕军的将领死活不敢前行，因为以前他们在这里遭到北夷的伏击，受到重创。管仲没有指责他，只是让他带着队伍到大军的后面随行，管仲让前面的士兵下马，各自找来木桩拴在马背上，套上盔甲，然后把马赶到前面进入峡谷，北夷军以为齐军已进入埋伏，礌石滚木从峡谷两侧轰轰而下，兵士随后也冲下山进入峡谷，暴露在光天化日之下。管仲指挥大军掩杀过去，北夷军的将领也中箭倒地，士兵只得抬起自己的将领向北方逃去，齐国大军一直打到孤竹国。

齐军得胜归国，没想到在茫茫的北漠迷失了方向，管仲并不慌乱，他让士兵挑出几匹老马，卸下鞍鞯，让马自己走，大军随在老马的后面，最终回到了齐国。这次军事行动提高了齐国在诸侯中的威望，也体现了管仲的智慧，留下了一段“老马识途"的佳话。

北方暂时安定了，南方的楚国对周天子不敬，齐桓公想举兵讨伐，但他知道楚国民风剽悍，善于格斗，成败没有把握，他就找管仲问询计策。管仲思忖良久，说："国君，楚国的鹿很多，您就在齐楚交界的地方设一个集市，高价收购楚国的鹿。"齐桓公派中大夫王邑携两千万钱前去设市购鹿。楚王听说之后高兴地对宰相说："钱币是国家赖以生存的东西，楚国的山上到处都是鹿，并无大用，尽快发布命令，让百姓上山捉鹿，换回齐国的货币。"楚国百姓于是放下手中的农活，漫山遍野地去抓活鹿。管仲在这时又指派大臣安排人员，在齐楚边界大量收购民间粮食，楚国卖鹿获得的钱币比以往多了五倍，齐国囤积的粮食也比以往多了五倍。"现在可以对楚国采取军事行动了"，管仲对齐桓公说，"战争一起，楚国最缺的就是粮草，楚国误了农时，一时难以种出粮食，民间储备的粮食也被我们收购得差不多了。现在开始，封锁边境，切断楚国回购粮食的途径。"

齐桓公恍然大悟，下令封锁边境。大兵压境，楚国的米价暴涨，楚国收购粮食的途径又都被齐国截断，饥民日益增多，为了活命，纷纷逃往储备富足的齐国，有五分之二的楚国人逃往了齐国。那是一个人口不患多而患少的时代，人口是最大的资源。这样一来，楚国的国力大伤，不久，楚国放弃军事对抗，向齐国屈服。在管仲的策划下，齐国借助富足的国力，打了一场精彩的贸易战，兵不血刃，“不战而屈人之兵”。这以后，齐桓公在各诸侯中一呼百应，成为实实在在的盟主，影响力远超周天子。

可以说，鲍叔牙、管仲、齐桓公三人是齐国成就霸业的三个支柱。没有鲍叔牙，就不会有公子小白即位，也不会形成他善于纳言、不计前嫌、唯贤是用的气度与胸怀；没有鲍叔牙，管仲无论怎样努力也不会走上齐国的相位，更谈不上实现政治理想，他的才华也只会是一颗浸在泥淖里的珍珠，其光辉不会被世人看到。细想想，鲍叔牙就像搭在河谷上的一座桥梁，公子小白与管仲从两岸走上桥来拥抱在一起，一个历史的传奇就此开始了。

值得赘附一笔的是：鲍叔牙的子孙世代都在齐国享受俸禄，十几代人都得到了封地，很多子孙后代都成为有名的大夫。《易经》有记：“地势坤。君子以厚德载物。”也许是鲍叔牙的德行荫蔽了世代子孙吧！

忠实的约翰

很久以前，有个老国王一病不起，他清醒地意识到自己剩下的时间不多了，就对身边的人说：“去把忠实的约翰喊进来见我。”

老国王之所以这样称呼他，是因为约翰是一个忠实的仆人，为人非常可靠，他侍候老国王很久了，也最受老国王喜爱。

约翰来到床边，老国王说：“我忠实的约翰，我知道自己不行了，现在让我放心不下的就是我的儿子，他还小，需要良师益友的帮助。除了你，我没有什么好朋友可以托付，你发誓，做他的人生导师，把他应该懂得的东西教给他，如果你不答应，我不能安然瞑目。”

听了老国王的嘱托，约翰说道：“我决不会离他而去，我一定忠实地辅佐他，即使献出生命也在所不惜！”

老国王得到了安慰，说道：“现在我就放心了，我死后，你带他把整座王宫的房间和库房，包括房子里的财宝看一遍，但是，有一间房子决不能让他进去，就是挂有金屋公主画像的那个房间。如果他进去，并且看到金屋公主画像，他就会深深地爱上她，并因此而陷入万劫不复的危险境地，你无论如何都要负起这个责任。”

忠实的约翰再次向老国王发誓会负起责任，老国王欣然地躺在床上，安然地去了。

安葬了老国王之后，忠实的约翰把老国王临终的嘱托和自己的誓言一一告诉了年轻的国王，并说：“我会忠实地执行老国王的遗嘱，遵守自己的誓言，像对你的父亲一样对你忠诚，即使献出生命也在所不惜。”

年轻的国王哭泣着说："我也永远牢记你的忠心。"

葬礼办完以后，忠实的约翰对他的小主人说："现在，我带你去你父亲的宫殿，看看你所继承的财产。"接着，他带着小主人在王宫的各个地方巡视了一遍，让小主人看了豪华的殿堂和房间以及所有的财富。只有挂着画像的那间房子没有打开，那画像画得实在是太美了，有种呼之欲出的感觉，世界上再也没有比画上的女子更可爱、更美丽的东西了。忠实的约翰不打开那道门，因为只要打开门，就看得见那里挂着的画像。

年轻的国王发现忠实的约翰打开了所有的房间，唯有这间房子没有打开房门，就问道："为什么不打开这间房子呢，忠实的约翰？"

他回答说："里面有会使你感到恐惧的东西。"

但年轻的国王说："我已把整个王宫看完了，也就更想知道这里面有什么。"说完，他用力拉那扇房门，忠实的约翰拉着他的后背说："你父亲临终前我发过誓，无论如何也不能让你走进这间房子，否则你和我都将大难临头。”

年轻的国王固执地说道：“对我来说，越是见不到的东西，就越是想见到的东西，今天最大的遗憾就是不能进去看看，只要没有进去看，我就会日日夜夜不得安宁，所以，你不打开让我看，我就不会离开。”

忠实的约翰无论怎么劝说，年轻的国王就是不肯离去。约翰心里产生了不祥的预感，沉重地叹了口气，从一大串钥匙中找出一把钥匙，打开了房子的门。一打开门，约翰就先走进去，站在画像前面，希望能挡住画像不让国王看见，可是年轻的国王踮起脚尖从约翰的肩头看过去，一下子就看到了肖像中公主的容貌，画上身着华装的少女如此美丽动人。年轻的国王激动极了，竟然昏倒在楼板上。

忠实的约翰赶紧将他抱起，心里不停地想：“唉，不幸降临了，这可怎么办呀？”

经过御医的努力，国王终于苏醒过来，但他说的第一句话是：“那美丽画像上的少女是谁呀？”

忠实的约翰回答说："那是金屋国王女儿的画像。"

国王又问道："我太爱她了，就是让树上的叶子全部变成我的舌头，也难以倾诉我对她的爱，我要去找她，哪怕有失去生命的危险也要去找她！你是我忠实的朋友，因而你必须帮助我，实现我最大的愿望。"

这些天，约翰一直思考，事已至此，如何来帮助年轻的国王实现愿望，就是要解决的最大问题。想定后，他对国王说："传说，她的一切用具都是金子做的，桌子、凳子、杯子、碟子……只要是眼所能及的东西，都是金子的，并且她还在不断地寻求更多的黄金。这样吧，找一些工匠，把你现在贮藏的黄金做成各种容器和珍禽异兽，然后我们带着这些东西去碰碰运气吧。"

国王下达了命令。于是，所有技艺高超的金匠都集聚在王宫，他们夜以继日地用金子赶制各种工艺品，最后把王宫中的金子都做成了最漂亮的金器。忠实的约翰派人把金器装上一条大船，他和国王换上商人的服饰，这样，外人也就不可能认出他们了。一切准备就绪，他们扬帆出海，踏上征程。经过很长时间的航行，他们终于来到了金屋国王管辖的领地。船靠岸停泊后，忠实的约翰嘱咐国王待在船上等待消息。他说：“有可能我把金屋公主带来，因此，陛下要指挥属下把船内收拾整齐，将金器摆设出来，整条船都要用金器装饰起来。”接着，他把各样金器都拿了一个放进篮子，离船上岸向王宫走去。

当约翰来到城堡的大院时，看见一口井边有一个漂亮的少女提着两只金桶从井里打水，少女担着金光闪闪的水桶转过身时，也看到了站在身后的这个陌生人，少女问他是谁，他走上前去恭恭敬敬地回答说：“我是一个商人。”并且掀开篮子，让她看篮子里的东西。

少女一看，惊奇地说：“嗬！多漂亮的金器呀！”她放下水桶，仔细翻看一件又一件的金器，看过之后，她说：“我们的公主最喜欢这些东西，应该让她看看，她会把这些全都买下来。”说完，她带着忠实的约翰去王宫，向卫兵说明情况之后，卫兵就放行了。

公主看过约翰带来的金器后，非常兴奋地说："太漂亮了，我要把它们全买下来。"

忠实的约翰说："我只是一位富商的仆人，我带的这些和船上满载的金器比，根本算不上什么。在船上，也许还有公主从来没有见过的、世上最精美的金器！"

公主听了更加兴奋，叫他把所有的东西都搬来。约翰说："那要用很多天的时间才能搬完，而且公主这最大的房间也放不下呀。"

约翰这么一说，公主的好奇心更强烈了，忍不住地说："那就领路，带我到你们的船上去，我要亲自看看你主人的金器。"

忠实的约翰非常乐意带路，他引领着公主来到岸边，登上船，国王看见她时，觉得心都要跳出来了，情不自禁地迎上前，为公主引路，带她进入船舱看金器。

这时，忠实的约翰来到船尾，命令舵手掉转船头，船工起锚扬帆，立即起航。"张起风帆，"他喊道，"让船在波涛中像鸟在空中飞行一样返回吧！"

国王把船上的金器一件一件地拿给公主看，其中有各种各样的碟子、杯子、盆子，最吸引公主的是那些黄金打造的珍禽异兽。公主满心欢喜地欣赏着每一件艺术珍品，一点也没有察觉船已经离岸起航，现在正在海上航行。

看完所有的金器后，几个小时就不知不觉地过去了，公主很有礼貌地对这个商人表示了谢意，准备出仓回家。她走出船舱来到船头时，才发现船已离岸，正张起风帆在茫茫大海上航行。公主此时感到了恐惧，她尖声叫道："天啊！商贩诱骗了我，拐走了我，如果没有人能救我，我宁可去死。"

但国王却拉着她发抖的手说："我是一个国王，和你一样出身于王室，商人是我假扮的身份，为的是接近你，我无法抑制对你的爱，我第一次看到你的画像时就激动得昏倒在地上，用这种欺骗的办法把你带出来的确是不得已，我知道，我的一生不能没有你！"金屋公主听完后，也放下心来，经过深入的交谈，彼此有了进一步了解，她也倾心于眼前这个年轻而英俊的国王，愿意成为他的妻子。

这天，忠实的约翰正坐在船头吹奏他的长笛，在茫茫大海上航行是件很单调的事。突然，他看见三只胖头鸟在天空中向他飞过来，一边跟着船飞行，一边嘴里不停地叽叽喳喳。约翰是在丛林中长大的，懂得鸟语，所以，他马上停止吹奏，留心听着胖头鸟之间的对话。

第一只胖头鸟说："他赢得了金屋公主的爱，让他回去吧！"

第二只胖头鸟说："不！他这一回去，仍然得不到公主。"

第三只胖头鸟说："他这一回去，一定能娶她，你们看他俩在船上并肩相拥的亲热样子！"

接着，第一只胖头鸟又说："那对他没有用！不信你就看吧，当他们登上岸后，会有一匹褐红色的马奔向他，看到那匹马，他肯定会跨上马背，只要他骑上那匹马，马就会载着他奔向空中，从此他就再也别想见到他的爱人了。"

第二只胖头鸟接着说："是这样的，一点没错！但有解救的办法吧？”

第一只胖头鸟说：“有，有！如果有人跨上那匹马，抽出插在马鞍里的匕首刺死马，年轻的国王就能得救。可是没有谁知道，就是有人知道，将此事告诉国王，并因此而救了国王的命，那么，他的腿从脚趾到膝部就会变成石头。”

第二只胖头鸟说：“就是这样，就是这样！但我还知道别的呢！尽管那马死了，国王还是娶不到新娘，因为当他们一起走进王宫时，就会看到睡椅上有一套新婚礼服，那套礼服看起来就像用金银编织而成，其实那都是一些硫黄和沥青，只要他穿上礼服，礼服就会一直烧到骨髓里，把他烧死。”

第三只胖头鸟说：“哎呀！难道就没救了吗？”

第二只胖头鸟说：“哦，有，有救！如果有人抢在前头，抓起礼服扔进火盆里，年轻的国王就得救了，但那也没有用！要是有谁按这种办法救了国王，那他的身体从膝盖到胸部都会变成石头，谁又会这样做呢？”

第三只胖头鸟又说：“还有，还有！我知道的还要多，即使礼服被烧掉了，但国王仍然娶不成新娘，因为在结婚典礼之后，当舞会开始时，只要年轻的王后上去跳舞，她马上会倒在地上，脸色苍白得像死人一样。不过，这时要是有人上前扶起她，从她的胸口吸出三滴血，她就不会死去，但是，有谁知道这些呢？如果知道并按这个方法救了新娘，那他的身体从脚尖到头顶都会变成石头。”

胖头鸟讲完了它们知道的事情，拍着翅膀飞走了。

忠实的约翰已听明白了一切，他开始筹划，他不能把听到的事情告诉国王，因为如果告诉了国王，国王也会想方设法救自己，那会打乱自己的计划，最后他决定：“一定要忠实地完成自己的诺言，哪怕付出生命也在所不惜！”

在他们上岸后，胖头鸟的预言开始出现，岸边突然跳出一匹褐红色骏马，国王喊道：“快看，那一定是要把我们送到王宫去的骏马。”说完，就要上马。

忠实的约翰早抢在他之前跨上马，抽出匕首把马杀死。国王的其他仆人原本就嫉妒他，这时他们都叫道：“他杀死了送国王回宫的骏马，真是居心叵测！”

但国王却不以为然地说：“他是我忠实的约翰，谁能说他这样做不是为了有好的结果？让他去做吧。”

他们来到王宫，看见一间房子的椅背上放着一套闪烁着金色和银色光辉的漂亮礼服，年轻的国王走上前，准备拿起礼服，但是，忠实的约翰又抢在前面，一把抓过来，扔进火里烧掉了。

其他的仆人又相互嘀咕着说：“看吧，现在他又把结婚礼服给烧掉了！”

但国王还是说道：“谁也不知道他这么做是为了什么，让他做吧！他是我忠实的仆人约翰。”

结婚盛典举行后，舞会开始了。新娘走进舞场，约翰就全神贯注地盯着她的脸，突然，新娘脸色苍白，像死了一样倒在地上。约翰迅速向新娘跑去，将她抱到内室的一张靠椅上，从她的胸口吸出了三滴血。新娘又开始呼吸，活了过来，但年轻的国王看到了全程，他不明白忠实的约翰为什么要这样做，但对他的胆大妄为非常气愤，便下令把他关到牢房里。

第二天上午，忠实的约翰被押出牢房，推到绞刑架下，面对绞刑架，他毫无惧色地说：“在我死之前，我可以说件事吗？”

国王回答说：“允许你的请求。”

于是，约翰把在海上听到的胖头鸟的对话以及他心中策划救自己主人的全部经过说了出来，最后说道：“我受到了错误的判决，但这无损于我忠实的约翰的称号。”

听完约翰的叙述，国王大声呼喊道：“快把他放下来，请原谅我，忠实的约翰！”

就在忠实的约翰说完最后一句话时，他就变成了一块没有生命的石头，砰的一声倒下了。“天哪！我竟然用这种忘恩负义的行为来对待你的忠诚呀！”国王说。国王和王后趴在石像上懊悔不已，悲痛万分。

国王令人将约翰的石像扶起，抬到了他的卧室，安放在自己的床边，让自己能天天看到约翰，哀悼约翰！他常常对石像说：“我忠实的约翰，但愿我有能力让你复活！”

过了一年，王后生下了双胞胎儿子，看着他们慢慢长大，她心里高兴极了。

有一天，她去了教堂，两个儿子和国王待在王宫里，小家伙很快乐，到处玩耍，而国王却对着石像唉声叹气，他又说：“我忠实的约翰，但愿我有能力让你复活！”

这一次，石像竟开口说：“国王啊！要是你为了我能舍弃你最亲爱的人，就能让我复活。”

国王听后，坚定地说：“为了你，我愿付出世界上的任何东西。”

“既然这样，”石像说，“只要你舍弃你的两个孩子，我就会复活！”

听到这里，国王震惊不已，但是，一想到忠实的约翰是为他而变成石头的，想到他对自己忠心耿耿，想到他视死如归的高尚品行，便准备舍弃两个孩子来救约翰。但是，就在他拔出佩剑的一瞬间，忠实的约翰复活了，他站在国王的面前，挡住他的去路，说道：“国王陛下，你的真心诚意应该得到这样的

bào dá
报答。”

liǎng gè hái zi réng rán huó bèng luàn tiào xuān nào xī xì zhe zhěng gè wáng gōng jiù xiàng shén me
两个孩子仍然活蹦乱跳、喧闹嬉戏着，整个王宫就像什么
shì yě méi yǒu fā shēng guo yí yàng
事也没有发生过一样。

guó wáng duō nián lái dōu méi yǒu xiàng jīn tiān zhè yàng mǎn xīn huān xǐ dāng tā kàn dào wáng hòu huí
国王多年来都没有像今天这样满心欢喜，当他看到王后回
lái le tā bǎ quán bù jīng guò dōu gào su le wáng hòu dà jiā gāo gāo xìng xìng de huān jù yì
来了，他把全部经过都告诉了王后，大家高高兴兴地欢聚一
táng shēng huó zài yí cì chōng mǎn le xìng fú hé kuài lè
堂，生活再一次充满了幸福和快乐。

yú fū hé tā de qī zi
渔夫和他的妻子

cóng qián yǒu gè yú fū tā hé qī zi zhù zài hǎi biān yí gè jiǎn lòu de xiǎo yú shè li
从前，有个渔夫，他和妻子住在海边一个简陋的小渔舍里，
yú fū měi tiān dōu dào hǎi biān diào yú tā wò zhe diào gān zuò zài hǎi biān yǎn jing wàng zhe qīng chè
渔夫每天都到海边钓鱼，他握着钓竿坐在海边，眼睛望着清澈
de hǎi shuǐ dāi dāi de zuò zài nà lǐ qī dài zhe yú shàng gōu yì tiān dōu bú yuàn xiū xi
的海水，呆呆地坐在那里期待着鱼上钩，一天都不愿休息。

yǒu yì tiān tā tóng yàng zuò zài àn biān děng dài yú shàng gōu tū rán diào gōu xùn sù xià
有一天，他同样坐在岸边等待鱼上钩，突然，钓钩迅速下
chén chén de hěn shēn chà bu duō yào chén dào hǎi dǐ le tā huǎn huǎn de bǎ diào gōu lā shàng
沉，沉得很深，差不多要沉到海底了。他缓缓地把钓钩拉上
lái fā xiàn diào shàng lái de shì yì tiáo hěn dà de bǐ mù yú tā méi yǒu xiǎng dào bǐ mù yú
来，发现钓上来的是一条很大的比目鱼。他没有想到，比目鱼
jìng duì tā shuō yú fū a wǒ kěn qiú nǐ fàng le wǒ wǒ bú shì bǐ mù yú wǒ shì yí
竟对他说：“渔夫啊，我恳求你放了我，我不是比目鱼，我是一

位王子，因为中了魔法，才成为这个样子。你要是杀死我，对你没有一点好处，我的肉就是人肉，能合你的口味吗？请把我放回水里，让我游走吧！”

“好吧，”渔夫说，“我从没见过会说话的比目鱼，我怎么也不会留下你，不用请求了。”说着，他就把比目鱼放回到海水里，比目鱼拖着一条长长的血迹游向海的深处。渔夫收拾好钓具，回到自己的小屋，来到他妻子的身边。

“今天你收获了什么呢？”妻子问道。

“太奇怪了！今天我钓到了一条会说话的比目鱼，”他回答说，“我把他钓上来，看着就是比目鱼，可他说，他是一位中了魔法的王子，于是，我就把他放了。”

“放了可以，不过你该向他提个要求呀！”妻子说。“没有提，”丈夫回答说，“我该提什么要求呢？”“唉，”妻子说，“在我们这间简陋的破房子里住，多么受罪呀！你应该提出得到一幢漂亮别墅的要求呀！去吧，告诉他我们需要一幢别墅。我肯定，他会让咱们实现愿望的。”

“可是，当初没提，”丈夫犹豫地说，“我怎么好意思再去提要求呢？”“哎呀，你捉住他，又把他放走，”妻子着急地说，“他肯定会感谢你，从而会想着报答你，快去吧！”渔夫还是不太愿意去，可又不想惹妻子生气，出于无奈，就去了海边。

他来到海边时，海水有些泛黄，也不像以前那么平静，他走到岸边，对着海说：“大海里的比目鱼啊！恳请你听我仔细说，放你的时候没提条件，妻子对我怨气冲天。”

他说完，那条比目鱼果然游了过来，问道：“她有什么要求吗？”“有，”渔夫说，“我的妻子怨我放你的时候，没向你提出一个要求。她不想再住在那个破屋子里了，她就想有一幢别墅，小点也可以。”

“回去吧，老实的渔夫。”比目鱼说，“她已经有一幢小别墅啦。”

渔夫便回家去了，那个破破烂烂的渔舍不见了，原地已经有了一幢小别墅，他的妻子坐在门前的长凳上，享受阳光和海风。妻子见到丈夫归来，就拉着他的手说：“快进屋看看吧，

xiàn zài zhù de fáng zi duō hǎo ya
现在住的房子多好呀！”

tā men yì qǐ zǒu jìn qù xiǎo bié shù li yǒu xiǎo qián tīng piào liang de xiǎo kè tīng yì jiān
他们一起走进去，小别墅里有小前厅、漂亮的小客厅、一间
gān gān jìng jìng de wò shì wò shì li bǎi fàng zhe yì zhāng chuáng hái yǒu yì jiān chú fáng hé shí wù
干干净净的卧室，卧室里摆放着一张床，还有一间厨房和食物
zhù cáng shì xī tóng zhì zuò de cān jù yì yīng jù quán hái yǒu yí gè yǎng zhe jī yā de xiǎo
贮藏室，锡、铜制作的餐具一应俱全，还有一个养着鸡鸭的小
yuàn yí piàn zhǎng mǎn shū cài shuǐ guǒ de yuán zi
院，一片长满蔬菜、水果的园子。

qiáo qī zi shuō duō ràng rén mǎn yì ya
“瞧，”妻子说，“多让人满意呀！”

shì ya zhàng fu huí dá shuō zán men zài zhèr guò kuài lè de rì zi ba
“是呀，”丈夫回答说，“咱们在这儿过快乐的日子吧。”

rì zi yào hǎo hǎo guò bú guò hái děi duō xiǎng yi xiǎng qī zi shuō
“日子要好好过，不过还得多想一想。”妻子说。

tā men kuài lè de chī wán wǎn fàn jiù shàng chuáng xiū xi le jiù zhè yàng kuài lè de shēng huó
他们快乐地吃完晚饭，就上床休息了，就这样快乐地生活
le bàn gè yuè yǒu yì tiān qī zi yòu yǒu le xiǎng fǎ tū rán shuō tīng zhe zhè fáng zi
了半个月。有一天，妻子又有了想法，突然说：“听着，这房子
yǒu xiē xiǎo yuàn zi hé cài yuán zi gèng xiǎn xiǎo nà tiáo bǐ mù yú yǒu néng lì sòng zán men yí
有些小，院子和菜园子更显小。那条比目鱼有能力送咱们一
zhuàng gèng dà de wǒ xiǎng zhù zài yí zuò shí tou jiàn zào de dà gōng diàn li qù zhǎo bǐ mù yú
幢更大的，我想住在一座石头建造的大宫殿里，去找比目鱼
ba jiào tā sòng zán men yí zuò gōng diàn
吧，叫他送咱们一座宫殿。”

ài qī zi a zhàng fu shuō zhè bié shù tǐng hǎo de zán men gàn má yào zhù zài
“唉，妻子啊，”丈夫说，“这别墅挺好的，咱们干吗要住在
gōng diàn li ne
宫殿里呢？”

nǐ xiǎng bù míng bai qī zi huí dá shuō nǐ qù zhǎo bǐ mù yú hǎo la tā huì mǎn
“你想不明白，”妻子回答说，“你去找比目鱼好啦，他会满

zú zán men de yāo qiú
足咱们的要求。”

bù xíng a qī zi zhàng fu shuō bǐ mù yú gāng sòng gěi zán men yí zhuàng bié shù
“不行啊，妻子，”丈夫说，“比目鱼刚送给咱们一幢别墅，
zài qù zhǎo tā tā huì bù gāo xìng de wǒ yě shí zài bù xiǎng zài má fan tā
再去找他，他会不高兴的，我也实在不想再麻烦他。”

kuài qù ba qī zi dà shēng shuō tā bàn de dào yě lè yì bàn tā děi
“快去吧，”妻子大声说，“他办得到，也乐意办，他得
bào ēn
报恩。”

bù yīng gāi zhè yàng ba yú fū dī shēng de dū nang zhe xīn qíng chén zhòng hěn bù qíng
“不应该这样吧。”渔夫低声地嘟囔着，心情沉重，很不情
yuàn qù yòu bù dé bú qù
愿去，又不得不去。

tā lái dào hǎi biān hǎi shuǐ bú zài fàn huáng biàn de hùn zhuó bù qīng suí zhe guāng xiàn de biàn
他来到海边，海水不再泛黄，变得混浊不清，随着光线的变
huà hǎi miàn zài lán zǐ sè yǔ huī hēi sè zhī jiān biàn huà bú guò hǎi réng rán shì píng jìng de
化，海面在蓝紫色与灰黑色之间变化，不过海仍然是平静的。
yú fū zhàn zài àn biān shuō dà hǎi li de bǐ mù yú a kěn qǐng nǐ zǐ xì tīng wǒ shuō nǐ
渔夫站在岸边说：“大海里的比目鱼啊，恳请你仔细听我说，你
wèi wǒ wán chéng le tā de yuàn wàng kě shì tā yòu yǒu le xīn xiǎng fǎ
为我完成了她的愿望，可是她又有了新想法。”

nà nǐ jiù shuō ba tā yǒu shén me xīn xiǎng fǎ ya bǐ mù yú wèn
“那你就说吧，她有什么新想法呀？”比目鱼问。

ài yú fū tǎn tè bù ān de shuō tā xiǎng zhù zài yí zuò shí tou jiàn zào de gōng
“唉，”渔夫忐忑不安地说，“她想住在一座石头建造的宫
diàn li
殿里。”

huí qù ba bǐ mù yú shuō tā yǐ jīng zhàn zài gōng diàn mén qián le
“回去吧，”比目鱼说，“她已经站在宫殿门前了。”

yú fū xīn lǐ hěn bú shì zī wèi zhǐ xiǎng zhe kuài diǎn huí dào jiā zǒu dào le yuán lái zhù de
渔夫心里很不是滋味，只想着快点回到家，走到了原来住的

地方一看，一座石头建造的宏伟壮观的宫殿真的矗立在那儿，他的妻子站在台阶上，见丈夫回来了，就拉着他的手说：“快，快跟我进去看看新的家吧。”

他和妻子走了进去，宫殿的大厅铺着拼花的大理石地面，仆人们等候在那里，为他们打开一扇又一扇大门。宫中的墙壁色彩艳丽，房间里摆放着镀金的桌椅，地上都铺着艳丽的地毯，桌子上摆着各式的美味佳肴和名贵的饰品。宫殿的后面是一个大院子，院子里有马厩和牛棚，里面有不少马匹和母牛，一辆装饰富丽的马车停放在那里。还有一个美丽的大花园，花园里开满万紫千红的花朵，除了生长着造型奇特的观赏树木外，还生长着不少名贵的果树。最让他妻子兴奋的是那片占地几英里的私家公园，里面奔跑着梅花鹿，还有野兔、珍珠鸡等，能想象出来的里面几乎都有。

“宏伟、华丽、广阔，”妻子说，“这不就是国王才能住的宫殿吗？”

“是的，当然是啦，”丈夫回答说，“没有比这更好的啦，咱们就心满意足地住在这座美丽的宫殿里吧，别再他求啦！”

“先住下吧，以后还要想一想，”妻子说，“不过，现在可以上床休息了。”说完，他们就上床休息了。

黎明来到的时候，妻子先醒了，她坐在床上，看到富饶美丽的田野一望无际。她用胳膊肘把丈夫捅醒，然后说：“起床吧，跟我到窗前来，你瞧瞧吧，眼前这广阔美丽、物产丰富的田野，除了王宫，咱们还应该做这个国家的国王！快去找比目鱼去，告诉他咱们要成为国王。”

“哎呀，妻子呀！”丈夫说，“咱们好好地过日子，干吗要当国王呢？我可不想当。”

“喂，”妻子说，“你不想当，我想当！快去找比目鱼，告诉他说，我不但要住王宫，还要当女王。”

“唉，妻子呀，”丈夫提高点声音说，“你干吗要当女王呢？我一再地要求他，真是说不出口呀！”

“说不出口也得说！”妻子近乎命令地说，“你给我快点去，我就是要当女王。”

渔夫只得向海边走去，一想到妻子非要当女王，心里就特别担忧。“这不应该，这实在不应该呀！”他想，“这样做太过分了。”他想不去了，可他还是去了。

他来到海边时，海水一片灰黑色，波涛从海底翻涌上来，散发着腥臭的味道。他站在海边说：“大海里的比目鱼啊，恳求你听我仔细说，你为我实现了她的愿望，可她又有了新要求。”

“她想要什么呀？”比目鱼问。

“唉，”渔夫回答说，“她要当女王。”

“回去吧，”比目鱼说，“她的愿望已经实现了。”

渔夫又离开大海回到家，来到宫殿前时，他发现宫殿大了许多，也高了许多，还多了一座雕饰精美的塔楼。宫殿门口，排列着警卫，附近还有许多士兵，门前的广场上还有一支乐队，鼓号齐鸣。他走进宫殿，看到许多东西都是金子或大理石制成的，桌椅上铺盖着美丽的天鹅绒，厅堂上悬挂着许多金流苏，一道道的门依序打开，到处都体现出王宫的富丽堂皇。他的妻子在侍女的搀扶下坐上镶嵌着无数钻石的高大的金饰宝座，侍女又为她戴上黄金的王冠，她手握一根用纯金打造的、嵌着宝石的权杖。宝座的两旁，侍女们一字排开，妻子显示出十足的女王气派。渔夫走上前去对她说：“喂，妻子，你现在就是我的女王！”

“是的，”妻子回答说，“不仅是你的，也是这个国家的女王。”渔夫站在那里仔细地打量妻子，接着又说：“唉，妻子，如今你成为女王，多么称心如意啊，往后咱们就不再需要什么啦！”

“夫君呀，那可不行，”妻子的心里又开始烦躁起来，她回答说，“我又感到无聊了，既然做了女王，那就该再去感受做皇帝的滋味！快去找比目鱼，告诉他说我要当皇帝。”

“哎呀，妻子，”丈夫说，“你干吗要当皇帝呢？”

“夫君，”妻子用命令的口吻说，“立刻去找到比目鱼，告诉他我要当皇帝。”

“唉，妻子，”丈夫回答说，“比目鱼没法让你当皇帝，我也不想对他再提要求，整个帝国就一个皇帝呀，比目鱼哪能随便就把一个皇帝换掉呢？他确实不能。”

“闭嘴！”妻子大声喝道，“我是女王，你不过是我的丈夫，给我马上去！他可以让我当上女王，就一定能使我成为皇帝！我一定要做皇帝，给我马上去！”

渔夫又不得不去了，他走在路上时，心里感到非常恐惧，他边走边想：“这么贪婪不会有好下场的，野心太大，竟然想当皇帝，比目鱼一定会恼怒的。”

他就这样想着来到了海边。他看到海水如墨，而且混浊不清，不仅汹涌翻腾、泡沫飞溅，而且风在海面打着旋，渔夫感到心惊胆战。

他还是站在海岸上对比目鱼说：“大海里的比目鱼啊，祈求你听我仔细说，你为我多次实现了她的愿望，而她的贪心越来越大。”

“她想要什么呀？”比目鱼问。

“唉，”渔夫回答说，“她要当皇帝。”

“回去吧，”比目鱼说，“她已当上了皇帝。”

yú fū yòu xiàng wǎng cháng yí yàng wǎng huí zǒu dào jiā shí yí kàn zhěng zuò gōng diàn dōu yóu pāo
渔夫又像往常一样往回走，到家时一看，整座宫殿都由抛
guāng de dà lǐ shí qì chéng fú diāo hé chún jīn zhuāng shì suí chù kě jiàn gōng diàn mén qián shì bīng
光的大理石砌成，浮雕和纯金装饰随处可见。宫殿门前，士兵
men liè duì xíng jìn hào jiǎo shēng luó gǔ shēng xiǎng chè guǎng chǎng gōng diàn li nán jué bó jué
们列队行进，号角声、锣鼓声响彻广场。宫殿里，男爵、伯爵
bì gōng bì jìng fǔ shǒu xiāng yíng chún jīn dǎ zào de fáng mén wèi tā yí dào dào dǎ kāi tā zǒu
毕恭毕敬，俯首相迎。纯金打造的房门为他一道道打开，他走
jìn dà diàn qī zi zuò zài gāo tái shang yòng zhěng kuài huáng jīn dǎ zào ér chéng de bǎo zuò shang tā
进大殿，妻子坐在高台上用整块黄金打造而成的宝座上，她
tóu dài xiāng qiàn zhe wú shù zhū bǎo de jīn guān zú yǒu sān mǎ gāo tā yì zhī shǒu li wò zhe quán
头戴镶嵌着无数珠宝的金冠，足有三码高，她一只手里握着权
zhàng lìng yì zhī shǒu tuō zhe jīn qiú zài tā de liǎng cè zhàn zhe liǎng liè shì cóng cóng gāo dào
杖，另一只手托着金球。在她的两侧，站着两列侍从，从高到
ǎi pái liè yí gè bǐ yí gè ǎi zuì gāo de shì jù rén zuì ǎi de shì zhū rú miàn qián
矮排列，一个比一个矮，最高的是巨人，最矮的是侏儒，面前
hái shì lì zhe bù shǎo wáng gōng guì zú
还侍立着不少王公贵族。

yú fū zǒu le guò qù zhàn zài tā men de zhōng jiān shuō dào qī zi nǐ zhè huí zhēn
渔夫走了过去，站在他们的中间，说道：“妻子，你这回真
de dāng huáng dì la
的当皇帝啦！”

shì de tā huí dá shuō wǒ zhēn de dāng huáng dì le
“是的，”她回答说，“我真的当皇帝了。”

yú fū xiàng qián yí le jǐ bù xiǎng hǎo hǎo kàn kan tā kàn le yí huìr tā shuō
渔夫向前移了几步，想好好看看她，看了一会儿，他说：
ài qī zi nǐ dāng shàng huáng dì gǎn jué hěn měi miào ba
“唉，妻子，你当上皇帝，感觉很美妙吧？”

dāng rán la tā duì yú fū shuō xiàn zài wǒ gèng xiǎng tǐ yàn dāng jiào huáng de zī wèi
“当然啦”她对渔夫说，“现在我更想体验当教皇的滋味，
nǐ hái fā shén me dāi kuài qù gào su bǐ mù yú wǒ yào dāng jiào huáng
你还发什么呆？快去告诉比目鱼，我要当教皇！”

“哎呀，妻子，”渔夫说，“当了帝王你还不满足呀？你当不了教皇，因为教皇只有一个，比目鱼无法让你当教皇。”

“我的丈夫呀，”她说，“我要做教皇，今天做不了教皇，你就永远别回来！”

“不行呀，妻子，”渔夫回答说，“我不想再去祈求比目鱼啦，我们太贪得无厌啦，而且比目鱼真的无法让你当教皇呀！”

“闭住你胡说八道的嘴！”她说，“他既然能让我当上皇帝，当然就能让我当教皇！去执行皇帝的旨意吧，你马上去！”

渔夫走在路上，浑身发软，两腿哆嗦，心惊胆战，海岸边的山上树叶作响、狂风呼啸，天上乌云滚滚、一片昏黑，海水像开锅了似的汹涌澎湃，海浪拍打着海岸，他的脚下，地在颤动。远远的，他看见一些船只在狂涛中颠簸，燃放着求救信号，把天空映得一片火红，一场暴风雨即将来临。

渔夫站在那里，浑身颤抖地说道：“大海里的比目鱼啊，乞求你听我仔细说，你为我实现了她无数愿望，可是她贪得无厌啊！”

“她想要什么呀？”比目鱼问。

“唉！”渔夫回答说，“她要当教皇。”

“回去吧，她已当上了教皇。”比目鱼说。

渔夫一脸歉疚地往回走，到家时看到一座巍峨的大教堂矗立在那里，周围是几座宫殿，教徒们正潮水般拥挤着往里走，大教堂里燃着上千支蜡烛，照得四壁通明，他的妻子身着教皇的镶金长袍，坐在更高更大的宝座上，头戴着三层金冠。众多显贵簇拥在她的周围，她的两侧竖立着两排蜡烛，大的蜡烛像一座高大的宝塔，最小的也比普通的蜡烛大。信奉主的皇亲国戚都跪在她的面前，争先恐后地吻着她的鞋子。

“妻子，”渔夫敬畏地看着她说，“你现在真的是教皇了吧？”

“是的，”她回答说，“我是教皇。”

渔夫凑上前去仔细地看，感觉她像耀眼的太阳一般光辉灿烂！不过他又有了另一种感觉，那就是她已经不是他以前的妻子了，她高高在上如泥雕木刻一样，他们之间再不会有以前的亲昵举动了。

接着他又说："妻子，你当上了教皇，世间再没有比这更高的地位了，这回可该满足了。"

"这个嘛，我还得想一想。"妻子回答说。说完，就有人侍奉她上床休息。渔夫白天跑了太多的路，只能在另一个房间睡下，睡得很实。可是，妻子感到不满足，贪欲使她久久不能入睡，她左思右想，想自己还能成为什么，所以整整一夜没能睡着。太阳快要出来了，她看见了黎明的曙光，就从床上坐起身来，望着窗外，透过窗口，她看见一轮红日冉冉升起。忽然，她又产生了一个念头："哈哈！我完全可以对太阳和月亮发号施令，我睡不着时，太阳就不能下山，月亮当然也不能升起。"

"喂，"她拍打着渔夫说道，"快起来，去找比目鱼去，告诉他我要控制太阳和月亮。"

丈夫睡得迷迷糊糊的，一听她这话，吓得从床上滚了下来。他以为是自己听错了，就揉了揉眼睛，大声地问："你说什么来着？”

“当家的，”她说，“要是我不能对太阳和月亮发号施令，要它们升它们就升，要它们落它们就落，我就没法活了。我要按自己的意愿，要它们按我的意志升起和落下，不然我就难以有一刻的安宁。”

她极其凶狠地瞪着丈夫，吓得他不寒而栗。

“快去！”她喊叫起来，“我要成为太阳和月亮的主人。”“哎呀，我的夫人呀！”渔夫跪在她面前说，“比目鱼办不到这个呀，他只能使你成为皇帝和教皇。好好想一想，我求你啦，就当教皇算啦。”

一听这话，她勃然大怒，脑袋上的头发随即飘荡起来。她撕扯着自己的衣服，朝着丈夫狠狠地踢了一脚，冲他吼叫道：“我再也无法忍受啦！我再也无法忍受啦！你快给我去！”

渔夫赶紧穿上衣服，发疯似的跑了出去。

外边已是狂风呼啸，刮得他脚都站不住了。一座座房屋被刮倒，一棵棵大树被吹翻，连山岳都在震颤着身子，一块块岩石滚落在大海中。天空雷鸣电闪，一片漆黑，大海掀起滚滚的黑色巨浪，浪头有山那么高，浪尖上翻涌着白沫。

渔夫声嘶力竭地喊道：“大海里的比目鱼啊，恳求你听我仔细说，你为我实现了她无限的贪欲，可她还不满足，欲壑难填。”

“那么，她到底想要什么呀？”比目鱼问。

“唉，”渔夫回答说，“她想要当太阳和月亮的主人。”

“回去吧，”比目鱼说，“她又重新住进了那个破渔舍。”

就这样，他们又回到了破烂的渔舍，在那儿一直生活到老去。

卧薪尝胆

越王勾践的祖先是夏禹的后裔，是夏朝少康帝的庶出之子。少康帝的儿子称作于越，被封在会稽，供奉和守卫着夏禹的祭祀之地。越国的称谓就是从此开始的。他们相对落后，身上刺有花纹，削掉头发，在杂草丛生的地方开辟一片土地，修筑起城邑。允常做越国国君的时候，与吴王阖闾产生矛盾，互相之间发生战争。允常逝世后，儿子勾践继承了王位，此时，已是春秋末年了。

吴王阖闾听说允常离世，就举兵讨伐越国。越王率兵在槜李与吴王对阵，久经沙场的吴王面对年轻气盛的越王，并不急于出战，他扎好营寨，严阵以待，利用坚固的防守，挫败越王军队的进攻锐气，越王勾践忧虑吴王的阵营防守严密，久攻不下会使自己的军队丧失信心，于是，他派遣军中不畏死的勇士冲入吴军阵营擒拿吴王。勇士们两次冲入吴军阵营，均以失败告终。于是，越王又把获罪的人带到阵前，分成三组。第一组袒露上身，手提利剑冲到吴军阵前，高声呼喊："我们的前后两位国君治军有明确的律令，我们偃旗息鼓，没有在君王准备进攻时察觉到君王的意图而擂响战鼓、扬起战旗，影响了进攻的士气，我们不想逃避罪责，只想在战场上以战死来赎罪，可是面对你们这群胆小如鼠的对手，我们连赎罪的机会都没有，只好在阵前自刎谢罪了，遗憾啊，遗憾！”喊完话，他们手中的利剑就向颈项划去，然后倒在阵前。第二组接着冲向阵前，同样呼喊完心中的遗憾，把利剑划向颈项，然后倒下。第三组同样如此。吴国的士兵们看得目瞪口呆，看着眼前一个个倒下的不畏死的士兵，恐惧的情绪蔓延开来。在他们眼里，面前的越国军队无疑是虎狼之师。吴国的士兵们有些瑟瑟发抖，已经无法握紧兵器了。就在这时，像天空轰轰的雷声一样，越军的战鼓响起，一个个越军士兵呐喊着，如狼似虎地向吴军扑来。此时的吴军已经斗志全无，如在洪水中溃塌的大坝，毫无抵抗地向后败逃。吴王阖闾也在败逃中被流箭射伤。弥留之际，阖闾交代了后事，并托伍子胥辅佐少君，敕封他为相国公，这是吴国最高的爵位。之后，他对儿子夫差说：“一定不要忘记，越国是我们的仇敌！”最后，阖闾心有不甘地闭上了眼睛。

夫差回到都城，告诉他的侍卫，无论何时，只要见到他，就要向他大喊：“吾王，还记得父王的话吗？”夫差每次都大声回答：“牢记在心！”夫差不迷恋后宫，每日都上朝，关注并了解伍子胥等大臣对军队的扩充和训练情况。

勾践在位的第三年，听说吴王夫差一日不停地操练士兵，是为了要报越国的一箭之仇。于是，勾践想：“与其等待吴国前来复仇，不如先发制人，在吴国未出兵之前，去攻打吴国。”可是，大臣范蠡进谏说：“不可以，打仗是凶险的事，发动战争是违背道义的，战争是解决问题的最下等的办法。策划去干违背道义的事，喜欢动用武力，亲自做最下等的事，上天都不愿意让人这么做，做这样的事得不到好处。”勾践不高兴地说：“我已经决定做这事了。”于是，他举兵进军吴国。吴王夫差听到消息后，集结了国内全部训练有素的军队，迎击越国的军队，在夫椒这个地方，以优势兵力和决心报一箭之仇的高昂士气，一举打败进犯的越国军队。越王勾践只得聚拢起五千残兵，退守会稽山。吴王挥师乘胜追击，并包围了会稽山。

此时的勾践后悔没有听取范蠡的建议，盲目用兵导致今天的失败。他真诚地对范蠡说：“因为没听先生的劝告才落到这个地步，该如何应对呢？”范蠡回答说：“能够建立功业而保持长久不衰，必定得益于天道；能够挽救大厦之将倾，一定得益于用人之道；能够控制事态发展，就一定要胸怀宽广而性格谦卑。现在，您只能派人给吴王送去优厚的礼物，并且代您向吴王表达出您谦卑的态度，如果他不答应，您就亲自前去，把自己抵押给吴王。”勾践说：“我答应！”于是，勾践派大夫种代表自己去见吴王，种跪在地上爬行到吴王面前，边爬边叩头说：“君王的亡国臣民勾践让我这个下人斗胆对您的随从说，勾践请求您允许他做您的奴仆，允许他的妻子做您的侍妾。”吴王正要答应种，伍子胥对吴王说：“上天把越国赏赐给了吴国，机不可失，不要答应他。”种回到会稽后，将情况告诉了勾践。勾践想杀死妻子儿女，焚烧珍宝玉器，亲赴战场拼死一战。种阻止勾践说：“吴国的太宰嚭十分贪婪，我们可以用珍宝诱惑他，请陛下允许我暗中去吴国贿赂他。”于是，勾践让种带上美女和珠宝玉器前去，暗中献给太宰嚭。嚭欣然接受，于是，就把大夫种引见给吴王。种叩头说：“大王一旦赦免勾践的罪过，那么越国将把传世的珍宝、宫内的美女全部献给您。如果不能侥幸得到您的赦免，勾践将会把妻子儿女全部杀掉，烧毁所有珍宝，然后率领他的五千决心战死的士兵与您决战。当然，胜利属于您，不过您也会付出相当大的代价。”太宰嚭趁热打铁地劝说吴王：“越王心甘情愿做您的臣子，如果赦免了他，恰恰是‘不战而屈人之兵’，对吴国有极大的好处。”吴王又要答应种，伍子胥又进谏说：“今天不灭越国，以后您一定会后悔。勾践是贤明的君主，种、范蠡都是贤良而有能力的大臣，如果勾践再恢复越国，一定会成为吴国的祸患。”吴王没有听伍子胥的忠告，最终载着越国的珍宝、美女和越王勾践及其随从，胜利回国。

勾践被吴王夫差困在会稽时，曾喟然叹息说：“我将在此了结一生了！”种说：“陛下不可丧气！商汤曾被囚禁在夏台，周文王被围困在羑里，晋国重耳也曾逃亡到翟，齐国小白逃亡到莒。但是，他们始终没有放弃信念，最终都东山再起，称王称霸于天下。由此观之，我们今日的处境，为何不能成为成功的开始呢？”越王默许。

来到吴国的都城，勾践全无国君的模样，他鞍前马后，全然成为夫差的马夫。勾践平常总要找机会和理由去看望夫差。有一天，夫差生病了，而且病得不轻。勾践知道了，急忙赶到宫中去看望夫差。夫差决不想让自己手下的臣服者看到自己病态的样子，心情十分沮丧，并让勾践出去，勾践唯唯诺诺地退到门外，站在那里，不知如何是好。此时，夫差要大便，勾践就凑上前来，当着夫差的面，用手指沾了点粪便凑在鼻子上闻了闻，脸上呈现出喜悦的表情。他立刻跪在夫差面前说：“恭喜大王！您的病开始向好的方向转变了。”夫差半信半疑地问：“你如何知道？”勾践说：“不治之症，其粪便一天比一天恶臭难闻；可治之症，其粪便渐少恶味而趋于身体的气味。刚才，我闻大王的粪便，更近于大王的身体气味，所以，我觉得大王的病用不了几天就会好了。”夫差将信将疑地说：“你是从哪里知道的？”勾践说：“当年，周武王患病在床，于高山上请下神医成仲子，周武王问成仲子自己的病如何，成仲子不言，把武王的儿子们都叫来，要求他们嗅嗅武王排泄的粪便，武王十几个儿子都不愿意嗅，只有幼子姬诵用鼻子嗅了嗅，成仲子问他嗅到什么味儿，姬诵说：‘恶臭欲呕。’王子们退出后，武王问成仲子：‘嗅嗅粪便能知病的轻重吗？’成仲子对武王说：‘不治之症者，粪便恶臭难当，幼子不拒，他的心思只关注你的疾患，其他数子，心有他谋，唯幼子可立呀！’”夫差被勾践的言行感动，心情变好，再加上细心调养，没过几天，夫差的病好了。于是，夫差在上朝理政的第一句话说道：“勾践如我子，回去管理臣属于我的土地吧。”伍子胥怒而无奈，只能掩口嘘之，而太宰嚭则盛赞夫差圣明。

越王勾践因吴王赦免回到会稽。他不住王宫而栖身民居，以柴草为床，把动物的苦胆挂在面前，无论坐卧，均要舔舐苦胆来唤醒在吴地的屈辱记忆，并且还不断地警示自己说：“你忘记会稽的耻辱了吗？”越人理解他能忍辱负重的行为，也见到他就说：“你忘记会稽的耻辱了吗？”他自知其辱，心中深深地埋着洗刷耻辱的信念。于是，他就和百姓共同劳动、亲身耕作。他的夫人亲手织布，饭食无肉，与农夫无别。勾践与家人从不穿有华丽图饰的衣服，行为谦卑，礼贤下士，诚恳待客，接济穷人，悼慰死者。

经历了胜利与失败，勾践更加信任范蠡和种，他希望自己在躬耕反省的日子里，由范蠡管理越国事务。但是，范蠡不接受，回复说：“用兵打仗的事，种不如我；镇邦安国，让百姓归附在越王旗下的事，我不如种。”于是，越王把国家政务委托给大夫种，让范蠡和大夫柘稽到吴国做人质，以显示勾践死心塌地做吴国的臣民。两年后，因为太宰嚭的私下帮助，吴国又让范蠡回国。

勾践回到越国，转眼之间过去了七年。七年里，勾践始终身先士卒，垦荒种地，抚恤跟随自己作战的士兵，关心百姓生活，想以此让国家富庶、民心凝聚，积累物力财力，形成攻击吴国的先决条件。这个时候，勾践也开始筹划与吴国作战的方略。大夫逢同觉得与吴国作战为时尚早，他进殿直言：“多年前，国家破败，今天方得温饱，且有些储备。我们殷实，吴国一定有后顾之忧，他们一定惧怕院内着火，那么，灾难必然降临在我们的头上。我们必须一边增强国力，一边隐藏国力。陛下想一想，猛禽袭击目标时，一定先隐藏自己，一旦时机到来，方可迅猛一击，载誉而归。现在，与楚、越有许许多多恩怨的吴国把军队都布置在齐、晋的国境上，吴国因此在天下名声显赫，但是，它是否有问鼎中原的野心，周王室和诸侯各国都会心存戒备。况且，吴国近年来攻城略地不少，在各诸侯国的眼中，失德违道的事也干了不少。如孟子所说：'得道多助，失道寡助。'吴国一定会因为骄横狂妄而失败。陛下如果真为越国着想的话，我认为越国在此难得的机遇下，私下与齐国交好，与楚国也签订友好条约，并且派大使远行晋国，告知晋国，越国甘愿成为晋国的附属国。这样一来，向来志向高远的吴国将面对更多而且更强大的对手。目前的吴国因为强盛而不惧怕战争，但是三国的势力很容易联合起来，共同对付吴国。'鹬蚌相争，渔翁得利'，我们就找准时机，趁它疲于奔命的时候，一击而打败吴国吧！"勾践说："好！"

又过了两年，吴王准备讨伐齐国。伍子胥谏言说："不能做这件事，我听说勾践食不厚味，与百姓同甘苦。他这样做，无疑是收拢人心，以图再兴越国。此人不除，一旦我们与齐国作战，越国就会在背后给我们插上致命的一刀。越国是我们当前的心腹之患，而齐国与此相比，那只是皮肤上的创伤而已。所以我认为，陛下先解决越国，除掉后患，再征伐齐国也不晚。”吴王不听，依旧出兵攻打齐国。在艾陵大败齐军，俘虏了齐国的高、国氏回吴。回来后，吴王以胜利者的姿态指责伍子胥反对出师，伍子胥说：“国君呀，您别高兴得太早啦！”吴王的脸就拉了下来，伍子胥深知吴国的灾难不远了，看着吴王不知灾难临头而趾高气扬的样子，伍子胥郁闷透了，他想自杀，但是，吴王得知后阻止了他。

越国大夫种对勾践说：“我观察吴王当政太骄横，请您允许我试探一下，通过向他借粮来揣度一下吴王对越国的态度。”种向吴王请求借粮，吴王想借予，伍子胥建议不借，最终，吴王还是把粮食借给越国了，越王心中十分喜悦。伍子胥说：“君王不听我的劝谏，再过三年，吴国将成为一片废墟！”太宰嚭听到这话后，就多次与伍子胥在对付越国的计策方面对着干，借机诽谤伍子胥说："伍员表面忠厚，实际残忍无情，他连自己的父兄都不顾惜，怎么能顾惜君王呢？君王要攻打齐国，伍子胥进谏阻止，后来您大功告成，他却因此怨恨您。您不防备他，他一定作乱。"嚭还与其他与伍子胥有隔阂的大臣结党，在吴王面前诽谤伍子胥。吴王开始也不听信谗言，他把伍子胥派去齐国做使者，后来听说伍子胥把儿子委托给了齐国的大臣鲍氏，吴王认为这是对自己的不信任，开始对伍子胥心存怨怒，说："伍子胥果真欺骗我！"伍子胥回国后，吴王就派人赐给他一把名为"属镂"的剑，让他自杀，伍子胥大笑道："我辅佐你的父亲称霸，又扶持你为政，你当初想与我平分吴国，我没接受，事隔不久，今天你反而因谗言杀害我。苍天呀！你一个人无法让吴国存在！"伍子胥告诉使者说："一定取出我的眼睛挂在吴国都城东门上，让我亲眼看到越军攻入都城。"说完，愤然自刎。吴王听到回复后，面带怒色地说："我不想让他看到以后的事。"于是，属下就把伍子胥的尸体装在皮袋子里，投到了江中。吴王重用嚭执掌国家大政。

过了三年，勾践召见范蠡说："吴王已杀死伍子胥，满朝再无正直之人，可以攻打吴国了吗？"范蠡回答说："不行。"

第二年春天，吴王到北部的黄池去会见诸侯，吴国的精锐之师全部跟随吴王赴会了，唯独老弱残兵和太子留守吴都。勾践又问范蠡是否可以进攻吴国。范蠡说："可以了"。于是，勾践派出熟悉水战的士兵两千人，训练有素的士兵四万人，地位较高的近卫军六千人，军官一千人，攻打吴国。吴军大败，越军杀死了吴国的太子。吴国使者向吴王告急，吴王正在黄池会见诸侯，怕天下人听到吴国惨败消息，就没有公开。吴王在黄池与诸侯订立盟约之后，就派人带上厚礼向越国求和。越王估计目前还没有灭亡吴国的实力，就同意了。

又过了四年，越国再次攻打吴国。吴国军民疲惫不堪，精锐之师都在与齐、晋的战争中消耗殆尽。越国军队轻松打败吴军，留下部分军队，围困吴都三年，吴军彻底失败，越王又把吴王围困在姑苏山上。吴王派公孙雄坦露上身，跪行见越王，请求传话说："臣子夫差斗胆袒露自己的心愿，我曾在会稽围困您，因您求和了，我就撤军回国，最后也让您回国了。今天劳您贵体前来惩罚孤臣，我将唯命是听，但我有个愿望，希望您能像在会稽山我对您那样，给我个改过的机会吧！"勾践心有不忍，想答应吴王。范蠡说："会稽山的事，是上天把越国赐给吴国，吴国不要。今天是上天把吴国赐给了越国，越国难道可以违背天命吗？再说，这些年君王勤勉努力，不就是为了这一天吗？二十二年的努力，今天随便就放弃了，能行吗？上天赐予您而不要，那要受到上天的处罚。'用斧头砍木头做斧柄，斧柄的样子就在身边'，您忘记会稽山的苦难了吗？"勾践说："我想听您的建议，但我不忍心。"范蠡就转身击鼓，说："君王已经把指挥权交给我了，使者赶快离去，士兵们准备进攻。"吴国使者哭着离去。勾践又派人对吴王说："我安置您到甬东！管理有一百住户的地方。"吴王推辞说："我已经老了，不能侍奉您了！"说完便自杀身亡，自尽时吴王遮住自己的面孔说："我没脸面见伍子胥！"越王安葬了吴王，杀死了太

zǎi pǐ
宰嚭。

gōu jiàn píng dìng wú guó hòu jiù chū bīng xiàng běi kuà guò huái shuǐ zài xú zhōu yǔ qí jìn zhū
勾践平定吴国后，就出兵向北跨过淮水，在徐州与齐、晋诸
hóu huì hé xiàng zhōu wáng shì jìn xiàn gòng pǐn zhōu yuán wáng pài rén shǎng cì ròu gěi gōu jiàn chēng
侯会合，向周王室进献贡品。周元王派人赏赐肉给勾践，称
tā wéi bó gōu jiàn lí kāi xú zhōu kuà guò huái shuǐ nán xià bǎ huái běi de tǔ dì sòng
他为“伯”。勾践离开徐州，跨过淮水南下，把淮北的土地送
gěi chǔ guó bǎ wú guó qīn zhàn sòng guó de tǔ dì guī huán gěi sòng guó bǎ sì shuǐ yǐ dōng fāng yuán
给楚国，把吴国侵占宋国的土地归还给宋国，把泗水以东方圆
bǎi lǐ de tǔ dì gěi le lǔ guó dāng shí yuè jūn zài cháng jiāng liú yù huái hé yǐ dōng chàng
百里的土地给了鲁国。当时，越军在长江流域、淮河以东畅
xíng wú zǔ zhū hóu men dōu lái qìng hè yuè wáng gōu jiàn zuì zhōng chéng jiù le bà yè
行无阻，诸侯们都来庆贺，越王勾践最终成就了霸业。

cōng shù
枞树

zhè lǐ yǒu piàn hěn dà de shù lín lǐ miàn zhǎng zhe yì zhū hěn kě ài de xiǎo cōng shù xiǎo
这里有片很大的树林，里面长着一株很可爱的小枞树，小
cōng shù shēng zhǎng de dì diǎn dé tiān dú hòu yáng guāng lǒng zhào zhe tā xīn xiān kōng qì zài tā shēn
枞树生长的地点得天独厚，阳光笼罩着它，新鲜空气在它身
biān liú dòng zhōu wéi hái yǒu gāo dà de sōng shù hé bié de cōng shù xiàng péng you yí yàng wéi zhe tā
边流动，周围还有高大的松树和别的枞树像朋友一样围着它。
zhè zhū xiǎo cōng shù bìng bú ài dā li zhōu wéi gāo dà de sōng shù hé bié de cōng shù jiù lián wēn
这株小枞树并不爱搭理周围高大的松树和别的枞树，就连温
nuǎn de yáng guāng hé xīn xiān de kōng qì tā yě bú ài lǐ cǎi yǒu shí hou nóng jiā de hái zi lái
暖的阳光和新鲜的空气它也不爱理睬。有时候，农家的孩子来
dào fù jìn xún zhǎo cǎo méi hé fù pén zi dài zhe xǔ xǔ duō duō cǎi zhāi dào de guǒ shí lái dào tā
到附近寻找草莓和覆盆子，带着许许多多采摘到的果实来到它

的身边，有说有笑、又蹦又跳地尽情欢乐，它也不去理会他们。孩子们玩累了，坐在小枫树旁边，赞扬地说：“看看，这是棵多么美丽的小树啊！”而它一点也不爱听赞美的话，因为它心里只有一个想法，那就是：赶紧长大。

一年以后，它长出一节；又过了一年，它又长了一节。要想知道枫树的年龄，只要数数它有多少节就知道了。

小枫树长得很快，但是它还是经常叹息。“唉，我多么希望成为一棵大树呀！就像周围这些大树一样。”小枫树说，“那样的话，我就可以把枝叶向四周伸展开来，我高高地抬起头，就可以看到这个广大的世界！当风吹起来的时候，我也会像别的大树一样，和风客客气气地打个招呼。鸟儿也可以在我庞大的树冠上选好枝杈做窝。”

它只想着快快长大，明媚的阳光、鸟雀动听的歌唱、早晨和黄昏天空出现的美丽云霞都提不起它的兴趣。

冬天到来了，小枫树四周的积雪反射出耀眼的光。有时，一只快乐的兔子跑过来，在它身旁跳跃，它仍然高兴不起来，因为，它还是一心想着长大。“生长，不断生长，长成大树，然后渐渐变老，这才是世界上最快乐的事情！”小枞树这样想。

又过了两个冬天，在第三个冬天携着雪花来临的时候，小枞树的确长得很大了，兔子走过它时，还得绕行。

伐木人按照惯例跟着冬天到来了，他们选了几棵最大的树，把它们砍倒，这是伐木人每年都要做的事情。年轻的枞树虽然已经长得相当大了，但是看到那些高高大大的树倒下，它还是有些害怕。那些倒在地上的大树，树枝被砍掉，只剩下光溜溜的树干，又长又瘦，全然没有了原来的模样。伐木人把树干装上马车，赶着马离开了树林。

“它们会被拉到什么地方去？它们还会变成什么样子呢？”长大的枞树头脑中一直想着这个问题。

春风吹来的时候，燕子和鹳鸟又回到了树林中，长大的枞树就问它们：“你们是否知道伐木人把那些大树拖到什么地方去了吗？你们是否再见到过它们？”

燕子对它提出的问题一无所知，不过鹳鸟好像想起了一件事情，它点着头说：“我从埃及飞出来的时候，一路上碰到很多新船，美丽的桅杆就立在这些船上，它们把头高高地昂起，很有气派！我想就是从这拉走的那些大树，因为在我遇到它们的时候，我闻到了它们发出的枞树的气味，是的，一定是它们！”

“我也希望快点长大，能和它们一样在大海上航行！”它兴奋地说，“海的世界该是怎样的？它究竟有多大呢？”

“要把大海给你讲清楚，那可不是件容易的事！”鹳鸟一边说着一边离开了枞树。

“别急着长大，好好体验和享受你的青春吧！”阳光说，“享受你蓬勃生长的每个时段，享受你身体里不断发展变化的生命力吧！”

风轻抚着这株枞树，它把眼泪化成露珠滴洒在枞树的枝叶上，它因为枞树不了解生命的历程，想着急于长大而伤心，生命的每一个阶段都是那么宝贵，可是这棵枞树一点也不懂，风只能为它默默地伤心。

圣诞节将要来临的时候，又有很多年轻的树被砍下来，有的比这棵只想早早离开这里的枞树年轻，也不像它那样长得个头很大。这些年轻的树并不像它那样急于离开，它们枝叶挺拔，被伐木人装上车后，马拉着它们离开了树林。

“它们并不比我更高大呀，有的比我还小很多呢！伐木人为什么要完整地保留它们的枝叶呢？”这棵枞树发出连续的疑问，“它们要到什么地方去呢？”

“我们都知道，我们都知道！”麻雀们叽叽喳喳地说，“我们知道它们到什么地方去了，我们在城里，透过房屋的窗户看到过它们，它们被送到城里最富丽堂皇的建筑中去，摆放在温暖的房间中央，身上挂着许多美丽的小东西：各式各样的玩具，蜂蜜和面粉制成的糕点，形状各异的糖果，涂了金粉的苹果，还有许许多多的蜡烛，等等，等等！”

“再往下讲，后来它们怎样呢？”枞树兴奋地身上所有的枝叶都晃动起来，继续问着，“后来呢？快说说后来它们有怎样的结果。”

“哎呀，后来的事我们都没有看到，不过，我们看到它们的时候，它们被装扮得光鲜美丽！”

“有一天，我会像它们一样，走上这条让人向往的大道！”枞树高兴地说，“这比在海上航行看海要好得多，我真的不想在这里待下去了，我真希望今天就是圣诞节，我已经长大了，决不比去年被运走的那些树逊色！伐木人一来肯定会看中我，我就会伸展着枝叶，坐在车子上来到城市，进入豪华富丽的建筑，在那个温暖的房间里，让仆人们把我打扮得漂漂亮亮的！想一想都感到很幸福。以后，更好、更美的事情都会接踵而至，不然，他们就不会把我打扮得那样漂亮，一定会有更美好、更让人兴奋的事情出现。不过，到底会出现什么样的美好事情，我现在还想象不出，真是让我心焦，让我对现在一点不感兴趣，我不知道自己怎么了！”

“请你和我们一起享受现在的美好生活吧！”空气和阳光看着它焦虑的样子劝它说，“请你好好享受现在的生活，享受你鲜活的青春吧，明天它就会逝去！”

这棵枞树没有听劝告，它什么都不愿享受，只是拼命地生长，一直生长。它在那里从冬天站到春天，长出青翠的绿叶，又站到夏天，形成浓绿的树冠。看到它的人都会说：“这是一棵美丽的树，是做圣诞树的好材料！”

圣诞节再次降临的时候，伐木人又来到这里，他们都看上这棵急着长大的枞树，斧头从树根处深深地砍下去，它在发出“咔嚓”的撕裂声后，就倒在了地上，前面想象的快乐全然没有感觉到，只感到一种痛苦，一阵天旋地转。它坐上马车离开了自己的家，这时它才感觉到自己再也见不到那些亲爱的老朋友了，离开自己生长的地方，并不是件快乐的事情，它的心里产生了酸楚的感觉。

马车进入城市，它和许多别的树被卸在院子里，这时它的心情才好一点。它听到一个人说：“这是一棵很好看的树，我们就选择这一棵！”

穿得很整齐的两个仆人走过来，把这棵枞树抬进一间漂亮的大客厅。客厅四周的墙上挂着许多画像，在一个瓷砖嵌贴的壁炉旁边，立着高大的来自中国的花瓶。客厅中还摆放着摇椅、沙发以及堆满画册的大桌子，还有孩子们很喜欢的贵重的玩具。枞树被插进装满沙土的大盆里，从外面看不出这是一个大盆，因为，在大盆外面围着一层艳丽的花布，地上铺着宽大的波斯地毯。仆人和小姐们都在它的周围为它梳妆打扮。他们把花纸剪的小网袋挂在枞树的枝子上，小网袋里都装满了糖果，涂上金粉的苹果和胡桃核也挂在上面，好像它们原本就是生长在上面的。枝子上还安装了百来根红、白、蓝色的小蜡烛，像活人模样的玩偶在树叶间摆来摆去，树顶上还装上了一颗银子般的星星。这些东西都是枞树从来没有见到过的，枞树激动地颤抖起来。“这是在梦中吧？我是如此漂亮，格外漂亮！”它激动地想。

“今晚点亮它时，”大家说，“它会发出五颜六色的光。”

“真的吗？”枞树想，“我希望夜晚早一点到来，我希望蜡烛马上点起来，好让我的美丽早一点呈现。也许麻雀会在窗前飞过吧，一起来的树也会看到我吧，也许我从夏天到冬天都是这样的打扮，我会在这儿扎下根来。”

夜晚终于降临，蜡烛被人们点亮了。“多么辉煌，多么华丽啊！”人们说。枫树的每根枝子都因为兴奋而颤抖，由于抖动，一根蜡烛烧着了一根小树枝，枫树在兴奋中感到了疼痛。

“哎呀”年轻的姑娘们惊叫起来，急忙灭掉了枫树身上的火。

枫树现在不敢再颤抖了，它不想再发生意外。这时，那两扇门打开了，许多小孩子涌进来，年纪大的人镇定地跟着他们走进来。这些小家伙站着，有一分钟的时间保持着肃静，接下来他们就欢呼起来，弄出了七零八落的声音。他们围着这棵枫树跳舞，同时把挂在上面的物品一件接着一件地取走，好像他们还要把整个树拉倒。

“他们打算做什么呢？”枫树想，“还有什么事情会发生呢？”

当蜡烛快要烧完的时候，火苗就烧到枝子上来了，大人们把烛火扑灭。这时，孩子们便得到准许，向枫树冲过来，掳掠这棵挂满各种物品的“圣诞树”，枞树感到身上的枝丫都发出折裂声，如果不是树顶和那颗银子般的星星被系在天花板上，枞树早就让孩子们拉倒了。

孩子们手中拿着美丽的玩具在周围跳舞，他们谁也不关注没有礼物的枞树，只有一位老保姆在树枝间张望，她在看是不是还有没被孩子们拿走的礼物。

“讲个故事吧，讲个故事吧！”孩子们嚷嚷着，把一位小胖子拉到枞树边来，让他坐在树底下，这样就算是创造了一个在树林里的环境。小胖子说：“树和大家一起听听我的故事也是很不错的，不过我只讲一个故事，你们听依维德·亚维德的故事，还是听那位滚下了楼梯，但是却坐上王位，得到公主的泥巴球的故事呢？”

“讲依维德·亚维德的故事！”有几个孩子喊着。“讲泥巴球的故事！”另外几个孩子喊着。吵闹声混作一团。

枞树在想：“我不能参加吗？不能再做一点事吗？”其实，枞树已经参加进来了，在孩子眼里，它就是孩子们的森林。

小胖子开始讲泥巴球的故事："泥巴球滚下楼梯，又坐上王位，并且得到公主。"孩子们都拍着手叫着："讲下去，讲下去吧！"他们想听依维德·亚维德的故事，但是，小胖子只讲了泥巴球的故事。枞树站在那里静静地想着："树林里的鸟从来没有讲过这样的故事：泥巴球滚下了楼梯，最后得到了公主！"枞树想，"是的，世界上的事情真是奇妙，这个故事一定是真的，因为讲故事的人是一位可爱的小胖子。可能有一天我也会滚下楼梯，结果得到了一位公主！"于是，枞树又高兴起来，盼望明天晚上再次被装扮一番，身上挂满蜡烛、玩具、漂亮的礼品和水果。"明天我决不再颤抖！"枞树想，"我也要尽情地欣赏自己华丽的外表，而且还要听泥巴球的故事，可能还会听到依维德·亚维德的故事。"

枞树一声不响地想了一整夜。黎明来到窗前，仆人和保姆都进来了。"他们又来为我梳妆打扮了，我又要变漂亮了！"枞树想。不过，事与愿违，他们把枞树拖出大厅，沿着楼梯拖到顶楼上，把枞树放在从早到晚见不到一点阳光的黑暗角落里。

“这是要做什么呢？”枞树想，“他们把我放在这里，我什么也听不到了。”

它在墙边站着，不断地思索，它现在唯一能做的事就是思索。时间一天一天过去了，没有人来看它，有一个来的人，但不是来看它的，他只不过是把几个空箱子堆放在墙角，这些箱子又把枞树完全挡在了角落，人们也似乎把它忘得一干二净了。

“外边应该是冬天了！”枞树想，“土地冻硬了，盖着积雪，也许人们把我放在这里，是等待春天到来，积雪融化，土地解冻，然后就把我再栽到土地里，让我生长。人们想得很周到，他们都是善良的人！只是这儿太黑暗，让人感到孤独。现在想想，来前的那片树林是个很愉快的地方，雪落得很厚，兔子在雪中跳来跳去，有时那只兔子从我头上跳过去，那时我还不大喜欢兔子的这种举动，但现在的寂寞环境又让我喜欢那只兔子了。”

“吱！吱！”一只小老鼠叫着窜出来，不一会儿，另一只小老鼠也窜出来，它们在枞树身上嗅了嗅，似乎感到没有危险，就钻进枝丫里面。

“真冷，冷得吓人！”两只小老鼠说，“待在这儿比外面要好多了，老枞树，你觉得我们说得对不对？”

“我一点也不老，比我年纪大的树多着呢！”枞树说。

“你是从什么地方来的？你知道些什么新鲜东西？”小老鼠带着好奇心问道，“你去过哪儿？到过储藏室吗？请给我们讲点世界上最美的地方的事情吧！”“储藏室？我可不知道。”枞树说，“不过我很熟悉树林，那儿阳光透过树冠洒在草地上，鸟儿在林中唱着歌。”

听完，小老鼠就给枞树讲起了储藏室：“那儿有许多货架，上面放着许多人们享用的美食，糕点、乳饼、糖果、奶酪，天花板下面还挂着许多火腿。在那儿，我们吃饱了就在蜡烛上跳舞，生活得很幸福。我们进去的时候，瘦得皮包骨头，出来的时候，胖得快走不动了。”

听完小老鼠讲的储藏室的事，枞树又给小老鼠讲了自己少年时代的故事。小老鼠从来没有听过这类新鲜事，它们静静地听完说："你看到过的东西真多，你曾经也很幸福啊！"

"我的少年时代幸福吗？"枞树说，同时把自己讲过的话又想了一遍，"是的，我现在才感到少年时代是非常幸福的！"于是，枞树又叙述了圣诞节前后的经历。

"啊，你这棵老枞树，"小老鼠说，"你是多么幸福啊！"

"我并不老，"枞树说，"我是这个冬天才离开树林的，离开时还是一个年轻人，但是，现在我已经不能再生长了。"

"你的故事讲得多好啊！"小老鼠说。

第二天夜里，它们带来另外四只小老鼠听枞树讲故事。枞树讲自己的故事，越讲得多就越清楚地回忆起过去的事情，也越来越觉得那时候的确是非常幸福的时候。"那个时候还会再次回来吗？"枞树在想，"泥巴球滚下了楼梯，结果得到了公主。可能我也会得到一位公主。"这时，枞树想起了长在树林里的可爱的小杨树，在枞树看来，小杨树就是一位美丽的公主。

shuí shì nà wèi ní ba qiú xiǎo lǎo shǔ wèn cōng shù méi yǒu huí dá dàn xīn lǐ
“谁是那位泥巴球？”小老鼠问。枫树没有回答，但心里
xiǎng dāng rán shì wǒ la
想：“当然是我啦！”

cōng shù bǎ zhěng gè gù shi qīng qīng chǔ chǔ de jiǎng le yí biàn xiǎo lǎo shǔ men lè de xiǎng zài
枫树把整个故事清清楚楚地讲了一遍，小老鼠们乐得想在
cōng shù shēn shang fān gēn tou dì sān tiān wǎn shang gèng duō de xiǎo lǎo shǔ lái le dào le lǐ bài
枫树身上翻跟头。第三天晚上，更多的小老鼠来了，到了礼拜
tiān hái lái le liǎng gè dà lǎo shǔ bú guò dà lǎo shǔ rèn wéi cōng shù jiǎng de gù shi bìng bù
天，还来了两个大老鼠。不过，大老鼠认为枫树讲的故事并不
xī yǐn rén xiǎo lǎo shǔ men zài tīng tā de gù shi yě bú xiàng dì yī cì tīng shí yǒu xīn xiān
吸引人，小老鼠们再听它的故事，也不像第一次听时有新鲜
gǎn le
感了。

nǐ jiù zhǐ huì jiǎng zhè ge gù shi ma dà lǎo shǔ wèn
“你就只会讲这个故事吗？”大老鼠问。

jiù huì zhè yí gè cōng shù huí dá shuō zhè ge gù shi shì wǒ shēng huó zhōng zuì xìng
“就会这一个！”枫树回答说，“这个故事是我生活中最幸
fú de nà ge wǎn shang tīng dào de bú guò dāng shí wǒ bìng bù jué de wǒ xìng fú
福的那个晚上听到的，不过，当时我并不觉得我幸福！”

zhè shì yí gè hěn bù wán zhěng de gù shi nǐ bú huì jiǎng guān yú là ròu hé là zhú de
“这是一个很不完整的故事！你不会讲关于腊肉和蜡烛的
gù shi huò zhě jiǎng guān yú chǔ cáng shì de gù shi ma
故事，或者讲关于储藏室的故事吗？”

wǒ bú huì cōng shù shuō
“我不会。”枫树说。

nà zhēn shì dǎ rǎo nǐ le dà lǎo shǔ shuō wán jiù zǒu kāi le xiǎo lǎo shǔ men yě zǒu
“那真是打扰你了！”大老鼠说完就走开了，小老鼠们也走
kāi le
开了。

cōng shù tàn xī zhe xiǎng xiǎo lǎo shǔ men zuò zài wǒ shēn páng tīng wǒ jiǎng gù shi de shí hou
枫树叹息着想：“小老鼠们坐在我身旁听我讲故事的时候，

真是一段挺幸福的时光，现在这样的时光又消失了，如果人们再把我搬出去的话，我将要认真地享受新出现的幸福时光！”

有一天早晨，人们来收拾这个阁楼，他们把箱子挪开，把枞树拖出来，扔到地板上，一个佣人又把枞树拖到楼梯边去，阳光照在了它的身上。

“新的生活又开始了！”枞树想。

很快，枞树被拖到院子的角落。院子坐落在一个花园的附近，花园里所有的花都开了。玫瑰花倚在栅栏上，娇艳芳香，菩提树也开满了花，燕子们飞来飞去，花儿们高兴地说：“我们的朋友回来了！”不过，它们所说的朋友并不是这棵枞树，而是燕子。

“现在我要开始新的生活了！”枞树高兴地说。同时，伸展开它的枝子。但是，枞树看到了现在的自己：枝枯叶黄，青春的绿色一点也没有了，躺在满是荆棘和荒草的墙角边毫不显眼，只有还挂在它头顶的银纸做的星星在明朗的阳光中闪亮。

院子里有几个孩子在快乐地玩耍，他们就是在圣诞节绕着枞树跳舞的孩子，其中的一个孩子跑过来，摘走了留在树上的最后一颗星星。“你们看，这株丑陋的老枞树身上还挂着东西。”摘星星的孩子说。他用靴子踩踏枞树枝子，枝子发出断裂声。

枞树把花园里盛开的花和美丽的景色看了一遍，又看了一眼自己难看的样子，它真希望自己仍然待在阁楼的黑暗角落里，不让人们看到自己现在的模样。它脑海里涌现出自己在树林里的青春时代，快乐而美丽的圣诞之夜，小老鼠们围着它听它讲泥巴球故事的时光。

“完了，一切都完了！”可怜的枞树说，“快乐的时候，我真应该好好地享受快乐！而现在一切都晚了，一切都完了！”

佣人把这棵枞树劈成劈柴，捆成一大捆，放在一个大酒锅底下，将枞树一块一块地添进熊熊燃烧的火里，枞树破碎的身体在“噼噼啪啪”的慨叹声中，一点一点地化为灰烬。孩子们坐在火边，发出快乐的叫声，枞树只能在火中最后回忆一下夏天的树林、冬夜的天空、圣诞节前后的事情和泥巴球的故事。

hái zi men hái zài yuàn zi li wán shuǎ cōng shù zuì xìng fú de nà ge wǎn shang dài guo de nà
孩子们还在院子里玩耍，枞树最幸福的那个晚上戴过的那
kē xīng xing guà zài qí zhōng yí gè hái zi de xiōng qián zhè shí hou cōng shù yǐ jīng quán bèi shāo
颗星星挂在其中一个孩子的胸前。这时候，枞树已经全被烧
chéng huī le yí qiè dōu wán le cōng shù de shēng mìng zhōng jié le gù shi yě hé cōng shù yì qǐ
成灰了，一切都完了，枞树的生命终结了，故事也和枞树一起
zhōng jié le
终结了。

mǔ zhǐ gū niang
拇指姑娘

cóng qián yǒu yí gè xiǎng fǎ qí tè de nǚ rén tā fēi cháng xī wàng yǒu yí gè xiǎo xiǎo de hái
从前有一个想法奇特的女人，她非常希望有一个小小的孩
zi dāng rán tā bù zhī dào rú hé dé dào yú shì jiù qù xún wèn yí wèi wū pó tā duì
子。当然，她不知道如何得到，于是就去询问一位巫婆，她对
wū pó shuō wǒ fēi cháng xiǎng yào yí gè xiǎo xiǎo de hái zi nǐ néng gào su wǒ zěn yàng cái néng
巫婆说：“我非常想要一个小小的孩子，你能告诉我怎样才能
dé dào yí gè ma
得到一个吗？”

hēi zhè hěn róng yì wū pó shuō zhè yǒu kē dà mài lì nǐ ná qù ba zhè kě
“嗨，这很容易！”巫婆说，“这有颗大麦粒，你拿去吧，这可
bú shì tián li zhǎng de dà mài lì yě bú shì wèi jī de dà mài lì nǐ bǎ tā zhòng zài huā pén
不是田里长的大麦粒，也不是喂鸡的大麦粒。你把它种在花盆
li bù jiǔ nǐ jiù kě yǐ shí xiàn zì jǐ de yuàn wàng le
里，不久，你就可以实现自己的愿望了。”

xiè xie nǐ nǚ rén shuō tā gěi le wū pó sān gè yín bì jiù fǎn huí jiā li zài
“谢谢你！”女人说。她给了巫婆三个银币，就返回家里，在
huā pén zhōng zhòng xià nà kē dà mài lì bù jiǔ yǐ hòu yì duǒ měi lì de dà hóng huā jiù zhǎng
花盆中种下那颗大麦粒。不久以后，一朵美丽的大红花就长

出来了，看上去很像郁金香，只是它的花瓣紧紧地包在一起，像是没开放的花苞，很特别。

“这是一朵很美的花。”女人边说边在那美丽的、黄而带红的花瓣上吻了一下。当她吻花的那一刻，花儿忽然绽放，人们都能认出，这是一朵纯粹的郁金香，而奇迹就在这朵花的正中央出现了：在那根绿色的雌蕊上面，坐着一位娇小的姑娘，皮肤白嫩，可爱极了。她还没有小拇指的一半长，所以，人们就把她称作拇指姑娘。

女人用光泽晶亮的胡桃壳给拇指姑娘做了一个摇篮，把蓝色紫罗兰的花瓣垫在下面，用玫瑰的花瓣做被子，拇指姑娘晚上就在这里睡觉。白天，她在桌子上玩耍，那个女人在桌子上放了一个盘子，盘子上面放了一圈花，花的枝干浸在水里。水上浮着一片郁金香花瓣，那是拇指姑娘的小船，蜂鸟的羽毛就是她划船的桨，她从盘子这边划到那边，划船的样子真是可爱！她还会唱歌，唱得那么温柔和甜美，人们都认为，从前没有任何人听到过这歌声。

yì tiān wǎn shang tā zài piào liang de hú táo ké chuáng shang shuì jiào de shí hou yì zhī lài há
一天晚上，她在漂亮的胡桃壳床上睡觉的时候，一只癞蛤
ma cóng chuāng zi shang pò le bō li de dì fang tiào le jìn lái lài há ma yòu chǒu yòu dà shēn
蟆从窗子上破了玻璃的地方跳了进来。癞蛤蟆又丑又大，身
shang nián hū hū de tā yì zhí tiào dào zhuō zi shang mǔ zhǐ gū niang zài zhuō zi shang de hú táo
上黏糊糊的，她一直跳到桌子上。拇指姑娘在桌子上的胡桃
ké zhōng xiān hóng de méi gui huā bàn xià miàn shuì zháo le
壳中，鲜红的玫瑰花瓣下面睡着了。

zhè gū niang dào kě yǐ zuò wǒ ér zi de piào liang qī zi lài há ma shuō yú shì
“这姑娘倒可以做我儿子的漂亮妻子。”癞蛤蟆说。于是，
tā yì bǎ zhuā qǐ hú táo ké bǎ tā zhān zài zì jǐ de bēi shang tiào chū le chuāng zi yì zhí
她一把抓起胡桃壳，把它粘在自己的背上，跳出了窗子，一直
tiào dào huā yuán li qù le huā yuán li yǒu yì tiáo hěn kuān de liú dòng de xiǎo xī liǎng àn dōu shì
跳到花园里去了。花园里有一条很宽的流动的小溪，两岸都是
shī dì lài há ma hé tā de ér zi jiù zhù zài shī dì zhōng tā de ér zi gēn zì jǐ jiǎn zhí
湿地，癞蛤蟆和她的儿子就住在湿地中。她的儿子跟自己简直
shì yí gè mú zi li chū lái de yí yàng yě zhǎng de fēi cháng chǒu tā kàn dào hú táo ké li měi
是一个模子里出来的一样，也长得非常丑，他看到胡桃壳里美
lì de mǔ zhǐ gū niang shí guā guā guā de jiào gè bù tíng
丽的拇指姑娘时，“呱、呱、呱”地叫个不停。

bú yào nà me dà shēng jiǎng huà nǐ huì bǎ tā chǎo xǐng de lǎo lài há ma shuō tā
“不要那么大声讲话，你会把她吵醒的，”老癞蛤蟆说，“她
yě xǔ néng cóng wǒ men zhèr táo zǒu wǒ men děi bǎ tā fàng zài xī shuǐ li shuì lián de nà piàn
也许能从我们这儿逃走，我们得把她放在溪水里睡莲的那片
kuān yè zi shàng miàn tā jì rán zhè me jiāo xiǎo qīng de xiàng yí piàn tiān é de yǔ máo nà piàn
宽叶子上面，她既然这么娇小，轻得像一片天鹅的羽毛，那片
yè zi duì tā lái shuō wán quán shì yí zuò dǎo yǔ le tā zài nà shàng miàn shì wú fǎ táo zǒu
叶子对她来说，完全是一座岛屿了，她在那上面是无法逃走
de zài zhè duàn shí jiān li wǒ men jiù kě yǐ bǎ yū ní xià miàn de nà jiān hǎo fáng zi shōu
的。在这段时间里，我们就可以把淤泥下面的那间好房子收
shi yí xià nǐ men liǎ yǐ hòu jiù zài nà lǐ zhù xià lái guò rì zi
拾一下，你们俩以后就在那里住下来过日子。”

小溪里生长着许多绿叶宽大的睡莲，宽大的叶子浮在水面上，浮在最远处的那片叶子也就是最大的一片叶子，老癞蛤蟆把胡桃壳和睡在里面的拇指姑娘放在上面。这个可怜的、小小的姑娘大清早就醒来了，当她看见这陌生的一切，禁不住伤心地哭起来，这片宽大的绿叶子的周围全都是水，她没有一点办法回到陆地上。

老癞蛤蟆坐在泥里，用灯芯草和睡莲的茎把房间装饰了一番，有新娘住的地方，当然要收拾得漂亮一点。然后，她就和她的丑儿子向那片托着拇指姑娘的叶子游去，他们要先把她的那张美丽的床搬到新房里面，在她没进入之前把一切都安置好。老癞蛤蟆在水里向她致意，同时说：“这是我的儿子，也就是你未来的丈夫，你们俩在淤泥里将会生活得很幸福。”

“呱，呱，呱。”这位少爷会讲的话，就这一句。他们搬着这张漂亮的小床游走了。拇指姑娘独自坐在绿叶上，大声哭起来，因为她不愿意和讨厌的癞蛤蟆住在一起，更不愿意丑少爷做自己的丈夫。水里游着的一些小鱼曾经看到过癞蛤蟆，同时也听到过他们说的话，因此，小鱼们都伸出头来，瞧瞧这个小小的姑娘，他们一看到她，就觉得她非常美丽，他们觉得不能让她下嫁给一个丑陋的癞蛤蟆，那绝对不行。他们非常不满意！不能让这样的事情发生。小鱼们在水里集合到小姑娘住的绿叶的梗子周围，他们用牙齿咬断了梗子，这片叶子就带着拇指姑娘顺水漂走了，漂得非常远，漂到癞蛤蟆无法到达的地方。

拇指姑娘漂过了许多地方。一些住在灌木林里的小鸟看到她，都称赞道：“多么美丽的小小的姑娘啊！”

叶子托着她漂流，越漂越远，最后，拇指姑娘就漂到外国去了。一只可爱的白蝴蝶不停地环绕着她飞，最后就落到睡莲叶子上来，因为他是那么喜欢拇指姑娘，而她也非常高兴，因为癞蛤蟆再也找不着她了。现在，她所漂过的地方很美丽，太阳照在水上，水面荡漾着金色。她解下腰带，把一端系在蝴蝶身上，另一端系在叶子上。叶子带着拇指姑娘还有蝴蝶，在水上漂向远方。

这时，不知从哪飞来了一只很大的金龟子，他看到了拇指姑娘，就立刻用他的爪子抓住她纤细的腰，带着她飞到树上去了。那片绿叶继续顺着溪流飘去，带着那只蝴蝶，因为他和叶子系在了一起，没办法分开。金龟子带着拇指姑娘飞进树林里的时候，拇指姑娘内心很害怕！不过，她更为那只美丽的白蝴蝶难过，她把他紧紧地系在叶子上了，如果他摆脱不了的话，就会饿死的。金龟子一点也不在意她在想什么，他和她一块儿坐在树上最大的一片绿叶上，他把花里的蜜糖拿出来给她吃，同时夸她漂亮，她和金龟子毫无相像之处。不久，树林中的金龟子都来了，他们上下打量着拇指姑娘，金龟子小姐们耸着触须说：“嗨，她只有两条腿，怪难看的，”她们说，“而且她连触须都没有！她的腰也太细了，模样完全像个人，多么丑啊！”

而事实上，拇指姑娘的确非常美丽！甚至劫持她的那只金龟子也这样认为，不过大家都说她难看，最后他也相信了，不愿意要她了，她现在可以随便去哪了。金龟子带着她从树上

fēi xià lái bǎ tā fàng zài yì duǒ chú jú shang biàn fēi zǒu le tā zài chú jú shàng miàn kū de
飞下来，把她放在一朵雏菊上，便飞走了。她在雏菊上面哭得
hěn shāng xīn yīn wèi tā yǐ wéi zì jǐ zhǎng de chǒu lián jīn guī zǐ yě bú yào tā le bú
很伤心，因为她以为自己长得丑，连金龟子也不要她了。不
guò tā réng rán shì zuì měi lì de xiǎo rénr tā nà me jiāo nèn nà me jié jìng xiàng yí
过，她仍然是最美丽的小人儿，她那么娇嫩，那么洁净，像一
piàn chún jié de méi gui huā bàn
片纯洁的玫瑰花瓣。

zhěng gè xià tiān tā dú zì zhù zài jù dà de shù lín li tā yòng cǎo yè biān le yì zhāng
整个夏天，她独自住在巨大的树林里，她用草叶编了一张
xiǎo chuáng bǎ tā guà zài yí piàn dà niú bàng yè xià miàn jì dǎng fēng yòu zhē yǔ tā hái xué huì
小床，把它挂在一片大牛蒡叶下面，既挡风又遮雨，她还学会
cóng huā li qǔ chū huā mì zuò shí wù níng jié zài yè zi shang de lù zhū jiù shì tā de yǐn pǐn
从花里取出花蜜做食物，凝结在叶子上的露珠就是她的饮品，
tā jiù zhè yàng gū dān de guò le xià tiān hé qiū tiān xiàn zài yòu lěng yòu cháng de dōng tiān lái
她就这样孤单地过了夏天和秋天。现在，又冷又长的冬天来
le nà xiē chàng zhe gē de niǎo dōu fēi zǒu le shù yè luò le huā yě diāo líng le nà piàn
了，那些唱着歌的鸟都飞走了，树叶落了，花也凋零了，那片
dà de niú bàng yè yě gān kū de juǎn le qǐ lái tā gǎn dào shí fēn hán lěng yīn wèi tā de yī
大的牛蒡叶也干枯地卷了起来。她感到十分寒冷，因为她的衣
fu dōu pò le ér tā yòu shì nà me shòu xiǎo hé xiān xì xuě yě kāi shǐ luò xià měi piàn xuě
服都破了，而她又是那么瘦小和纤细。雪也开始落下，每片雪
huā luò zài tā shēn shang jiù xiàng yí gè rén bǎ zhěng chǎn de xuě kuài pāo dào shēn shang yí yàng tā
花落在她身上，就像一个人把整铲的雪块抛到身上一样，她
zhǐ néng bǎ zì jǐ guǒ zài yí piàn gān kū de yè zi li kě shì zhè yě bù wēn nuǎn kě lián de
只能把自己裹在一片干枯的叶子里，可是这也不温暖，可怜的
mǔ zhǐ gū niang dòng de fā dǒu
拇指姑娘冻得发抖。

tā bù dé bù lí kāi zhè ge shù lín qù xún zhǎo kě yǐ guò dōng de dì fang shù lín biān
她不得不离开这个树林，去寻找可以过冬的地方。树林边
yǒu yí kuài hěn dà de shōu gē hòu de mài tián dòng jié de dì shang zhǐ liú xià yì xiē mài chá tā
有一块很大的收割后的麦田，冻结的地上只留下一些麦茬，她

走过麦茬，简直就是穿过一片广大的森林。太冷了，她冻得发抖，抖得很厉害！在麦茬下面的一个温暖的小洞里，住着一只田鼠，她还藏有整整一房间的麦子。可怜的拇指姑娘走进门里，像一个讨饭的穷苦孩子，请求田鼠施舍一颗麦粒给她，她已经两天没吃东西了。

老田鼠本来就是一个热心肠。“可怜的小人儿，”老田鼠说，“到我温暖的房子里来，和我一起吃点东西吧。”因为她很喜欢漂亮的拇指姑娘，所以她说：“你可以跟我住在一起，度过冬天，不过，你每天得把我的房间打扫干净，还要讲些故事给我听，因为我就有这两个爱好。”和善的老田鼠要求的事，拇指姑娘都答应了，她在那儿住得很舒适，不再受冻了。

“不久就要来一个客人，”老田鼠说，“我的一位邻居每个星期来看我一次，他的住处比我的更舒适，房间宽大，他的穿着也很华丽，如果他能做你的丈夫，你一辈子可就享福了。不过，他的眼睛看不见东西，你得讲一些你所知道的、美丽的故事给他听，他只有这一个爱好。”拇指姑娘对这事没有兴趣，她不愿意跟这位邻居结婚，因为他是一只鼹鼠，尽管他穿着黑天鹅绒袍子，尽管老田鼠说他有钱、有学问、有大宅子。鼹鼠说自己不喜欢太阳和美丽的花，也说它们的坏话，虽然他从来没看见过它们。

老田鼠叫拇指姑娘为鼹鼠唱歌，她唱了《金龟子呀，飞走吧！》，又唱了《牧师走上草原》，她的声音是那么动听，鼹鼠情不自禁地爱上了她，不过他没有表示出来，因为他是个谨慎的人。

为了往来方便，鼹鼠从自己房子里挖了一条长长的、通到老田鼠家的地道，他请田鼠和拇指姑娘在这条地道里散步，而且只要她们愿意，随时都可以。他还告诉她们不要害怕一只躺在地道里的死鸟，一只很完整的、在冬天开始的时候冻死的鸟，埋葬他的地方，恰是地道通过的地方。

鼹鼠嘴里衔着一根火种，它在黑暗中发出光亮，他走在前面，为她们在这条又长又黑的地道里照明，当她们来到那只死鸟躺着的地方时，鼹鼠就用他的大鼻子顶着天花板，朝上面拱土，拱出一个大洞，阳光就通过洞口照射进来。地上正中央躺着一只死了的燕子，他美丽的翅膀紧贴着身体，小腿和头缩在羽毛里，看着这只冻死的燕子，拇指姑娘很难过，因为她喜爱所有的鸟，整个夏天，她是听着鸟的歌声过来的。

鼹鼠用他的短腿推了推说："生来就是一只小鸟是一件可怜的事！好在我的孩子们不会像这样的鸟，什么事也不做，只会叽叽喳喳地叫，到了冬天就不得不饿死！"

"是的，聪明人说得有道理，"田鼠说，"冬天一到，'叽叽喳喳'的歌声对于鸟有什么用呢？他只能挨饿和受冻！"

拇指姑娘一句话也不说，当他们背过身子时，她就弯下腰来，把盖在燕子头上的羽毛温柔地拂向两边，同时轻轻地吻了他闭着的双眼。"在夏天为我唱出美丽的歌的鸟，也许是他，"她想，"他给了我快乐，他是只可爱的、美丽的鸟！"

鼹鼠又把那个透进阳光的洞口封住了，然后就送她们回家。这个晚上，拇指姑娘怎么也睡不着，她爬起来，用草编了一张宽大而美丽的毯子，拿到死去的燕子身边，又在田鼠的房间里

xún dào yì xiē ruǎn mián huā guǒ zài yàn zi shēn shang yòng tǎn zi bǎ tā de quán shēn gài hǎo shǐ tā
寻到一些软棉花裹在燕子身上，用毯子把他的全身盖好，使他

zài zhè hán lěng de dì shang néng gòu shuì de wēn nuǎn
在这寒冷的地上能够睡得温暖。

zài huì ba měi lì de xiǎo niǎo tā shuō zài huì ba zài xià tiān yáng guāng pǔ
“再会吧，美丽的小鸟！”她说，“再会吧！在夏天，阳光普

zhào lǜ yīn chéng cù de shí hou nǐ wèi wǒ chàng chū měi lì de gē wǒ yào gǎn xiè nǐ yú
照，绿荫成簇的时候，你为我唱出美丽的歌，我要感谢你！”于

shì tā bǎ tóu tiē zài yàn zi de xiōng táng shang tā jīng kǒng qǐ lái tā gǎn dào tā shēn tǐ li
是，她把头贴在燕子的胸膛上。她惊恐起来，她感到他身体里

yǒu dōng xi zài tiào dòng shì tā de xīn ma tā méi yǒu sǐ tā zhǐ shì dòng de shī qù le zhī
有东西在跳动，是他的心吗？他没有死，他只是冻得失去了知

jué xiàn zài tā dé dào le wēn nuǎn
觉，现在他得到了温暖。

qiū tiān suǒ yǒu de yàn zi dōu fēi xiàng wēn nuǎn de guó dù jiǎ rú yǒu diào duì de yù dào
秋天，所有的燕子都飞向温暖的国度，假如有掉队的，遇到

hán lěng jiù huì dòng de luò xià lái xiàng sǐ le yí yàng tǎng zài dì shang ràng bīng xuě gài mǎn
寒冷就会冻得落下来，像死了一样躺在地上，让冰雪盖满

quán shēn
全身。

mǔ zhǐ gū niang zhēn shì hěn jīng kǒng yàn zi gēn cùn bǎ gāo de tā bǐ qǐ lái zhēn shì tài
拇指姑娘真是很惊恐，燕子跟寸把高的她比起来，真是太

páng dà le dàn shì tā hái shi gǔ qǐ yǒng qì bǎ mián huā jǐn jǐn de guǒ zài yàn zi de shēn
庞大了。但是她还是鼓起勇气，把棉花紧紧地裹在燕子的身

shang hái bǎ zì jǐ dàng zuò bèi zi de bò he yè ná lái gài zài yàn zi de tóu shang
上，还把自己当作被子的薄荷叶拿来，盖在燕子的头上。

dì èr tiān yè lǐ tā yòu tōu tōu de qù kàn yàn zi tā yǐ jīng xǐng le chǔ zài bàn hūn
第二天夜里，她又偷偷地去看燕子，他已经醒了，处在半昏

mí zhuàng tài tā zhǐ néng bǎ yǎn jing zhēng yi zhēng kàn kan mǔ zhǐ gū niang tā shǒu li ná zhe yí
迷状态，他只能把眼睛睁一睁，看看拇指姑娘。她手里拿着一

kuài huǒ zhǒng zhàn zhe tā méi yǒu bié de dēng zhǎn
块火种站着，她没有别的灯盏。

wǒ gǎn xiè nǐ kě ài de xiǎo rénr yàn zi duì tā shuō wǒ xiàn zài gǎn jué dào
“我感谢你，可爱的小人儿！”燕子对她说，“我现在感觉到
le wēn nuǎn bù jiǔ jiù huì huī fù tǐ lì yòu kě yǐ fēi le zài nuǎn huo de yáng guāng
了温暖，不久就会恢复体力，又可以飞了，在暖和的阳光
zhōng fēi
中飞。”

bù xíng tā shuō wài miàn hěn lěng xuě huā fēi wǔ biàn dì jié bīng nǐ shuì zài
“不行，”她说，“外面很冷，雪花飞舞，遍地结冰，你睡在
zhè wēn nuǎn de chuáng shang ba wǒ lái zhào liào nǐ tā yòng huā bàn chéng shuǐ gěi yàn zi hē tā
这温暖的床上吧，我来照料你。”她用花瓣盛水给燕子喝，他
gěi tā jiǎng shù zì jǐ de jīng lì tā men yuǎn xíng fēi dào yáo yuǎn de wēn nuǎn de guó dù qù
给她讲述自己的经历：他们远行，飞到遥远的、温暖的国度去。
tā de yì zhī chì bǎng bèi duō cì de guàn mù huá shāng le yīn cǐ tā yòng jìn lì qi yě bù néng
他的一只翅膀被多刺的灌木划伤了，因此，他用尽力气也不能
gēn bié de yàn zi men fēi de yí yàng kuài zuì hòu jīng pí lì jìn de luò dào dì shang yǐ hòu de
跟别的燕子们飞得一样快，最后精疲力尽地落到地上，以后的
shì qing tā xiàn zài jiù jì bu qǐ lái le
事情他现在就记不起来了。

yàn zi zài zhèr zhù le yì zhěng gè dōng tiān mǔ zhǐ gū niang dài tā hěn hǎo fēi cháng xǐ huan
燕子在这儿住了一整个冬天，拇指姑娘待他很好，非常喜欢
tā yǎn shǔ hé tián shǔ yì diǎn yě bù zhī dào zhè shì yīn wèi tā men bù xǐ huan zhè zhī kě lián
他，鼹鼠和田鼠一点也不知道这事，因为他们不喜欢这只可怜
de gū dú de yàn zi
的、孤独的燕子。

chūn tiān lái le tài yáng wēn nuǎn le dà dì de shí hou yàn zi jiù xiàng mǔ zhǐ gū niang gào bié
春天来了，太阳温暖了大地的时候，燕子就向拇指姑娘告别
le mǔ zhǐ gū niang bǎ yǎn shǔ zài dǐng shang wā de nà ge dòng dǎ kāi tài yáng wēn nuǎn de lǒng zhào
了，拇指姑娘把鼹鼠在顶上挖的那个洞打开，太阳温暖地笼罩
zhe tā men yàn zi wèn mǔ zhǐ gū niang yuàn bu yuàn yì gēn tā yì qǐ lí kāi tā kě yǐ qí
着他们。燕子问拇指姑娘，愿不愿意跟他一起离开，她可以骑
zài tā de bēi shang zhè yàng tā men jiù kě yǐ yuǎn zǒu gāo fēi fēi xiàng lǜ sè de dà sēn lín
在他的背上，这样，他们就可以远走高飞，飞向绿色的大森林。

拇指姑娘当然想离开，不过她知道，如果她这样离开，田鼠就会伤心的，她不想让田鼠伤心。

“不行，我不能离开！”拇指姑娘说。

“那就再会吧，再会吧，你这善良的、可爱的姑娘！”燕子说完，就朝向太阳飞去。拇指姑娘在后面望着他，眼里流出泪珠，因为她是那么喜爱这只可怜的燕子。

“嘀丽，嘀丽。”燕子唱着歌，向一个绿色的森林飞去。

拇指姑娘感到非常难过，田鼠不允许她走进温暖的阳光中去。在田鼠屋顶上的田野里，麦子已经长得很高了，对于这个可怜的小姑娘来说，这麦田简直是一片浓密的森林，因为她只有一寸来高呀！

“在这个夏天，你要把你的新嫁衣缝好！”田鼠对她说。因为她的那个讨厌的邻居——穿着黑天鹅绒大袍的鼹鼠，已经向她提亲了。“你还得准备好毛衣和棉衣。在你做了鼹鼠夫人以后，你要有不同季节、不同环境穿的衣服。”

拇指姑娘只得摇起纺车做嫁衣，鼹鼠聘请了几位蜘蛛为她纺纱和织布。每天晚上，鼹鼠都来巡视一圈，嘴里老是咕噜咕噜地说："等到夏天过完的时候，太阳就不会太热了，现在，地面让太阳烤得滚烫，是的，夏天快点过去吧，夏天一过，我就要跟拇指姑娘结婚了。"

不过，拇指姑娘一点也不感到高兴，因为她的确不喜欢那位土豪般的鼹鼠。每天早晨太阳升起的时候，还有每天黄昏太阳下山的时候，她就悄悄来到门口，风把麦穗吹开时，她就能看到蔚蓝色的天空，她就能想象外面的美丽风景。于是，她就能放飞希望，希望再见到她亲爱的燕子！可是，有时她也很沮丧，总想着燕子不再回来了，他已经飞向很远的、美丽而青翠的树林里去了。

秋天到了，拇指姑娘的全部嫁衣也准备好了。

"四个星期以后，举行你的婚礼。"田鼠对她说。但是，拇指姑娘哭了起来，她说她不愿意和那个讨厌的鼹鼠结婚。

"胡说！"田鼠说，"你不要任性，不然的话，我就要用我的牙齿教训你！他是一个很好的人，他的厨房和储藏室都是满的，他那样好的黑天鹅绒大袍，就连皇后也没有，你必须和他结婚！你得到这样一个丈夫，真应该感谢上帝！”

举行婚礼的日子到了，鼹鼠来了，他亲自来迎接拇指姑娘，她就要跟他生活在一起，住在深深的地下，永远也见不到温暖的阳光了，因为他不喜欢太阳。可怜的小姑娘非常难过，因为，她现在不得不向那明亮的太阳做永久的告别！她跟田鼠住在一起的时候，还能得到许可在门口向外望。

“再见了，明媚的太阳！”她说着，泪流满面。她又向田鼠的屋外走了几步，大麦已经收割了，只剩下干枯的茬子。“再见，再见！”她又重复地说。然后，她用双臂抱住一朵还在开着的小红花说：“假如你看到那只小燕子，请你代我问候他。”

“嘀丽，嘀丽！”就在这时，一个声音在她的头顶忽然响起，她抬头一看，正是那只小燕子飞临这里，他一眼就看到了拇指姑娘，他那矫健的身姿，箭一般地冲到她身边。拇指姑娘破涕为笑，她太高兴了！她告诉他说，她多么不愿意嫁给那个土豪一样的鼹鼠，她不愿住在深深的地下，她不愿过暗无天日的日子。说着说着，她又忍不住哭起来了。

“寒冷的冬天要到来了，”小燕子说，“我要飞得很远，飞到温暖的国度去。你不愿意过暗无天日的生活，就跟我走吧，你骑在我的背上，你用腰带把自己系牢。”“是的，我要跟你走！”拇指姑娘说。于是，她坐在燕子的背上，把脚搁在他展开的双翼上，用腰带把自己紧紧地系在他最结实的一根羽毛上。

“我带你离开这只丑陋的鼹鼠，你不属于他，甜蜜的小拇指姑娘，当我在那个阴冷的地洞里冻得僵直的时候，你救了我的生命！”燕子带着拇指姑娘飞向空中，飞过森林，飞过大海，飞过高高的常年积雪的大山。在寒冷的高空中，拇指姑娘冻得抖起来，好在她可以钻进燕子温暖的羽毛里，她只把小脑袋伸出来，欣赏下面的壮美风光。

他们飞到了温暖的国度，这里天空格外明净，因此也就显得格外高，太阳也显得格外明亮。田地里，稻谷弯着腰，篱笆上挂满了绿色和紫色的葡萄，树林里随处都悬着柠檬和橙子，空气中飘着桃金娘和麝香的气味。许多可爱的小孩子在路上跑来跑去，跟一些颜色鲜艳的大蝴蝶追逐嬉戏。

这还不是终点，经过休整，燕子们又起飞了，越飞越远，而风景也越来越美丽。在一汪碧蓝色的湖畔有一丛最可爱的绿树，一幢白色的大理石砌成的古代宫殿就矗立在这里。葡萄藤缠着许多高大的石柱生长着，它们的顶上有许多燕子巢穴，其中有一个巢穴就是带着拇指姑娘飞行的燕子的住所。

“这就是我的家，”燕子说，“下面长着许多美丽的花，你可以选择其中的一朵，我送你住在上面，怎样住得舒适，你就怎样住。”

“好极了！”她拍着一双小手说。

那儿有一根倒在地上的大理石柱，巨大的躯体跌成了几段，在断柱的中间生长着一株最美丽的白色鲜花。燕子带着她飞下来，把她放在花的一片宽阔的花瓣上，她显出惊奇的表情，因为她看到花朵中央坐着一个小小的男子！他白皙、晶莹，好像是玻璃做成的，头上戴着华丽的黄金王冠，肩上长着一对发亮的翅膀，他并不比拇指姑娘高大。他是花中的天使。每一朵花里都住着这么一个小小的男子或女子，而他却是大家的王子。

“天啊！他多么美啊！”拇指姑娘对燕子低声说。王子很害怕这只燕子，因为面对庞大的燕子，他显得那么弱小。不过，当他看到拇指姑娘的时候，马上变得高兴起来。到目前为止，她是他看到的最美丽的姑娘，因此，他从头上取下黄金王冠，戴到她的头上，问她的名字，请求她嫁给自己，成为花的皇后。只有这位王子才配成为她的丈夫，那是癞蛤蟆的儿子和那只穿大黑天鹅绒袍子的鼹鼠无法比的！因此，她就对王子说：“我愿意！”这时，许多花里的小人儿都走出来，他们都那么可爱，那么幸福，他们每人送给未来的王后一件礼物，其中最好的礼物是从一只大白蝇身上取下的一对翅膀，他们把这对翅膀安到她的背上。现在，她就可以在花朵之间飞来飞去了。这时，大家都欢呼起来。燕子坐在自己的巢里，为他们唱出他最拿手的歌曲，然后，在他的心里涌出了一丝遗憾，他也那么喜欢拇指姑娘，但是，他与她并不是同类，他只有祝福她了！

“你不应该再叫拇指姑娘了！”花的天使对她说，“这个名字太普通了，配不上你的美丽，从今以后，我们要称呼你：玛丽娅！”

“再见吧，再见吧！”那只小燕子说。他又从这温暖的国度飞走了，飞回到很远很远的丹麦去。在丹麦，他在一个会写童话的人的窗子上筑了一个小巢，他对这个人“嘀丽，嘀丽”地歌唱，这整个故事就是从他那儿得来的。

丑小鸭

到了夏天，乡村会变得非常美丽！田野里到处是金黄色的小麦和绿油油的燕麦。绿色的牧场上，准备过冬的干草堆成垛，鹳鸟迈开又长又红的细腿在水塘边散步，口中不时地冒出从妈妈那儿学到的语言。田野和牧场的周围还有片大森林，田野、牧场、森林、池塘共同构成了乡间非常美丽的景象。

一幢洒满阳光的老式房子，坐落在美丽的乡村，周围流淌着几条不浅的溪流，从墙角一直延伸到盖满了牛蒡大叶子的水塘里。有些大的叶子长得很高，小孩子可以直着腰站在叶子下面，很像大人站在树下一样。不过，这儿多少有些荒凉，因此，有一只母鸭在这里筑巢。这些天，她几乎不离开自己的窝，为了把她的几个小鸭都孵出来，她忍饥挨饿，已经疲惫不堪了。她坐窝时很少有客人来看她，那些鸭子都愿意在溪流里戏水和捕食鱼虾，不愿意跑到牛蒡下面和她聊天。

她寂寞地坚守在窝中，直到那些鸭蛋发出“啪啪”的声响，小鸭子一个接着一个破壳，一个个把小脑袋从蛋壳里伸出来。

母鸭“嘎嘎”叫着，小鸭子也跟着“嘎嘎”地叫起来。他们在绿叶子下面向四周张望，妈妈很高兴让他们东张西望，因为他们开始用自己的眼睛了解这个世界了。

“这个世界真够大！”这些年轻的小家伙说。的确，比起他们在蛋壳里的时候，他们现在的天地不是同日而语的，真是大得难以想象。

“你们以为这就是整个世界？”妈妈问，“这地方一直延伸到花园的另一边，又一直延伸到牧师的田里也没到头，很远很远，我自己都没有去过，但是，现在不能带你们远行，因为你们中还有一个没有出来呢！你们看，这只最大的蛋还躺在窝里没有动静，不知他还得躺多久，我真是有些着急。”于是，她又卧在窝里，已经出来的孩子围在她的旁边。

“喂，孩子的情况怎样？”一只来拜访她的老鸭子问。

“还有一个没有孵出来呢，费了很多时间啦！”卧着的母鸭说，“就是这个一直没有裂开。你看看已经出生的吧，他们真是一些让人喜爱的小鸭子，长得都像他们的爸爸。”

“这个老是不裂开的蛋，让我瞧瞧吧。”年老的鸭子一边说着一边凑近观看，“鸭子妈妈，请相信我的判断，这是一只吐绶鸡的蛋！我曾经被骗过，历经了更多的日子，终于孵出来了，结果你知道吗？那个小家伙一出来就个大，嘴尖而长，向下弯，脖子上还坠着红色的肉瓣，连水都不敢下。出来前不知道给我添了多少麻烦和苦恼，可他一出来，扇扇翅膀就跑了，连水都没下去过。这就是一只吐绶鸡的蛋！让他躺着吧，你别为他操劳了，带着出世的孩子去水里吧，孩子需要你带他们学会游泳，学会捕食鱼虾。”

“我还是在这儿多给他一些温暖吧！”鸭妈妈说，“我已经孵化他这么久，放弃他太可惜了，我能感觉到他生命的脉动，他会破壳而出的。”

“那你就自己做主吧！”老鸭子不太高兴地告辞了。

“啪、啪、啪”，一星期后，这只大蛋终于裂开了！新生的这个小家伙又大又丑，叫着向外面爬。“他是什么呀！”鸭妈妈吃惊地瞧着他说，“这个小鸭子大得怕人，他不太像别的小鸭子，真有些与众不同，但是他绝对不是小吐绶鸡！”于是，鸭子妈妈想好了一个办法，“明天把他放到水里去，就知道他到底是鸭子还是吐绶鸡。”

第二天，天气晴朗，老房子周边明亮而美丽，阳光洒在绿色的牛蒡叶上，一片亮绿耀人眼睛。鸭妈妈带上她所有的孩子来到溪边。“扑通”一声，她跳进水里。“嘎！嘎！”她高昂着头，朝孩子们叫着。于是，小鸭子就学着妈妈，一个接着一个跳下去，连那个丑陋的灰色的大家伙也跟着跳下去了。水瞬间淹没了他们，不过，他们的头马上又冒出水面来，一双双小脚丫在水中灵活而欢快地划着水。他们都下水了，没有一个畏水的，鸭妈妈觉得他们都是好样的。

“哈，他决不是一个吐绶鸡的后代！”鸭妈妈还是最关注那只最后出生的大家伙，她心想，“看看他划水，灵活又稳健，高昂着头，身体在水面平稳地滑动，很有些高雅的气质！他是我亲生的孩子，如果仔细地看，他长得还蛮漂亮的。”

“嘎、嘎，跟我来吧，我要带你们到更大的世界看看。先带你们去养鸡场看看，你们要紧跟着我，那儿有只馋嘴的猫要格外当心，还要小心避免别人踩着你们。”

在鸭妈妈的带领下，他们来到了养鸡场，场里面传出了似乎是争斗的喧闹声，小鸭子们跟着妈妈看到了两个鸡群为争夺鳝鱼头而争斗，猫趁鸡群争斗时，掠走了鳝鱼头。

小鸭子们在这里上了生活的第一课。“你们瞧瞧，外面的世界就是这个样子！”鸭妈妈说着，嘴角也流出了一点涎水，因为，她也特别想吃那个鳝鱼头，她饿了很久了。“从现在开始，你们要打起精神，努力培养你们的能力了，有了能力，才能获得美食！”她又告诫孩子们，“你们如果看到那儿的老母鸭，她的腿上绑着红布条——那个布条是件难得的东西，也是鸭子一生可能得到的最大的荣耀！她有西班牙的血统，人很宠爱她，所以，她长得非常胖。见到她时，你们得把头低下来，以表示对这儿最有声望的人物的尊重。打起精神来吧！学着爸爸和妈妈的样子，伸直腿，不要蜷缩着腿，有很好教养的鸭子走路总是要把腿摆开的。”小鸭子们学着妈妈的样子，把腿摆得很开，走进了老母鸭的领地。“现在你们把头低下来，一起说‘嘎’！”鸭妈妈教孩子们这样做。

小鸭子们这样做了，那里有许多鸭子站在旁边看着，同时大声地说：“瞧！这一群是又来的一批找东西吃的客人，好像我们这的鸭子还不够多似的，呸！瞧那里还有只那么丑的小鸭子，我们真看不惯！”

于是，就有一只鸭子飞过去，在丑小鸭的脖子上啄了一口。

“请你们不要教训他，”鸭妈妈说，“他并没有伤害任何人呀！”

“是的，他没有伤害谁，不过他长得又大又笨，一点不像我们鸭子，真给我们鸭子丢脸！”啄他的那只鸭子说，“因此，他必须要受到惩罚！”

“那个母鸭的孩子都很漂亮，”腿上有一条红布的母鸭说，“他们都很漂亮，只有一只是例外，这挺可惜的，我真希望你能把他再孵化一次，让他变漂亮。”

“那可不是我能做到的了，太太，”鸭妈妈回答说，“他不好看，但是他有个好脾气，还有个好心眼，总是与人为善。他游起水来决不比别人差，我甚至可以说，他游得比别人更好！我相信他会慢慢长漂亮的，或者到适当的时候，他就不会再往大长了，因为他在蛋里躺得太久了，所以模样有点不太自然。”鸭妈妈说着，同时，又用嘴把他脖子上的羽毛梳理整齐。“此外，他还是一只公鸭呢，身体很结实，将来总会找到自己的出路的，所以，他不会拖累别人，更不会给别人带来麻烦。”

“别的小鸭倒很可爱，”老母鸭说，“你在这儿不要客气，如果你找到鳝鱼头，请把它送给我好了。”

鸭妈妈用自己的奉献给孩子们带来了安稳的生活，小鸭子们在这儿就像在自己家里一样。鸭妈妈每天把找到的鳝鱼头都送给了老母鸭。

不过，从蛋壳里最后爬出的那只小鸭太丑了，到处受到讥笑、排挤，有时还会受到攻击，被打得到处躲。他不仅在鸭群中是这样，连在鸡群中也受到这样的待遇。

“他真是又大又笨！”大家都说。有一只雄吐绶鸡，生下来脚趾就是分开的，因此，他自以为是一个皇帝，他把自己鼓得像一艘风帆船，瞪着一双大眼睛，脸涨得通红，气势汹汹地走向丑小鸭。这只可怜的丑小鸭有些六神无主了，不知道是该站在那，还是赶紧跑开。这只是第一天的情形，后来的情况一天比一天糟，大家都要赶走这只可怜的丑小鸭，连他自己的兄弟姊妹也开始抱怨说：“你这个丑八怪，真希望猫把你抓走！”

鸭子啄他，小鸡打他，喂鸡鸭的那个女佣人也用脚踢他，于是，妈妈也很无奈地对他说：“你离开这里吧，走得远远的，只有这样才能不被欺负！”

他心里觉得非常悲伤，因为自己长得那么丑陋，而成了全体鸡鸭嘲笑和欺负的对象，于是，他伤心地飞过篱笆，逃走了。他来到灌木林中，小鸟一见到他就惊慌地向空中飞去。“这是因为我太丑了！”丑小鸭想。于是，他闭起眼睛，继续往前跑，一口气跑到一块有野鸭居住着的沼泽地。他在这儿躺了一整夜，因为太伤心了，也太累了。

天亮的时候，野鸭都瞧了瞧这位新来的朋友。“你是谁呀？”他们问。丑小鸭一会儿转向这边，一会儿转向那边，尽力给大家恭恭敬敬地行礼。“你真是长得很丑！”野鸭们说，“不过，只要你不跟我们族里任何一只母鸭结婚，对我们倒也没有什么大的危害。”可怜的丑小鸭只希望野鸭子能准许自己躺在芦苇里喝点沼泽的水就够了，哪还有心思想什么结婚的事呀！

丑小鸭在那儿躺了整整两天。后来，有两只从蛋壳里爬出来还没有多久的大雁飞来了，他们是两个顽皮的男孩。“听着，朋友，”他们对丑小鸭说，“你丑得可爱，连我都禁不住要喜欢你了，跟着我们做一只候鸟吧，和我们一块儿飞走，不远的地方也有一块沼泽地，那里有好几只活泼可爱的大雁，她们都是女孩，都会说‘嘎’！你这个丑小鸭，也许在她们那儿能碰到好运气呢！”

“啪！啪！”突然传来一阵枪声，天空中这两只公雁被击中，掉落到芦苇丛里，死了，血把水染得鲜红。“啪！啪！”又是一阵枪声，整群的大雁都从芦苇里飞起来，于是，又是一阵枪声响起来，天空中又有大雁掉落下来。原来，猎人们在大规模地猎杀大雁，他们都埋伏在沼泽地的周围，有的人甚至坐在伸到芦苇上空的树枝间，枪管中冒出的蓝色烟雾像云块似的笼罩着黢黑的树，又慢慢地在水面上向远方飘去。这时，猎狗都“扑通、扑通”地在泥泞里向落雁的地方跑过去，灯芯草和芦苇随着猎狗的移动向两边倒去。这可是丑小鸭来到世界上第一次遇到的血腥而恐怖的事，他蜷曲在芦苇丛中，把头藏在翅膀里。更可怕的事情来了：一只骇人的大猎狗来到丑小鸭藏身的地方，猩红的舌头从嘴里伸出很长，眼睛发出凶恶的光，鼻子在丑小鸭的身上不断地嗅着，尖锐的牙齿露在外面，丑小鸭吓得连大气都不敢喘，浑身颤抖不止，不过，猎狗又“扑通、扑通”地跑向别的地方，并没有把他当作猎物抓走。

“啊，谢天谢地！”丑小鸭终于舒了一口气，随后又沮丧地想：“看来我真的很丑，丑得连猎狗都不愿吃掉我！”

他悄悄地伏在那里，枪声还在芦苇的周边响着，子弹一颗接着一颗地从猎人的枪口射出，直到天快黑的时候，四周才静下来。可是，这只可怜的丑小鸭还是不敢站起来。又等了好一阵子，他才敢把头抬起来向四周张望。猎人离开了，四周恢复了宁静。于是，丑小鸭撒开两腿拼命地跑出沼泽地，向田野奔去。晚上的风很大，他迎着风跑起来很吃力，加上饥饿和害怕，他感到路程太遥远了。

黑色慢慢地盖满了大地，丑小鸭跑到了一个残破不堪的农家小屋旁。狂风在田野和空中呼号，破败的农家小屋似乎要在狂风中倒下去，他不知会倒向何方，只好面对着小屋坐下来。风越吹越猛，屋门在风中不断地摇摆，门上的铰链开始松动，门也倾斜了，露出了很大的缝隙。丑小鸭完全可以从缝隙钻进屋子，于是他便冒险钻了进去。

屋子里有些光亮，丑小鸭躲在角落里细心观察，他看到一个老太婆、一只猫，还有一只母鸡。老太婆很喜欢这只猫，她把猫称作“小儿子”，“小儿子”能把背弓得很高很高，发出“喵喵”的叫声，老太婆倒着捋他身上的毛时，会发出“嘶嘶”的声响，并迸出火花。母鸡的腿又短又小，因此，老太婆叫她“短腿鸡”，她生下的蛋又多又好，所以，老太婆像喜欢自己的亲生孩子一样喜欢她。

第二天早晨，他们马上注意到了这只来历不明的丑小鸭，那只猫开始“喵喵”地叫，那只母鸡也“咯咯”地喊起来。“这是怎么一回事？”老太婆问道。她同时朝四周看，因为她眼花，所以，她把丑小鸭看成了一只肥肥胖胖的大鸭子。“也许是走错了路，才跑到这儿来的，这真是少有的运气！”她说，“现在我可以有鸭蛋了，希望不是一只公鸭子，慢慢地我们会弄个清楚！”

就这样，丑小鸭就被留了下来，在这里接受一段时间的考验，可是他什么蛋也没有生下来。那只猫像是这家中的绅士，那只母鸡像是这家中的太太，因为他们认为，自己拥有这里的半个世界，而且还是最好的半个世界，所以他们对丑小鸭说：“这里是我们的世界！”丑小鸭并不认同他们的看法，但是，母鸡不喜欢他的这种态度。

“你能够生蛋吗？”母鸡问。

“不能！”丑小鸭回答。

“那你就不要在这里发表自己的看法。”母鸡说。

猫说：“你能弓起背，发出‘喵喵’的叫声和迸出火花吗？”

“不能！”丑小鸭回答。

“那么，当有理智的人在自己的世界里讲话的时候，外来人就没有发表意见的必要！”猫说。

丑小鸭又躲回了墙角，他从不想与他人争斗，可是在哪都会受到排挤，他的内心感到非常压抑。这个时候，他总会想起新鲜空气和阳光，他总会产生一种奇怪的渴望，他想一头扎到水里，尽情地游泳。

最后，他鼓起勇气，把自己的渴望对母鸡说了出来。

“你这是什么古怪念头？”母鸡问，“你真是无事可干才有这样的怪念头！你只要学着我好好生几个蛋，或者学着猫‘喵喵’地叫几声，这些怪念头就不会有了。”

“可是你真的不知道，在水里游泳是多么痛快的事情呀！”丑小鸭说，“把头埋在水里，向下一钻，全身都浸在冰爽的水中，真痛快呀！”

“那能痛快吗？”母鸡说，“把自己搞得湿淋淋的，让人嘲笑你是落汤鸡，你简直在发疯。去问问猫吧，他是我认识的朋友当中最聪明的一个，你看他喜欢不喜欢游泳或者钻进水里。或者你去问问收养你的主人老太婆吧，她是世界上最聪明的人！她决不想去游泳，让水漫过她的头顶。我根本就不喜欢你的想法，无论你是否听我的意见。”

“你们真的并不了解我。”丑小鸭说。

“我们不了解你，那么还能有谁了解你呢？你决不会比猫和女主人更聪明吧？当然，我先不提自己。孩子，你现在得到我们照顾，你应该感谢我们。在这个温暖的屋子里，有了朋友，而且还可以向我们学习生蛋，或者‘喵喵’地叫，或者迸出火花，不是吗？不过你是一个废物，什么都做不了，跟你在一起很不痛快！我对你说这些不好听的话，完全是为了帮助你，你以后会明白谁是你真正的朋友！”母鸡有些气愤地说。

“我从心里感谢你们，感谢你们收留我，帮助我！但是，我还是要去我应该去的地方。”丑小鸭说。

“好吧，那你就去吧！”母鸡说。

于是，丑小鸭就离开了这里，来到他喜欢的地方。他一会儿在水上游，一会儿又钻到水里去。不过，因为他的样子丑，所有的动物都不喜欢他。秋天来了，树林变得越来越美丽，绿色、红色、金黄色的叶子交织在一起，像画家精心绘制的画卷。但是，冬天来得也很快，黑沉沉的云块载着雪花，低低地悬在那里。乌鸦把身体蜷在树枝上，冻得“啊啊”乱叫，动物们都在做过冬的准备，寒冷一天天逼近了。可怜的丑小鸭还没有找到一个舒适的过冬的地方。

一天晚上，当太阳西落，阳光洒满美丽云霞的时候，有一群漂亮的大鸟从灌木林里飞出来，丑小鸭从来没有看到过这样美丽的大鸟，他们羽毛洁白，颈项修长而柔软，他们是一群天鹅！他们发出一种奇妙的叫声，展开美丽的长翅膀，排出整齐的队伍，一路向南，飞向温暖的国度，飞向不结冰的湖泊。

他们飞得真高呀！高得身体都变得很小很小，丑小鸭不禁感到一种说不出的快乐，他在水面像个车轮似的旋转着，不停地扇动着翅膀，同时，把自己的颈项高高地朝着他们伸着，发出一种响亮的叫声，连他自己也为自己的叫声感到奇怪。啊！他从此再也忘不了这群美丽的大鸟。“他们多幸福呀！”丑小鸭想。当他们在空中消失后，丑小鸭就一头扎入水底，心中充满忧伤，当他冒出水面时，忧伤依旧伴随着他。他不知道这些鸟的名字，也不知道他们要飞向什么地方，但是，他从心底喜爱他们，这种喜爱是他从来没有体验过的，他羡慕他们，但并不嫉妒他们。他不敢梦想像他们一样美丽，可怜的丑小鸭只希望别的鸟准许他和他们在一起就心满意足了。

冬天越来越冷，非同一般的冷！丑小鸭不得不在水上游来游去，免得水面完全冻结成冰。他能游动的地方越来越小，冰冻一晚比一晚扩大，夜里人们可以听到冰块的冻裂声。丑小鸭用他的双脚不停地划动，免得脚下的那点水完全被冰封闭，最后，他疲惫地倒下了，寒冷把他跟冰块结在了一起。

第二天清晨，一个农民经过这儿，他看到了这只大的鸭子，就走过去，用农具把冰层砸破，然后抱起这只像鸭又不像鸭的东西，把他带回家，送给他的妻子。这个时候，丑小鸭也渐渐恢复了知觉。

小孩子们很喜欢他，都想跟他玩，可是，一直没人喜欢的丑小鸭害怕他们伤害自己，忙乱中一跳，就跳进牛奶盘中去了，把牛奶溅了一桌子。家中的主妇吃惊地叫起来，这一叫，又把丑小鸭吓得乱飞乱跳，掉到黄油盆里又飞出去，然后又掉进面粉桶里，最后，不知是自己爬出来的，还是孩子们把他拖出来的。家庭主妇手中举着火钳，迟迟没有落下，她看着这个小家伙狼狈的样子，自己也笑了。孩子们看着他的样子，又是笑，又是叫，挤成一团，想抓住这个狼狈的丑小鸭。幸好在孩子的争抢中，丑小鸭得以脱身，大门是敞开的，他快速地跑进灌木丛中，钻进雪里，心跳太快几乎让他昏倒，他伏在雪里，很久才冷静下来。

这个严冬之前，他在别人的嘲笑和排挤中成长，但他并不记恨他们，离开他们时又因为孤单而想念他们，尤其想念鸭妈妈和那群哥哥姐姐。严冬中，孤独的丑小鸭忍受着饥饿和寒冷，艰难地活了下来。当春天的太阳让大地重新温暖的时候，他长大了，他不再需要任何帮助，他可以自食其力了。饱餐之后，他躺在沼泽地的芦苇丛里，享受着春天温暖的阳光。

有一天，他想再去看看外面的世界，于是他举起翅膀奋力地扇动，有力的翅膀很快就把他带到了天空——一个他无法想象的世界！沼泽地和芦苇丛变小了，消失了。当他不想再飞的时候，就不再扇动有力的翅膀，随后落到一座美丽的大花园里。花园里，苹果树开着牛乳般的花朵，紫丁香散发着紫色花朵的幽香，垂柳又长又绿的枝条垂到弯弯曲曲的溪流上……“啊，多么美丽呀，春天的家就在这里吧！”丑小鸭由衷地发出赞叹，在他的叹息声中，有三只美丽的白天鹅从树荫里游出，游到他的面前，他们优雅地浮在水面上，羽毛洁白，如同冬日的雪花。丑小鸭认得这些美丽的动物，他们就是冬日里的那些天鹅！于是，丑小鸭心里产生一种既难过又高兴的感情。

“我要飞向他们，飞向那些美丽的大鸟！虽然我很丑陋，但是我还是要接近他们，即使他们不喜欢我，我也要去！”于是，丑小鸭飞到水里，向这些美丽的天鹅游去。这些天鹅看到他，马上就向他游来。“你们能接受我吗？”丑小鸭把头低低地垂到水面，低声地说。“你是一只曾经在天鹅蛋里待过的天鹅的后代，就算你是鸭妈妈孵化的，你依旧是天鹅的后代！在这清澈的水面上，你看看自己的倒影，你不是一只灰色的、丑丑的鸭子，你是一只天鹅，是我们的后代！”一群大天鹅一边说着，一边围在他身边亲吻他。

丑小鸭看了看自己的倒影，他的羽毛雪白，脖子修长而柔美，过去的不幸和苦恼在这一瞬间都消失了，他为自己的美丽而高兴，他更为自己是一只美丽的大天鹅而自豪！不过，这时他倒想起了鸭妈妈和那群哥哥姐姐，不知道他们现在怎样了。

花园里来了几个小孩子，他们向水上抛来许多面包片和麦粒。最小的那个孩子喊道：“你们看，有一只新天鹅！”别的孩子也兴高采烈地叫起来：“是的，又来了一只新天鹅！”于是，他们拍着手，高兴地跳着，把手中更多的面包和糕点抛到水里。他们也把新来了一只美丽天鹅的事告诉了爸爸妈妈！

水面上，那些老天鹅也把丑小鸭推向岸边，好让人们尽情观赏、赞美这只历经苦难而蜕变得如此美丽的年轻的天鹅！老天鹅们躲在远处，看着这只沉醉在幸福中的天鹅，他们真诚地为这只历经苦难而回来的天鹅感到高兴。

丑小鸭此时的确感到幸福，但他并不感到骄傲，因为他曾经被人排挤、讥笑，那些时光，他也享受过温暖的阳光，闻到过花香，更何况还有鸭妈妈的养育、哥哥姐姐的陪伴！现在，大家都说他是美丽的鸟中最美丽的一只，紫丁香在他面前释放出浓郁的花香，太阳也显得格外明亮。“当我还是一只丑小鸭的时候，做梦也没有想到幸福就来临了！”丑小鸭想，“不过，我不会骄傲，明年我会飞回出生的地方，看望我的鸭妈妈，看望我的哥哥姐姐，看望我接触过的朋友们。”

看门人的儿子

这是一座有院子的小楼，是将军家的住所，将军一家住在二楼，看门人一家住在地下室里，他们在同一个屋檐下，面向同一个院子和同一条街道，但是两家的距离整整相隔一层楼。院子里有一块草坪和一棵开花的槐树，槐树开花的时候，树下常常坐着一位穿着很干净的保姆和一位穿着很漂亮的孩子——将军的女儿小艾米丽。

看门人的孩子长着一对棕色的大眼睛和一头黑发，他常常在她们面前光着脚丫跳舞，这位小姑娘看他跳舞时常常高兴地对他笑，一双小手也向他挥动。将军从窗中看到这情景，就点着头说：“很好！”将军的夫人很年轻，她从来不喜欢站在窗前观看外面，她明确地告诉过陪护小艾米丽的保姆，住在地下室里看门人家的孩子可以在她女儿面前玩耍，但是决不能触碰她，保姆严格地遵守着夫人的告诫。

槐树开出花来，又随着时间凋谢了，阳光照着住在楼上的人，也照着住在地下室里的人。第二年春天，槐树又开出花来，看门人的小儿子那快乐的脸庞也像是一朵绽放的鲜花。

将军的女儿皮肤细嫩白皙，像才开出的槐树花的花瓣。这个春天，她很少到槐树底下来，她总要跟着妈妈坐上马车出行，去享受春天原野上清新的空气。在路上，她一看到看门人的儿子乔治，就会对他点点头，用手给他一个飞吻，直到后来她的妈妈告诉她说，她的年龄已经够大了，不能再做这类事了。

有一天上午，乔治把门房里收到的信件和报纸送给将军，他爬上楼梯，经过一个房门的时候，听到里面有一种“扑扑”的声响，他感到奇怪，就打开了门，他看到穿着缀着花边衣服、神情紧张的将军的小女儿，还看到烟雾，还有灼人的热气。小乔治急忙打开烟雾窜出的套间门，金丝绒的窗帘在窗前燃烧，木制的窗帘杆也吐着火焰，乔治冲向火，奋力跳起，一把将燃烧的窗帘连同窗帘杆扯下来，把火踩灭。要不是乔治到来，恐怕整个房子也要烧起来了。

“你不要告诉我的爸爸和妈妈，他们知道就会生气的！”小艾米丽说。乔治点点头，和小艾米丽离开了那里。乔治把报纸和信件交给将军后就回去了。

事情最终还是败露了，在将军和夫人的追问下，小艾米丽说出了实情，她本来就不是一个说谎的孩子。

“我只是划了一根火柴，”她说，“可是窗帘马上就燃起来了，我吐唾沫想把火熄灭，但是唾沫不够多，我就跑出来，躲开了火，因为怕爸爸妈妈生气，我也不敢喊。”

“吐唾沫！”将军说，“这是很粗鄙的字眼，你什么时候听到爸爸妈妈说过这样的字眼吗？一定是你跟楼底下的人学的。后来火是怎样灭的？”小艾米丽说出了后来的实情。

乔治得到了一个铜币，他没有把这钱花在面包店里，而是把它塞进储藏盒里。过了不久，他就有了更多的铜币。他买了一盒颜料，开始学画彩色画，那些画好像是从他的笔下直接跳出来似的，他有绘画的天赋，很快他就画了很多画，他把最初画的几幅彩色画都送给了小艾米丽。

“好！”将军说。将军夫人也承认他画得不错，然而，她一眼就能看出这个小家伙的意图。看门人的妻子在地下室的家中夸赞儿子说：“你有绘画的天分！”

将军和他的夫人都是有身份有地位的人，他们的车子上绘着两个族徽，各代表一个家族。夫人的每件衣服上都有一个族徽，睡衣上、帽子上也有，她的族徽很昂贵，是她的父亲用大把大把的金币买来的，因为他出生时家里并没有族徽。她出生比父亲买族徽早了七个年头，许多人都还记得这件事，但是夫人和她的家人却从不说族徽的来历。将军的族徽是年代久、个头大的那种，像个小盾牌，压在瘦弱的人肩上能把骨头压断，两个差不多的族徽当然就更重了。有一次，夫人生硬而庄严地带着沉重的族徽去参加宫廷舞会，她的肩膀就出了问题。

将军是一个头发灰白的老年人，马骑得很好，这点他自己很清楚，所以，他每天骑马外出，并且叫马夫与他保持着相当的距离，跟在后面，这样更显得他独立而高贵。他去参加晚会时，行走的模样也像骑在一匹高头大马上，他在胸前戴着很多勋章，多得让人莫名其妙。这也不能怪他，年轻的时候，他在军队服过役，而且还参加过一次盛大的秋季演习——和平时期举行的演习。从那时起，他就常常向人们讲关于自己的故事：演习中，他属下的军官率领士兵，在中途抓获了一位王公及其率领的士兵。将军让被俘的王公和他的士兵跟在自己的马后，由自己的士兵押解进城。进城后，将军在还给王公佩剑时说：“只有我的部下有能力俘获阁下及阁下的士兵，我本人是决不会成为俘虏的！”王公回答说：“在这个世界上，再也找不到第二个像您这样伟大的将军了！”这真是将军一生中最值得骄傲的事，多少年来，将军有机会就对别人讲这个故事。

其实，将军并没有参加过战争，国家遭遇战争的时候，他改行做了外交官，先后作为国家使节到过三个国家。在前面我们讲过，他马骑得很好，做外交官是因为他法文讲得很好，使得他几乎把本国的语言忘了。他还有一个特长，就是舞跳得非常好，他会在胸前挂许多勋章踏进舞场，警卫真心地向他敬礼，这个特长和独特的装扮方式还给他带来了一位非常漂亮的妻子——一个美丽的女子被他的舞姿和胸前的勋章吸引，愿意成为他的妻子，而且她是那么年轻。后来，将军举办了隆重的婚礼，再后来他们有了一个很美丽的孩子小艾米丽。她的美丽，让人觉得她是从天上降临人间的天使。小艾米丽开始会玩耍的时候，看门人的孩子小乔治就在院子里给她跳舞，后来小乔治学会了画画，还把许多彩色画送给她，她还小，把这些画摆弄够了就撕掉了，小乔治并不在乎，因为她那么美，那么可爱！

“我的玫瑰花蕊！”将军的夫人说，“你天生就是为了一个王子而存在的！”人们往往不能预见到更远的事情，也许那个王子已经朝这里走来，站在门口，但是人们却不知道。

“两天前，小乔治把黄油面包分给小艾米丽吃，”看门人的妻子说，“那是没有干奶酪，也没有肉的普通面包，可是小艾米丽吃得很香，像是吃烤牛肉一样。将军和夫人如果看到小艾米丽吃这种食物，一定会生气的，但是他们没有看见。”

小乔治是个好孩子，他真心地把黄油面包分给小艾米丽吃，只要能让她高兴，他什么事都愿意为她做。

聪明又活泼的小乔治，现在在美术学院的夜校学习绘画。小艾米丽跟保姆学讲法语，还有一位老师教她跳舞。

“到了复活节的时候，乔治就应该受坚信礼了！”看门人的妻子说，“乔治已经十三岁了。”

“他该去学一门手艺了，”看门人说，“当然要学一门好手艺，这样，他就能保证自己独立的生活了。”

“乔治是个不挑食的孩子，有一两个熟马铃薯吃，他就很高兴了，不过要找到一个有地方给他住的师傅是不容易的，他只能受点累，晚上回家住。乔治学画画也并不花钱，让他自己选择吧。”看门人的妻子说，“我还要给乔治做衣服。我相信那位教授说的话，将来乔治会带给我们很大的快乐和安慰。”

很快，受坚信礼穿的新衣就缝制好了。“做零活的裁缝裁得很好。”看门人的妻子说，“如果他能有一个门面和伙计的话，凭他的手艺，完全有资格为宫廷里的人做衣服。”

受坚信礼的衣服准备好了，坚信礼仪式也准备好了。受坚信礼这天，乔治从自己的教父那里得到了一个黄铜表。教父是个做生麻生意的商人的伙计，算是富有的人。这是只经受过考验的很旧的表，走得很快，在乔治看来，这比走得慢要好，反正这是一件很贵重的礼品。将军家里送来一本用熟好的皮革装订的《圣诗集》，是小艾米丽赠送的，和乔治赠送她图画一样，书的扉页上写有他和她的名字，还写着“祝你心想事成”的祝福语。这是由夫人亲口说，别人代笔写下来的。将军仔细看了一遍，说：“好极了！”

“地位显赫的将军和高贵的夫人真是瞧得起我们！”看门人

的妻子说，“乔治得穿上受坚信礼的衣服，拿着那本《圣诗集》，亲自到楼上去答谢将军和夫人。”

乔治来到楼上，看到将军夫人穿着许多衣服，又害起恶性的头痛病来，乔治知道，夫人又厌烦单调乏味的生活了。她对乔治的态度还好，既祝福一切如意，又希望自己的病不再犯。将军穿着睡衣，但是头上却戴着有缨穗的帽子，脚上套着俄国式的酱色长筒靴。他好像有许多感想和回忆，在屋里来来回回走了三趟，然后站住说：“小乔治现在成了一个基督徒！祈祷上帝让你成为一个诚实的、尊敬长辈的人吧！等到你老的时候，你可以对他人说，这句话是将军教给你的！”说完，将军表现出很庄严的表情，也许是因为这应该是他平生所做的最长的演说！之后，他又返回到最常有的状态——沉默寡言。在这次拜访中，乔治脑子里装得最多的是小艾米丽，她多么轻盈、娇嫩、可爱、温柔啊！如果画她，那就要用晶莹剔透的肥皂泡做画纸。她的衣服、金色的秀发是那么美丽，全身散发出的像开满鲜花的玫瑰树般的少女气息沁人心脾。他又想起了曾经把自己的黄油面包分给她吃的事，她吃得津津有味，吃一口还对他点头，示意好吃。“她现在还能记得这件事吗？”他想，“她一定会记得，不然她为什么要送我一本美丽的《圣诗集》作为纪念呢？”

新年过后，新月在天空第一次出现，乔治怀抱着《圣诗集》、面包，装着一枚银币来到户外，他把银币的正面当作自己，反面当作小艾米丽，银币在手中晃动，展开手银币是正面，他就随意打开一页，看看自己会遇到哪一首诗，他遇到一首赞美和感恩的诗；银币出现反面时，他代替小艾米丽又翻开书，看小艾米丽会遇到一首什么诗，他很小心地估计着不要翻到与死亡相关的部分，但是他还是翻开了关于死和坟墓之间的一页。“这类预测是不值得相信的！”他自我安慰地想，但是他心里还是很害怕。不久，小艾米丽就病倒了，每天中午，医生的车子都停在院子里。

“医生也留不住她了！”看门人的妻子说，“上帝知道应该把什么样的人收回去。”

然而，小艾米丽却留下来了！乔治把画好的画送给她，一张画里画了沙皇的宫殿——莫斯科的克里姆林宫，画得逼真极了，有尖塔，也有圆塔。在小艾米丽看来，样子很像绿色的黄瓜和金色的南瓜，她非常喜欢，因此一星期里，乔治又送给她几张画建筑物的画，小艾米丽的心情也一天比一天好了。

其中一张画画了一幢很独特的中国式楼房，有九层楼，每层楼上都有钟鼓乐器，它完全是木头做的，雕着花，房角上翘，像大鸟举翅欲飞；另外一张画画了两座古希腊庙宇，细长的大理石圆柱排列在庙宇四周，端庄挺拔，周围还有气势恢宏的石头台阶；他还画了一个挪威的教堂，一眼就可以看出来。但是，最美丽的一张画是一座雄伟的宫殿，画上标注着“小艾米丽宫”，整个宫殿完全出自乔治的创意，他把中国建筑的雕梁画栋、挪威教堂崇高而棱角分明的尖顶、希腊庙宇排列有序的端庄的大理石圆柱和克里姆林宫顶上绿色和镀金的圆塔等，各式建筑物中最美的部分都融合在这座宫殿中。窗子下面都标明房间和厅堂的功用：艾米丽卧室、艾米丽舞厅、艾米丽会客厅、艾米丽观景台，等等。这真是小艾米丽的楼阁！大家也都被吸引来观看乔治为小艾米丽绘制的楼阁，他们都觉得不久的将来，小艾米丽就真能住在这样的楼阁里了。

“好！”将军说。

前来观看的人们中有位年老的伯爵，他比将军更有名望，拥有自己的宫殿和庄园。他来就是要看看看门人的儿子画的建筑，他并不把乔治看作小孩子，乔治受过坚信礼了。老伯爵看完画，并没有发表意见，他是个深邃而话语不多的人。

有一天，艺术学院的那位教授喊乔治到自己的办公室，那天的天气像是要下雨，阴沉、潮湿，但对于在地下室生活惯了的乔治来说，这不算是坏天气，他依旧心情很好。

“我们坐下来谈谈吧，我的小朋友。”教授说，“我看到过你的绘画，很不错！如果在一些地方做些修改，就会更好。在我看来，你的潜质更适合成为一名优秀的建筑师，而不是一个画家，你还有时间考虑这个问题。为了今后让你更快地发展，请你每星期来我的绘图学校两次。”乔治有点不明白，自己为什么总碰到好事，他显出一脸的疑惑。“你就感谢上帝吧！上帝赋予你天资，又让你认识交往好人，住在街角的那位老伯爵和我谈到过你，他欣赏并资助你。”教授接着说道，“今天，你必须要到住在街角的老伯爵那里，真诚地感谢他，上帝让你遇见了他！”

街角的那幢房子很大，所有窗子上方都有动物的浮雕，屋内的摆设也很古朴，几乎都是古代的手工艺制品。不过，老伯爵更喜欢带有新时代气息的东西，不管它来自哪个阶层。

“我相信，真正伟大的人是和蔼可亲的。那位爽快的老伯爵是多么和蔼啊！他待人的态度跟你和我完全一样。”看门人的妻子说，“将军家里的人做不到这一点！昨天乔治受到伯爵热情的接待，高兴得不知怎么办才好。今天我跟这个伯爵谈过话，也有同样的感觉。乔治去学建筑，是件很好的事，他是个有天资的人。”

“但是，他需要有人帮助。”看门人说。

“他现在已经得到帮助了，”看门人的妻子说，“伯爵的话讲得非常清楚。”

“有这样的好结果，与将军家的支持是分不开的，”看门人说，“我们也要感谢他们。”

“当然啦！”看门人的妻子说，“我觉得可以感谢他们。有一件事更应该感谢他们，那就是艾米丽越来越懂事了。”

艾米丽在成长，乔治也在成长。在新的一年里，乔治得到一枚银质奖章，不久又得到一枚更大的银质奖章。他就要去罗马了。

“真后悔，当初把他送去学门手艺倒好了！”乔治的母亲哭着说，“那样他会留在我们身边，他到罗马去干什么呢？那么遥远，他回不来了，就是回来，我们恐怕也离开这个世界了，可爱的孩子啊！”

“不过，从另一方面想，这是他的幸运，也是我们的光荣啊！”乔治的父亲说。

“是的，”乔治的母亲说，“不过你没有说真心话！你跟我一样，也不想让他离开。”

“别离就会带来想念，这是真的，”大家都说，“但是，和这个年轻人的远大前程比，这算不了什么。”

乔治临别时，到将军家里告别。将军把他那个唯一的故事又讲了一遍，作为临别时给乔治的赠言：“‘只有我的部下有能力俘获阁下及阁下的士兵，我本人是决不会成为俘虏的！’王公回答说：‘在这个世界上，再也找不到第二个像您这样伟大的将军了！’”讲完，他把手伸向乔治，乔治握着的是一只无力的手。将军夫人没有出来见乔治，因为她的头痛病一天比一天严重。艾米丽也把手向乔治伸出来，她看上去很难过，不过乔治心里更难过，只是没表现在脸上。

就乔治来说，离家的日子也似乎不太长。时间对他很有用，他想：“当一个人在忙的时候，时间就过得很快；当一个人在闲着的时候，时间似乎变慢了。想家的时候，时间也变慢了，但是，这时的时间不太有用。”母亲的来信让他产生了对时间的思考，让他知道了父亲离世的噩耗。为了不影响他的深造和发展，母亲在事后才告诉他。他理解母亲的良苦用心，他也因父亲的离世而痛苦万分。在信中，他还了解到：将军准许母亲接替父亲留在看门的位置，住在楼上和楼下的人的生活还和往常一样，天气时晴时阴，艾米丽时常来到地下室陪伴乔治孤单的母亲。

将军夫人保持着每天写日记的习惯，就像她得重头痛病一样。她会见的每一个客人、参加的每一个宴会和舞会都留在了她的日记里，一些外交官和达官显贵的名片也作为插图留在了日记中。日子越长，篇幅就越多，她为自己日渐丰厚的日记本感到骄傲。

一天，夫人穿着缀有黑花边的粉红色衣服（西班牙式的装束），带着艾米丽去参加宫廷舞会，这是艾米丽第一次参加舞会，她穿着白衣服，那么洁净，那么美丽！她金黄的卷发上戴着睡莲花冠，绿色的缎带在卷发与花冠间飘动，像灯芯草一样。她的眼睛那么蓝，蓝得像一汪湖水。她的嘴唇那么小、那么红，鲜艳欲滴。她的样子就像童话中的美人鱼，美丽得超乎想象。三个王子都争着跟她跳舞，她几乎闲不下来，跳得很累。这以后，将军夫人身体状态很好，整个星期没有犯过头痛病。

有了头一次的舞会，接下来就会有第二次、第三次，艾米丽真是觉得很累，谁都想和她跳舞。

夏天到了，新鲜的空气、明媚的阳光和充分的休息，让艾米丽的体力得到恢复。这个时候，那位老伯爵把艾米丽一家人请到宫殿里。

宫殿里有一个花园，四周是庄严的绿色篱笆，像绿色的屏风一样，透过篱笆望过去，充满着神秘感。花园的一部分布置得古色古香，充满着东方神秘色彩，水从造型古怪的石缝里流出，回廊池水相映，周围还有巨石雕成的人像，也有奇特的动物雕像；又有一部分安排得很规整，黄杨树和水松被修剪捆扎成星星和金字塔的形状，每一块种着不同花的地块都是一个精美的图案，这是花园富有法国风格的那一部分；离开这里，可以走到一个新鲜而开阔的树林里去，树在这儿自由生长，长得高大又美丽，大片的草地修剪得很平整，像是给大地铺上了绿色地毯，在上面散步，你能感受到脚下的松软，这又是花园里富有英国风情的一部分。

“这是新旧两个时代建筑风格的碰撞，”伯爵说，“不同的建筑风格要在这里和谐地搭配在一起，两年以后，这个庄园就会显示出独特的风格，它将会改变我们的审美，它将会把更美好的事物呈现给我们。我要把伟大的设计介绍给你们，同时，还要把建筑的设计师介绍给你们，他今天来这儿吃午饭！”

“好极了！”将军说。

“这儿简直像一个天堂！”将军夫人说，“那儿还有一个华丽的宫殿！”

“不，夫人，那只是我的禽苑，”伯爵说，“鸽子住在上面，吐绶鸡住在第一层楼，不过老艾尔茜就住在大厅里，这儿离不开她，她是总管。四周还有客房，住着情侣和单身的家伙。孵卵鸡单独住，带着小鸡的母鸡另外有住处，鸭子住在离水最近的地方，屋里就有它们下水的通道。”

“好极了！”将军重复说。

于是，他们就一起去看这豪华的禽苑。老艾尔茜站在大厅的中央，她旁边站着的是建筑设计师乔治。多少年以后，他和艾米丽又在禽苑里重逢了，谁能想到啊，回来后的第一次见面竟然是在这里！

乔治站在那儿，在艾米丽眼里他变化很大，面色清朗，风度优雅，头发黑得发光，嘴角挂着微笑，尤其是他的眼睛，好像一直在对自己说话。老艾尔茜为了对贵客们表示尊敬，把她的木鞋脱掉，只穿着袜子，以免发出“咯噔、咯噔”的响声打扰客人。但是禽类们却不管，公鸡“咕咕咯、咕咕咯”地啼鸣，母鸡“咯咯哒、咯咯哒”地啼叫，鸭子一边绅士般地行走一边“嘎嘎”地喧哗，只有鸽子在屋顶“咕咕、咕咕”发出轻妙的声音。这真像是它们为欢迎客人而举办的音乐会。那位面色苍白的、苗条的姑娘站在那儿，眼睛大而明亮，虽然没说一句话，嘴角透出的一丝微笑却饱含深意，这是乔治儿时的朋友——将军的女儿艾米丽给乔治的最好示意，虽然他们从来没有在一起跳过舞。

伯爵和乔治握手，把他介绍给将军说："我们的年轻朋友乔治先生对你来说，不是陌生人吧！"

"我们亲爱的乔治先生，"将军说，"我们是住在一起的老朋友，好极了！"

将军夫人礼貌地说："你简直和意大利人没有区别了。我想你的意大利语一定和意大利人讲得一样好。"艾米丽正要向乔治伸出手来，将军又说话了，她就把手又缩了回来。

"夫人会唱意大利歌，但是不会讲意大利语。"将军说。

宴会上，将军陪着艾米丽坐，伯爵陪着将军夫人坐，乔治坐在艾米丽的右边。大家当然喜欢听听乔治在意大利的见闻。乔治讲了一些在意大利经历的奇闻轶事，他讲得很好，虽然老伯爵也可以讲许多东西，但他把时间都留给了乔治，乔治就成了宴会上的主角。艾米丽睁着大而明亮的眼睛，坐在那一声不响地听着，一句话也不说。

消闲的时刻，她和乔治来到阳台上的花丛中间，面对面地站着，玫瑰花的篱笆把他俩遮住了。

“我发自内心感谢你！我不在的日子，是你让我的母亲得到安慰。”他说，“母亲告诉我，父亲去世的那天晚上，你下楼来陪着，父亲最后闭上了眼睛，你也没走，依旧陪着我的母亲，我感谢你！”他紧紧地握着艾米丽的手，并且吻了她的手，出于礼节，他也应该这样做。艾米丽脸上透出一阵绯红，她的手在乔治手中迟疑了一下就抽回来了，但她温柔的蓝眼睛依旧望着乔治。

“你的母亲很慈祥，她疼爱你是发自内心的，她让我读你写给她的信，她一边听，一边流泪。在你的信中，我也更多地了解你了。我小的时候，你总是让着我、爱护我，你送给我许多图画，我把它们撕碎了，你也不生气，依旧送给我。”

“只要你愿意做的事，我都喜欢。”乔治说。

“你知道吗？你为我画的那座楼阁的画，我一直珍藏着。”

“现在我要把画上的楼阁建成实际存在的楼阁！”乔治说。说话时，他自己感到很兴奋。

“他可以做一个很好的家庭教师！”将军说。

jiǎn zhí shì tiān cái jiāng jūn fū rén shuō
“简直是天才！”将军夫人说。

jiāng jūn hé fū rén tán lùn zhe zhè ge kān mén rén de ér zi cóng tā de xíng wéi jǔ zhǐ dào
将军和夫人谈论着这个看门人的儿子，从他的行为举止到
tā de tán tǔ xué wen jiāng jūn fū rén yǐ jīng bú zài shuō bié de huà le
他的谈吐学问，将军夫人已经不再说别的话了。

zài wēn nuǎn míng mèi de zhěng gè xià tiān qiáo zhì dào bó jué gōng diàn lái de cì shù hěn duō tā
在温暖明媚的整个夏天，乔治到伯爵宫殿来的次数很多，他
bù lái de shí hou dà jiā bù yuē ér tóng de jiù xiǎng qǐ tā le
不来的时候，大家不约而同地就想起他了。

nǐ bǐ wǒ men dà duō shù rén dōu xìng yùn yòu yí cì jiàn miàn shí ài mǐ lì duì qiáo
“你比我们大多数人都幸运，”又一次见面时，艾米丽对乔
zhì shuō nǐ gǎn shòu dào zhè diǎn méi yǒu
治说，“你感受到这点没有？”

qiáo zhì yě jué de zì jǐ fēi cháng xìng yùn bǐ rú yōng yǒu huì huà hé jiàn zhù shè jì de
乔治也觉得自己非常幸运。比如，拥有绘画和建筑设计的
tiān fù yù dào hěn duō hǎo rén dé dào hěn duō rén de bāng zhù zuì ràng qiáo zhì gǎn dào xìng yùn
天赋，遇到很多好人，得到很多人的帮助，最让乔治感到幸运
de shì néng hé tiān shǐ bān de ài mǐ lì cóng xiǎo dào dà dōu néng xiāng jiàn ér qiě ài mǐ lì
的是，能和天使般的艾米丽从小到大都能相见。而且，艾米丽
cóng lái méi yǒu qiáo bu qǐ tā
从来没有瞧不起他。

rì zi yì cháng jiāng jūn yě jiàn jiàn de gǎn jué dào qiáo zhì bù kě néng shì yǒng yuǎn zài dì xià
日子一长，将军也渐渐地感觉到乔治不可能是永远在地下
shì li shēng huó de hái zi
室里生活的孩子。

tā de mǔ qīn hǎo shuō huà dàn hái suàn shì yí gè chéng shí de nǚ rén jiāng jūn xiǎng
“他的母亲好说话，但还算是一个诚实的女人，”将军想，
yīn wèi zhè yì diǎn wǒ bǎ tā liú zài zhè lǐ
“因为这一点，我把她留在这里。”

qiū tiān tuī zǒu le xià tiān dōng tiān yòu tuī zǒu le qiū tiān qiáo zhì xiān sheng chéng wéi rén
秋天推走了夏天，冬天又推走了秋天。乔治先生成为人

们常常谈论的话题，高贵的社交场合中，乔治受到重视和欢迎。现在，将军要为艾米丽办一个舞会。“是不是也该把乔治先生请来？”将军想，“国王可以请去的人，将军当然也可以请来！”想定后，将军又好像骑在了马上，腰板挺起，人一下子显高了。

乔治先生得到邀请，前来参加为艾米丽举办的家庭舞会，王子们和伯爵也来了，王子们跳起舞来一个比一个好，很可惜艾米丽在跳第一支曲子时扭了脚，虽然不太厉害，但她也不能再跳了。她坐在那儿望着其他人尽情地跳，而乔治先生没有走进舞池，就默默地站在她身边。

将军从他们身旁走过去的时候，带着笑容，看着像个慈祥的老人。“你是不是想把整个圣·彼得教堂都送给我的女儿？”将军对乔治说。乔治不明白将军说话的本意，但乔治如果能拥有圣·彼得教堂，他会毫不犹豫地献给艾米丽。

过了几天，年轻的乔治来到将军家里，他是来感谢将军前几天能邀请他参加艾米丽的家庭舞会，将军同样笑着接待乔治先生，看上去还像是一个慈爱的老人。礼节性的谈话结束之后，乔治很认真地对将军说："尊敬的将军大人，经过慎重的考虑，我请求您同意让艾米丽做我的妻子，我将用一生的努力让她幸福！"这样直白的表达，让将军无法相信自己的耳朵。在将军看来，乔治简直在说疯狂的话、荒唐的话！他的要求让人不可想象！还能有什么别的话吗？没有，这是一个最让人意想不到、最使人害怕的请求。将军无法想象，一个看门人的孩子，即使有了发展，也不该有非分之想！

"上帝啊，我头痛欲裂！"将军说，"你带着什么样的念头来到我家？你说的什么，你要求什么，我都不懂，先生，我不认识你，请你离开吧！"将军说完就退到卧室，把门锁上。乔治尴尬地在大厅里站着，他感到自卑、感到屈辱，但他并不沮丧，他坚信从小上帝就让他和艾米丽在一起，以后也决不会让他们分离！想到这，他就转身离开大厅走出去了。

艾米丽站在走廊里，一脸的期盼，一脸的焦虑。"父亲答应没有？"她发问的声音有些发抖。

qiáo zhì jǐn jǐn de wò zhe tā de shǒu shuō tā huí bì le wǒ de qǐng qiú bú guò bìng
乔治紧紧地握着她的手说：“他回避了我的请求！不过，并
méi yǒu huí jué wǒ jiān xìn yí jù zhōng guó huà jīng chéng suǒ zhì jīn shí wéi kāi
没有回绝，我坚信一句中国话：‘精诚所至，金石为开。’”

ài mǐ lì yǎn jing li chōng mǎn le lèi shuǐ dàn shì qiáo zhì de yǎn shén chōng mǎn zhe zì xìn
艾米丽眼睛里充满了泪水，但是乔治的眼神充满着自信。
yáng guāng zhào zài tā men liǎng gè rén shēn shang rú tóng wèi tā men de wèi lái zhù fú
阳光照在他们两个人身上，如同为他们的未来祝福。

jiāng jūn qì hái méi xiāo zuò zài zì jǐ de fáng jiān li qì de hǎn dào jiǎn zhí shì yì xiǎng
将军气还没消，坐在自己的房间里气得喊道：“简直是异想
tiān kāi nǐ zhǐ shì yí gè kān mén rén de hái zi
天开，你只是一个看门人的孩子！”

hěn kuài jiāng jūn fū rén yě cóng jiāng jūn nà lǐ zhī dào le zhè jiàn shì tā bǎ ài mǐ lì jiào
很快，将军夫人也从将军那里知道了这件事，她把艾米丽叫
lái dān dú hé tā zuò zài yì qǐ kě lián de hái zi tā zhè shì wǔ rǔ nǐ yě shì wǔ
来，单独和她坐在一起。“可怜的孩子，他这是侮辱你，也是侮
rǔ wǒ men wǒ kàn dào nǐ de yǎn li yě yǒu lèi shuǐ nǐ jiù tòng kū ba lèi shuǐ yě yǎn bu
辱我们！我看到你的眼里也有泪水，你就痛哭吧！泪水也掩不
zhù nǐ de měi lì nǐ hěn xiàng wǒ jié hūn nà tiān de yàng zi wǒ de xiǎo ài mǐ lì
住你的美丽，你很像我结婚那天的样子，我的小艾米丽！”

shì de wǒ yào dà kū yì chǎng ài mǐ lì shuō jiǎ rú nǐ hé bà ba shuō shēng
“是的，我要大哭一场！”艾米丽说，“假如你和爸爸说声
bù tóng yì de huà
‘不同意’的话！”

hái zi fū rén jīng jiào yì shēng nǐ shì zài shuō mèng huà ba nǐ tiān shēng jiù shì
“孩子！”夫人惊叫一声，“你是在说梦话吧？你天生就是
yào chéng wéi wáng zǐ de qī zi de wǒ de tóu tòng bìng yòu fàn le ài mǐ lì nǐ yuàn yì dài
要成为王子的妻子的！我的头痛病又犯了，艾米丽，你愿意带
gěi wǒ kǔ tòng ma nǐ de mǔ qīn rú guǒ yīn bìng tòng sǐ qù ài mǐ lì nǐ jiù zài yě méi
给我苦痛吗？你的母亲如果因病痛死去，艾米丽，你就再也没
yǒu mǔ qīn le jiāng jūn fū rén de yǎn jing yě biàn de cháo shī le tā yì xiǎng dào zì jǐ bìng
有母亲了！”将军夫人的眼睛也变得潮湿了，她一想到自己病

sǐ de wèn tí jiù fēi cháng nán guò ài mǐ lì yòu néng zěn me bàn ne zhǐ néng mò mò liú lèi
死的问题就非常难过。艾米丽又能怎么办呢？只能默默流泪。

bào zhǐ shang gōng bù le yì pī xīn de rèn mìng qí zhōng qiáo zhì xiān sheng bèi rèn mìng wéi wǔ
jí jiào shòu
报纸上公布了一批新的任命，其中，乔治先生被任命为五级教授。

zhēn kě xī tā de fù mǔ dōu chéng le dì xià rén yǒng yuǎn dú bu dào zhè ge xiāo xi
le xīn de kān mén rén yì jiā zi shuō xiàn zài tā men jiē tì le qiáo zhì de mǔ qīn zhù
zài jiāng jūn lóu xià de dì xià shì li tā men zhī dào qiáo zhì jiù shì zài zhè sì dǔ qiáng zhōng
jiān chū shì hé zhǎng dà de
“真可惜，他的父母都成了地下人，永远读不到这个消息了！”新的看门人一家子说。现在，他们接替了乔治的母亲，住在将军楼下的地下室里，他们知道，乔治就是在这四堵墙中间出世和长大的。

tā yǒu le tóu xián jiù děi fù tóu xián shuì le xīn kān mén rén shuō
“他有了头衔，就得付头衔税了。”新看门人说。

shì de duì yú qióng rén jiā de hái zi lái shuō zhè shì jiàn dà shì tā de qī
zi shuō
“是的，对于穷人家的孩子来说，这是件大事。”他的妻子说。

yì nián shí bā kuài yìng bì xīn kān mén rén shuō zhè bú shì xiǎo shù mù
“一年十八块硬币，”新看门人说，“这不是小数目！”

nǐ shuō chà le wǒ shì shuō tā de dì wèi shàng shēng shì dà shì qī zi shuō nǐ yǐ
wéi tā hái huì wèi qián fán nǎo ma tā néng zhuàn chū bǐ nà diǎn qián bù zhī duō duō shǎo bèi de
qián tā hái huì qǔ yí gè yǒu qián de tài tai ne rú guǒ wǒ men yǒu le hái zi yě yīng gāi
chéng wéi qiáo zhì zhè yàng de rén
“你说岔了，我是说他的地位上升是大事，”妻子说，“你以为他还会为钱烦恼吗？他能赚出比那点钱不知多多少倍的钱，他还会娶一个有钱的太太呢！如果我们有了孩子，也应该成为乔治这样的人。”

zhù zài dì xià shì li de rén duì qiáo zhì dōu yǒu hǎo de yìn xiàng zhù zài èr céng lóu shang de
住在地下室里的人对乔治都有好的印象，住在二层楼上的人也一样，远处的那位老伯爵也有同样的看法。这都是因为他儿时所画的那些图画形成的。

老伯爵和将军在一起的时候，谈论俄国，谈论莫斯科，也当然谈到克里姆林宫。老伯爵记得最清楚的一张画是小乔治专门为小艾米丽画过的“艾米丽宫”。“这位教授有很大的发展潜力，在我看来，他当上国王重臣的顾问官也不是什么问题，从前他可以为小艾米丽构想一座宫殿，现在凭借他的才华，为什么不可以成为顾问官呢？”老伯爵说。

“这可能是一个滑稽的玩笑！”将军夫人在伯爵离去以后说。将军若有所思地附和夫人，摇了摇头，然后就骑马外出了，他的马夫像往常一样，跟在后面保持相当的距离。他坐在马上，身板挺直，头颅高昂，显得比平时神气十倍。

艾米丽的生日到了，许多人带给她鲜花、书籍、礼品和信件。将军夫人亲吻她，将军也吻了她的额头，他们当然很爱自己天使般的女儿。这一天，来了很多尊贵的客人，其中还有两位王子，他们谈论舞会和戏剧，谈论国家外交的事情，也谈论许多其他国家和政府。在谈论自己国家和政府时，也涉及本国的优秀人物，年轻的乔治教授也经常被提起。

“他为了使自己永垂不朽而构建宏伟的建筑，”大家认为，“他也为将来和一个望族结成亲密关系而努力着！”

“一个望族？”将军后来对夫人重提了自己的疑问，“哪一个望族？”

“我知道大家所说的是谁！”将军夫人说，“我不关心是谁，更不愿意发表个人意见，一切由上帝决定吧！不过，我倒是有些想不明白。”

“让我也想想吧！”将军说，“我脑子里没有一点头绪。”于是，他就浸入沉思中去。

对于人来说，恩遇具有改变人生的力量，不管它是来自宫廷，还是来自上帝。乔治就获得了这种恩遇，不过对他来说，今天是个极其重要的日子，但他并不知道。

朋友们给艾米丽带来了太多的鲜花，整个房间充满花香，桌子上摆满了精美的贺礼和纪念品，就是没有乔治的礼物。在艾米丽看来，有没有乔治的礼物一点也不重要，因为整个楼都有乔治的痕迹，包括失火的那个房间。艾米丽清楚地记得窗帘曾经是怎样烧起来的，乔治是怎样把火扑灭的。在这个楼里，她只要朝窗子外望一眼，那棵槐树就让她的童年时代来到眼前。现在的槐树，花和叶子都凋谢了，寒霜中，槐树突兀地立在那里，圆圆的月亮挂在树枝之间，风吹来时，分不清是树枝动还是月亮动，小乔治给小艾米丽分黄油面包吃的时候，景象也和今天一样。她从抽屉里取出乔治给她的那些画，她的眼神停留在了“艾米丽宫”上，她看着、想着，这些都是乔治送的纪念品。这又让她记起在爸爸妈妈没有注意的时候，她到楼下看望乔治的母亲的事。乔治的母亲当时躺在床上，呼吸困难，艾米丽坐在她旁边，握着她的手，听到她说出最后的话：“祝福你——乔治！”艾米丽懂得话的意思：母亲想自己的儿子，也为儿子的幸运（当然主要是老伯爵和艾米丽带来的）感到高兴。她在回忆中度过生日，她感觉乔治一直陪伴在她身边。的确如此！

这也是很碰巧的事，第二天是将军的生日。他的出生年比女儿早很多很多，可生日比女儿晚一天。人们又送来了许多礼品，礼品中有一个马鞍引人注目，除了价格昂贵外，造型也很独特，只有王子的马鞍才有这种样子。“用起来也一定很舒服。”将军非常高兴地想。马鞍上面有一张小卡片，上面写着：“将军见过而不认识的人敬赠。”“如果纸条上写着‘谢谢你过去对我的好意’，我就能猜到是谁送的，这样写我就很难猜出了。”将军又陷入了沉思。

“世界上有哪一个人我不认识呢？”这时他又想起社交界中的许多人士。“每个人我都认识！这一定是我的夫人送的！”他最后说，“她在跟我开玩笑，好极了！”

但是，夫人没有跟他开玩笑，开玩笑的时光早已一去不复返了。

又一个欢庆舞会开始了，但不是在将军家里举办，而是在一位王子家中举办。这是一个化装舞会，人们可以戴上面具去跳舞。

jiāng jūn chuān zhe xī bān yá shì de xiǎo zhòu lǐng de fú zhuāng guà zhe jiàn dǎ ban chéng wěi dà de
将军穿着西班牙式的小皱领的服装，挂着剑，打扮成伟大的
huà jiā lǔ běn sī xiān sheng de mú yàng qù cān jiā wǔ huì fū rén dāng rán jiù yào dǎ ban chéng lǔ
画家鲁本斯先生的模样去参加舞会，夫人当然就要打扮成鲁
běn sī fū rén de mú yàng tā chuān zhe hēi tiān é róng de gāo lǐng de kě yǐ dǐ yù hán lěng
本斯夫人的模样。她穿着黑天鹅绒的、高领的、可以抵御寒冷
de lǐ fú jǐng bù hái wéi zhe zhòu zhě hěn duō de wéi lǐng wán quán xiàng jiāng jūn jiā zhōng nà fú hé
的礼服，颈部还围着皱褶很多的围领，完全像将军家中那幅荷
lán huà shang de rén huà lǐ miàn de shǒu tè bié shòu rén zàn shǎng ér fū rén de shǒu hé huà zhōng de
兰画上的人，画里面的手特别受人赞赏，而夫人的手和画中的
wán quán yí yàng
完全一样。

ài mǐ lì chuān zhe zhuì zhe huā biān de xì mián bù yī fu dǎ ban chéng luó mǎ guó wáng de xiǎo
艾米丽穿着缀着花边的细棉布衣服，打扮成罗马国王的小
gōng zhǔ pǔ sài kè de mú yàng yě jiù shì zuì hòu chéng wéi qiū bǐ tè qī zi de nà ge měi lì
公主普赛克的模样，也就是最后成为丘比特妻子的那个美丽
shàn liáng de gū niang wáng zǐ de jiā zhōng fù lì táng huáng měi yí jiàn qì wù dōu zhí dé qù zǐ xì
善良的姑娘。王子的家中富丽堂皇，每一件器物都值得去仔细
guān shǎng shuǐ jīng dēng fàng chū xuàn lì de guāng máng pēn quán páng de huā tán lǐ shēng zhǎng zhe qí huā
观赏，水晶灯放出绚丽的光芒，喷泉旁的花坛里生长着奇花
yì cǎo zhí dé kàn de dōng xi tài duō le suǒ yǐ rén men yě jiù méi yǒu zhù yì dào lǔ
异草。值得看的东西太多了，所以，人们也就没有注意到“鲁
běn sī fū rén de nà shuāng hé huà zhōng yí yàng měi lì de shǒu
本斯”夫人的那双和画中一样美丽的手。

yí wèi yòng hēi sè wài yī huà zhuāng de mào zi shang chā zhe huái huā de rén gēn pǔ sài
一位用黑色外衣化装的、帽子上插着槐花的人，跟“普赛
kè zài yì qǐ tiào wǔ
克”在一起跳舞。

tā shì shuí fū rén wèn
“他是谁？”夫人问。

wáng zǐ diàn xià lǔ běn sī shuō wǒ háo bù huái yí hé tā yì wò shǒu wǒ
“王子殿下！”“鲁本斯”说，“我毫不怀疑，和他一握手，我

就知道是他。”

夫人却有点怀疑。“鲁本斯”走到这位穿黑色化装外衣的人身边，在他手上写出王子姓名的第一个字母，这个人否认了，但是给了他一个暗示：“请想想马鞍上的那句话，‘将军见过而不认识的人’！”

“那我就认识您了！”将军说，“是您送给我那个马鞍！”但是，这个人很快摆脱了，消失在人群中。

“艾米丽，跟你跳舞的黑衣人是谁呀？”“鲁本斯”夫人问。

“我没有打问他的姓名。”她回答说。

“你认识他，我敢断定，他就是建筑师，新任的教授！”“鲁本斯”夫人说。她把头又转向站在旁边的老伯爵，继续说，“伯爵，您的那位建筑师就是那位黑衣人，头上戴着槐树花。”

“亲爱的夫人，有可能，”他回答说，“不过有一位王子也穿着这样的衣服。”

“我了解他握手的姿态，”“鲁本斯”说，“他就是送给我马鞍的王子！我一点也不怀疑，我要为他设宴。”

“你就这样办吧，如果他愿意去，他一定会赴宴的，”伯爵说，“如果他不愿意去，他就不会出现在宴席上！”

于是，“鲁本斯”向那位正在跟国王谈话的黑衣人走去，他知道他请的是什么人。将军满怀信心地微笑着，大声地、清楚地表达了他的邀请，国王也在旁边听着。

穿化装外衣的人把他的面具揭开，原来是将军很熟悉的乔治。

“尊敬的将军，可以把这次邀请再郑重地说一遍吗？”乔治问道。

将军马上又显出骑马的样子，身子也高了，高贵而庄严地向后退两步，又向前迈一步，像跳小步舞一样，然后庄严地说：“我，一个国王的将军从不食言！教授先生，我郑重地邀请您光临我举办的宴会！”他鞠了一躬，又看了看在旁边听着的国王，国王显出欣慰的表情。

“只要在宴会厅的餐桌前坐下，”乔治想，“我和艾米丽的事就有了基础，为了艾米丽，我必须改变将军和夫人对我的看法。”

将军家中如期举行了一个午宴，被邀请的客人除了老伯爵和他的年轻朋友外，当然还有宫廷显贵和社会名流。正如将军所知道和承认的，宴会上，乔治的谈吐决不逊于上流社会的人士，这与他在意大利的学习生活很有关系，他见识广博、语言风趣，得到来宾的赞许。将军也多次不得不说“好极了”！

宴会之后，将军夫人常常对他人谈起这次午宴，她还跟宫廷的一位夫人谈过。这位夫人天赋独特，她要求下次教授来的时候把她也邀请来，因此，乔治又一次获得邀请。当然，他还是人们都喜欢的人，而且他还与宫廷的那位夫人下了盘棋。

“他与地下室里的人是不同的，”将军说，“他一定是一个望族的后代，出自名门而生活在下层的人很多，这完全不是他们的过错。”

这位建筑师、教授既然可以进入国王的宫殿，那当然也可以进入将军的家，不过，要让他留在将军家里，那是绝对不可能的。他属于整个城市，他会和整个城市一起发展。

幸运之神总是很照顾他，不久，他就像老伯爵预言的那样，成为国王最信赖的城市建设顾问，到了这时，艾米丽自然就成了顾问官的夫人。

“人生只经历两种情景，一个是悲剧，另一个就是喜剧。”将军好像一生中第一次说出这样充满智慧的话。“悲剧中，人们走向灭亡，然而，喜剧中，人们走向团圆，譬如‘有情人终成眷属’。”

乔治和艾米丽确实结为眷属，他们还有了三个健康的孩子。

他们带着可爱的孩子来看外公外婆的时候，就骑着木马从大厅窜到卧室，甚至洗浴间，将军也在他们后面骑着木马，像以前马夫跟着他一样，跟着这些“小顾问”。

将军夫人坐在沙发上看着他们闹腾，即使很严重的头痛病又犯了，她还是会带着微笑。

乔治的发展就先讲到这吧，这是一个应该讲的看门人儿子的故事，它还在发展，那就让以后的人去讲吧。

liǎngxiōng dì

两兄弟

hěn jiǔ yǐ qián yǒu xiōng dì liǎ yì qióng yí fù fù de shì gē ge shì gè jīn yín jiàng
很久以前有兄弟俩，一穷一富，富的是哥哥，是个金银匠，
xīn hēi shǒu là qióng de shì dì di shì gè zhā sào bǎ de wèi rén zhōng hòu shòu rén zūn jìng
心黑手辣。穷的是弟弟，是个扎扫把的，为人忠厚，受人尊敬，
tā yǒu liǎng gè ér zi shì shuāng bāo tāi liǎng rén zhǎng de fēn bu qīng bǐ cǐ jiù xiàng liǎng dī shuǐ
他有两个儿子，是双胞胎，两人长得分不清彼此，就像两滴水
zhū huò shì liǎng piàn shù yè yì mú yí yàng tā men cháng cháng dào fù de nà jiā qù zǒu dòng
珠，或是两片树叶，一模一样。他们常常到富的那家去走动，
ér qiě zǒng néng zhǎo dào diǎn chī de dōng xi
而且总能找到点吃的东西。

yǒu yí cì qióng dì di dào sēn lín li kǎn chái kàn jiàn yì zhī niǎo zhè zhī niǎo bǐ tā yǐ
有一次，穷弟弟到森林里砍柴，看见一只鸟，这只鸟比他以
qián jiàn guo de rèn hé yì zhǒng niǎo dōu piào liang tā jiǎn qǐ yí kuài xiǎo shí zǐ xiàng xiǎo niǎo rēng guò
前见过的任何一种鸟都漂亮，他捡起一块小石子向小鸟扔过
qù shí zǐ dǎ zhòng le xiǎo niǎo dàn xiǎo niǎo què zhēng zhá zhe fēi zǒu le zhǐ diào xià yí piàn yǔ
去，石子打中了小鸟，但小鸟却挣扎着飞走了，只掉下一片羽
máo tā shí qǐ nà piàn yǔ máo ná qù gěi gē ge kàn
毛，他拾起那片羽毛，拿去给哥哥看。

gē ge shuō shì chún jīn de jiù gěi le dì di yì xiē qián mǎi xià jīn yǔ máo
哥哥说：“是纯金的！”就给了弟弟一些钱，买下金羽毛。

dì èr tiān dì di pá dào yì kē bái huà shù shang xiǎng kǎn liǎng gēn shù zhī yòu kàn dào zuó
第二天，弟弟爬到一棵白桦树上，想砍两根树枝，又看到昨
rì nà zhī niǎo cóng shù shang jīng qǐ tā zhǎo le yí zhèn fā xiàn yí gè niǎo wō lǐ miàn yǒu zhī
日那只鸟从树上惊起，他找了一阵，发现一个鸟窝，里面有只
jīn dàn tā bǎ dàn yòu ná gěi gē ge kàn
金蛋，他把蛋又拿给哥哥看。

哥哥说："是纯金的！"他又给弟弟一些钱买下金蛋。

"我还想要那只金鸟！"哥哥最后说。

弟弟第三次来到森林里，那只金鸟落在一棵大树上，他捡起一个石子，准确地击中了金鸟，他把金鸟拿回去给哥哥，哥哥给了他一大堆金银。

"这下我可以过上富足的日子了。"穷弟弟一边快乐地想着，一边往家走。

哥哥很清楚这只鸟是什么宝贝，他对妻子说："去替我把这只鸟烤熟，当心别掉了什么，我要一个人吃。"

原来，这鸟非同一般，谁吃了它的心肝，谁的枕头下面每天就会出现一块金子，可见这个哥哥是何等精明和狡黠。

妻子把鸟穿到铁叉上，撒上调料放到火上烤，她有事暂时离开厨房一会儿，刚巧双胞胎侄子跑了进来，他们转了转正烤着的鸟，鸟的心肝掉了出来。

一个孩子说："我们把这两小块吃了吧，我饿了，大人不会注意到这点东西的。"

妻子走进厨房，看到侄子的嘴在动，就问："你们吃的什么？"

"鸟身上掉下来的小东西。"他们告诉她。

"那准是心和肝。"妻子吓坏了。

为了不让丈夫发现，她立刻杀了只小公鸡，取出心和肝放到鸟旁边烤，烤好之后，妻子把鸟端给丈夫，金银匠一个人把鸟吃得干干净净，没给妻子吃一口。

第二天早上，他醒来的第一件事就是摸枕头下面，以为会摸到金子，可是枕头下面什么都没有。

两个孩子可根本不知道自己交了好运，第二天起床时，有东西叮叮当当地落到地上，他们拾起来一看，是两个金币！他们把钱交给父亲，父亲很惊讶，想不明白是怎么回事。一连几天都是如此，穷弟弟就把这奇怪的事情告诉了哥哥。哥哥一听就明白了，知道准是俩侄子吃了金鸟的心和肝。于是，嫉妒、愤恨促使他要教训他们。他对弟弟说："魔王看上了你的孩子，别要那些金子，那是魔王控制他们的诱饵，再不能让他们住在家里了，因为会连累你也丢掉性命。”

这位父亲出于对魔王的畏惧，尽管心中不忍，可还是把兄弟俩交给了森林，让他们听天由命！自己怀着沉重的心情，独自回到家里。

兄弟俩在森林里到处寻找，可怎么也找不到回家的路，反倒走得离家更远了。后来，他们遇到一个猎人。“你们是谁家的孩子？”猎人问。

“我们是扎扫把人的孩子。”他们回答，并把他们每天在枕头下发现一块金币的奇怪事告诉了猎人，父亲也因此不让他们在家里住了。

“没关系，”猎人说，“只要你们诚实、不游手好闲，我看离开家也不是什么大不了的事。”

猎人自己没有孩子，因此喜欢孩子，他把两兄弟带回自己家，说：“我给你们当爸爸，把你们养大。”

兄弟二人跟着猎人学习打猎，每天早上他们醒来时就出现的金币，由猎人替他们保存着，计划着可以将来用。

渐渐地，他们长大了，有一天，养父将他们带进森林，对他们说：“假如你们今天狩猎成功，就可以出师了，你们就可以成为独立的猎人。”

他们跟着养父隐藏起来，等待猎物出现。等了很久，猎人看到天空中有一队三角形的天鹅飞过，就对两兄弟中的哥哥说：“从每个角上射下一只。”

哥哥射中了，因此完成了狩猎考核。不久，又有一队天鹅飞过来，于是猎人叫两兄弟中的弟弟也从每个角上射下一只，弟弟也成功地通过了狩猎考核。

“我宣布，”养父对两兄弟说，“通过考核，你们结束了学徒阶段，从现在起，你们就成为合格的猎人了。”养父说完，兄弟二人便在森林里互相商量着今后该做些什么。

晚上，坐下来准备吃饭时，他们对养父说：“你得先答应我们一件事，我们才肯吃饭。”“什么事？”养父问。

“现在，我们成了真正的猎人，为了证明我们是你培养出来的真正猎人，我们请你同意我们离开这里，外出远行。”

老猎人高兴地说："你们说起话来已经很像勇敢的猎人了，你们的愿望就是我的希望，你们会证明自己的。"说完，三人一起高兴地吃饭，还喝了送行的酒。

出发的日子到了，养父送给两兄弟一人一杆金猎枪和一条猎狗，拿出多年积攒下来的金币，让他们随便带，他们不带，因为每天他们都会得到金币。养父送了他们一程，分手时又送给他们一人一把神奇的刀子，说："如果你们要分头行动，在分手的地方找棵树把刀插进去，你们其中一人回到插刀的地方，就可以了解另一个人的状况，假如他死了，朝着他走的方向的刀刃就会生锈，假如还活着，刀刃就会闪闪发光。"

兄弟俩开始了自己的历程。他们先走进了一片大森林，走了一天都走不出去，他们就在森林里歇了一夜，吃些带的干粮，第二天还是没走出去，吃的也没了。哥哥说："我们得找点猎物，不然就该挨饿了。"他们端起枪搜寻四周，看到有只老野兔朝他们跑来，就用枪瞄准了它，老兔子叫道："尊敬的猎人放过我，送你们两个小家伙。"一眨眼的工夫，它钻进灌木丛，拎着两只小兔子出来了，两只小兔子正玩得高兴，而且又漂亮又可爱。兄弟俩根本不忍心杀它们，于是他们收养了兔子，两只小兔子就跟在了他们后面。

不久，他们看到一只狐狸，正要开枪，只听狐狸喊道：“尊敬的猎人放过我，送你们两个小家伙。”它也带来两只小狐狸，猎人们还是不忍杀掉它们，就留下给小兔子做伴，跟在他们后面。不一会儿，有只狼从树丛里走出来，猎人又举起枪，可它叫道：“尊敬的猎人放过我，送你们两个小家伙。”猎人将两只小狼也编到动物的行列中，跟在他们后面。接着来了一只熊，它也想多活些日子，就叫道：“尊敬的猎人放过我，送你们两只小家伙。”两只小熊又加入了他们的行列，队列里有八只动物了。接着又会是谁来呢？是头鬃毛威武的狮子，猎人毫不畏惧地瞄准狮子，狮子说：“尊敬的猎人放过我，送你们两只小家伙。”这下子，猎人们的动物队列里有了两头雄狮、两只熊、两只狼、两只狐狸和两只兔子，可他们越来越饿，于是他俩对狐狸说：“聪明的家伙，去给我们找点吃的来。”

“前面不远就有个村子，我们在那里抓过不少鸡鸭，我给你们带路。”

小狐狸带着他们来到村里，他俩给自己和动物们都买了食物，之后又上路了。狐狸对这里的路很熟悉，知道哪里有饲养场，哪里有池塘，所以，它们可以为猎人们带路。

又走了一段路，森林到头了，兄弟俩觉得该分开走了，于是说：“我们得分道扬镳了。”

他们先将动物一分为二，各自带了一头狮子、一只熊、一只狼、一只狐狸、一只兔子和养父给的猎狗，然后互相道别，发誓要永远像亲兄弟那样相亲相爱。最后，他们把养父送给他们的刀一起插进一棵树里，就一东一西分头走了。

猎人弟弟领着他的动物来到一座城市，不知为何，那里挂满了黑纱。他走进一家旅店，请求店主让他和动物们都住下，店主给了一间牲口棚让动物住，那墙上有个洞，兔子爬出去找了个菜头啃。狐狸钻出去抓来一只母鸡，狼吞虎咽之后又去把公鸡抓来吃了。可是狼、熊和狮子都太大了，没法从洞里出

qù diàn zhǔ jiù ràng rén lǐng zhe tā men lái dào yí piàn cǎo dì gāng qiǎo nà lǐ yǒu tóu sǐ niú
去，店主就让人领着它们来到一片草地，刚巧那里有头死牛，
tā men yě chī le gè bǎo
它们也吃了个饱。

liè rén ān dùn hǎo dòng wù hòu wèn diàn zhǔ wèi shén me chéng li guà mǎn le hēi shā
猎人安顿好动物后问店主：“为什么城里挂满了黑纱？”

zhǔ rén shuō guó wáng de dú shēng nǚ ér míng tiān jiù yào sǐ le
主人说：“国王的独生女儿明天就要死了。”

shì yīn wèi jí bìng ma liè rén yòu wèn
“是因为疾病吗？”猎人又问。

bú shì zhǔ rén shuō tā jiàn kāng huó pō dàn bù dé bù sǐ
“不是，”主人说，“她健康活泼，但不得不死！”

wèi shén me ne
“为什么呢？”

zán men chéng wài de shān shang pán jù zhe yì tiáo è lóng tā měi nián dōu yào chī diào yí gè
“咱们城外的山上盘踞着一条恶龙，它每年都要吃掉一个
nián qīng měi mào de shào nǚ rú guǒ bù mǎn zú tā tā jiù huì ràng quán chéng biàn chéng yí piàn fèi
年轻美貌的少女，如果不满足它，它就会让全城变成一片废
xū xiàn zài chéng li de gū niang dōu sòng guāng le zhǐ shèng xià guó wáng de dú shēng nǚ ér míng tiān
墟，现在城里的姑娘都送光了，只剩下国王的独生女儿，明天
jiù yào bǎ tā jiāo gěi nà tiáo è lóng tā huì sǐ zài lóng kǒu
就要把她交给那条恶龙，她会死在龙口。”

wèi shén me bù bǎ è lóng chú diào ne liè rén yòu wèn
“为什么不把恶龙除掉呢？”猎人又问。

ài diàn zhǔ shuō guó wáng céng jīng chéng nuò zhǐ yào yǒu shuí xiāo miè zhè tiáo lóng shuí
“唉，”店主说，“国王曾经承诺，只要有谁消灭这条龙，谁
jiù kě yǐ qǔ tā de dú shēng nǚ ér wéi qī zài tā bǎi nián hòu hái kě yǐ jì chéng wáng wèi
就可以娶他的独生女儿为妻，在他百年后，还可以继承王位，
dàn shì duō shǎo qí shì wèi cǐ sàng mìng yǐ zhì yú zài wú rén gǎn qù tiǎo zhàn è lóng
但是，多少骑士为此丧命！以至于再无人敢去挑战恶龙。”

liè rén xīn lǐ yǒu le zhǔ yi méi zài shuō shén me dì èr tiān zǎo shang tā dài shàng zì jǐ
猎人心里有了主意，没再说什么。第二天早上，他带上自己

的动物来到恶龙居住的山上。山顶有座教堂，三只装满酒的酒杯摆在祭坛上，上面刻着：“喝完杯中酒的人，就能成为世界上最强大的人，就能挥动埋在门槛下面的宝剑。”猎人没有喝酒，直接去找埋在地下的宝剑，可他怎么也拔不出来。于是，他走上祭坛，把酒喝干，他顿时感到体内充满不尽的力量，他轻松拔起剑，自如地挥动。

祭献少女的时间到了，国王、宫廷贵族们和礼仪官陪着公主一起来到山下，为了全城不被恶龙摧毁，公主冒死向山上走去，国王和宫廷贵族们怀着沉重的心情返回，只有礼仪官奉命留下，站在远处观察。

公主来到山顶，自信的猎人给了她最大的安慰，他把她领进教堂，让她在那里等着，说他一定要带她回城，随后他把教堂的门锁上了。过了一会儿，恶龙携风夹雨，呼啸着来到山顶，看到猎人提剑立在那儿，不屑地说：“又来了一个送死的吗？”

“今天鹿死谁手，还不得而知！”猎人说。

“很多比你勇猛的人都把命留在这了，你也像他们一样吧。”说着，恶龙就从多张嘴里喷出火来，干枯的草地迅速燃起大火，猎人几乎被热浪和浓烟闷死。不过，他的动物队伍勇敢地冲上前，扑灭了大火。恶龙见火攻无效，就张开多张血盆大口，露出毒牙，直接扑向猎人，猎人毫不畏惧，手中的宝剑在他有神助力的手上舞得呼呼作响，恶龙的七个头被砍掉了三个。

恶龙狂怒不已，它升到半空，喷着火焰，朝猎人冲下来。猎人奋力挥剑，毫不畏惧，又砍下三个龙头。恶龙奄奄一息了，从半空中跌落下来，它还想用尾巴攻击猎人，又被猎人使出最后的力气，砍断了尾巴。在地上，猎人的动物队伍也加入了战斗，它们勇敢地冲上来，用利爪、牙齿把恶龙撕咬得遍体鳞伤、血流不止，最后，恶龙血尽而死。

恶战结束了，猎人打开教堂，发现公主因为害怕和担心晕倒在地，他抱起公主走出教堂，公主苏醒了，睁开了眼睛。猎人把恶龙指给她看，告诉她恶龙给这座城带来噩运的日子结束了。

公主说：“你现在就可以成为我的丈夫，我的父王是个守信的人，他承诺将我许配给杀死恶龙的人。”说着，就解下珊瑚项链，作为奖赏分给动物们，狮子分到的是项链的金扣。接着，公主把绣着自己名字的手帕交给猎人，猎人割下了恶龙的七个舌头，用手帕小心翼翼地包了起来。

经过恶战的猎人感到疲倦不堪，他对公主说：“我们都累了，先休息一会儿吧。”

公主说：“好，就听你的。”于是，猎人吩咐狮子放哨，不要让人打扰，安排完就休息了。猎狗一直跟随他奋战，也已疲惫不堪，也趴在他身边睡着了。狮子也被这场打斗搞得精疲力尽，它对熊说：“躺到我身边来，我得睡一会儿，有人来就叫醒我。”

熊在狮子身边趴下了，它也觉得困乏，就对狼说：“到我身边来，我得睡一会儿，有人来就叫醒我。”

狼在熊身边趴下，它也觉得困乏，就对狐狸说：“到我身边来，我得睡一会儿，有人来就叫醒我。”

狐狸在狼身边趴下，它也觉得困乏，就对兔子说：“到我身边来，我得睡一会儿，有人来就叫醒我。”

兔子趴在狐狸身边，没人可托付放哨一事，可它也困盹不已，不一会儿也睡着了。

再说那个被留下的礼仪官，没有看到恶龙带着公主飞走，山上又突然宁静下来，就鼓起勇气来到山上，他看到遍体鳞伤的恶龙和熟睡的公主、猎人及其动物们，邪恶的家伙顿生歹念，他操起利剑，杀了猎人，然后背着公主就下山了。

公主被颠醒了，礼仪官对她说：“你现在落到我的手里，要回城你必须说是我杀死了恶龙，否则你就必须死在这里。”

“我不能那样说，”公主回答，“是猎人和他的动物们战胜了恶龙。”

“那你就死在这吧！”礼仪官举起了手中的剑，在他的威逼恐吓下，公主只好答应了。他们来到国王面前，国王看到自己的公主又回到身边，不知该如何表达心中的喜悦。

礼仪官对国王说：“我杀死了恶龙，拯救了公主和整个国家，请您遵守承诺，将您的女儿许配给我。”

guó wáng wèn nǚ ér tā shuō de shì zhēn de
国王问女儿：“他说的是真的？”

shì de gōng zhǔ huí dá nèi xīn què yí wàn gè bú yuàn yì bú guò wǒ xiǎng zài
“是的，”公主回答，内心却一万个不愿意，“不过，我想在
yì nián líng yī tiān yǐ hòu zài jǔ xíng hūn lǐ tā zhǐ shì xī wàng duō liú xiē shí jiān hǎo dé
一年零一天以后再举行婚礼。”她只是希望多留些时间，好得
dào qīn ài de liè rén de xiāo xi
到亲爱的猎人的消息。

yǔ cǐ tóng shí nà xiē dòng wù men réng zài yù hài de zhǔ rén shēn biān hān shuì yì zhī yě fēng
与此同时，那些动物们仍在遇害的主人身边酣睡，一只野蜂
fēi dào tù zi de bí zi shang kě tù zi yòng zhuǎ zi bǎ tā gǎn zǒu jì xù shuì jiào huáng fēng
飞到兔子的鼻子上，可兔子用爪子把它赶走，继续睡觉；黄蜂
dì èr cì fēi lái kě tù zi hái shi bǎ tā gǎn zǒu le jiē zhe shuì dì sān cì huáng fēng zhē
第二次飞来，可兔子还是把它赶走了接着睡；第三次，黄蜂蛰
le tā yí xià tā téng xǐng le tù zi yì xǐng lái jiù jiào xǐng le hú li hú li jiào xǐng
了它一下，它疼醒了。兔子一醒来就叫醒了狐狸，狐狸叫醒
láng láng jiào xǐng xióng xióng jiào xǐng shī zi shī zi xǐng lái yí kàn gōng zhǔ bú jiàn le zhǔ rén
狼，狼叫醒熊，熊叫醒狮子。狮子醒来一看，公主不见了，主人
yě sǐ le tā fā chū zhèn shān de páo xiào shuí gàn de gǒu xióng nǐ wèi shén me bù hǎn
也死了，它发出震山的咆哮：“谁干的？狗熊，你为什么不喊
xǐng wǒ
醒我！”

xióng wèn láng nǐ wèi shén me bù hǎn xǐng wǒ
熊问狼：“你为什么不喊醒我！”

láng yòu zhuī wèn hú li nǐ wèi shén me bù hǎn xǐng wǒ
狼又追问狐狸：“你为什么不喊醒我！”

hú li zhì wèn tù zi nǐ wèi shén me bù hǎn xǐng wǒ
狐狸质问兔子：“你为什么不喊醒我！”

kě lián de tù zi bù zhī rú hé shì hǎo yú shì suǒ yǒu yuàn hèn dōu chòng tā ér lái le
可怜的兔子不知如何是好，于是所有怨恨都冲它而来了。
tù zi qiú ráo shuō bié shā wǒ wǒ kě yǐ ràng zhǔ rén fù huó wǒ zhī dào yǒu zuò shān shang
兔子求饶说：“别杀我，我可以让主人复活，我知道有座山上

有一种草根，只要放到人嘴上就能医好他的伤口，不过路途遥远。”

狮子说：“给你一天的时间，你必须带着那种草根回到这里。”

于是，兔子快速地跑去，在一天内带着草根回来了。狮子把草根放进猎人嘴里，猎人有了呼吸，又活了过来。他睁开眼睛，发现公主不见了，心想：“她可能不想和我在一起，趁我睡着的时候悄悄地走了。”

他问动物们在他睡着时出了什么事，狮子将它们如何因为太累睡着了，醒来后发现主人死了，兔子如何跑去找来起死回生的草根等经过，统统告诉了猎人并认错。

这些天来，猎人内心十分难过，他带着动物们四处流浪，他的动物可以给人们表演节目，生存并不是难事。他战胜恶龙一周年那天，来到了他曾救过国王之女的那座城市，他看到全城到处挂满了喜庆的红布。

他问店主：“这是为什么，去年这里挂满了黑布，今天却挂

mǎn le hóng bù
满了红布？”

diàn zhǔ huí dá shuō qù nián de jīn tiān guó wáng de nǚ ér bèi pò jì xiàn gěi è lóng
店主回答说：“去年的今天，国王的女儿被迫祭献给恶龙，
lǐ yí guān hé tā bó dòu zhōng yú shā sǐ le è lóng míng tiān jiù shì tā hé gōng zhǔ jǔ xíng hūn
礼仪官和它搏斗，终于杀死了恶龙，明天就是他和公主举行婚
lǐ de rì zi zhè jiù shì quán chéng qù nián guà hēi bù jīn nián guà hóng bù de yuán yīn
礼的日子，这就是全城去年挂黑布、今年挂红布的原因。”

liè rén zhè cái míng bai lǐ yí guān shì xiōng shǒu biàn duì diàn zhǔ shuō jīn tiān wǒ hé nǐ jiù
猎人这才明白礼仪官是凶手，便对店主说：“今天我和你就
zài zhè chī guó wáng cān zhuō shang de miàn bāo xìn bu xìn
在这，吃国王餐桌上的面包，信不信？”

wǒ yòng yì bǎi gè jīn bì hé nǐ dǎ dǔ zhè shì wán quán bù kě néng de diàn zhǔ shuō
“我用一百个金币和你打赌，这是完全不可能的。”店主说。

liè rén yě jiāng tóng yàng shù liàng de yí dài jīn bì fàng zài páng biān tóng yì hé diàn zhǔ dǎ dǔ
猎人也将同样数量的一袋金币放在旁边，同意和店主打赌。
rán hòu tā duì tù zi shuō kě ài de cháng pǎo zhuān jiā qù gěi wǒ ná diǎn guó wáng chī de
然后，他对兔子说：“可爱的长跑专家，去给我拿点国王吃的
miàn bāo
面包。”

tù zi zài duì wu zhōng zuì ǎi xiǎo wú fǎ zài xiàng xià fā hào shī lìng zhǐ néng zì jǐ qù
兔子在队伍中最矮小，无法再向下发号施令，只能自己去
bàn tā zhǐ shì dān xīn dān dú qù tú fū jiā de gǒu huì zhuī zhe tā yǎo zhèng rú tù zi suǒ
办，它只是担心单独去，屠夫家的狗会追着它咬。正如兔子所
dān xīn de nà xiē gǒu duì tā qióng zhuī bù shě tù zi mǐn jié de dōng bèng xī tiào piāo hū bú
担心的，那些狗对它穷追不舍，兔子敏捷地东蹦西跳，飘忽不
dìng de yàng zi ràng rén kāi yǎn tā duǒ jìn wèi bīng de gǎng tíng li wèi bīng dōu méi yǒu fā xiàn
定的样子让人开眼。它躲进卫兵的岗亭里，卫兵都没有发现，
nà xiē gǒu chōng guò lái cháo gǎng tíng wāng wāng jiào wèi bīng yě bù zhī dào wèi shén me suǒ yǐ jiù
那些狗冲过来朝岗亭汪汪叫，卫兵也不知道为什么，所以就
yòng qiāng tuō qū gǎn dǎ de tā men háo jiào zhe táo zǒu le
用枪托驱赶，打得它们号叫着逃走了。

兔子利用这个好机会，迅速朝王宫跑去，直接奔向公主，藏到她的椅子下面，用爪子挠了挠公主的脚，公主以为是她的宠物狗，说：“到别处去好吗？”

兔子又一次挠她的脚，公主还以为是她的狗，又说：“到别处去好吗？”

兔子完不成任务是不能走的，于是它第三次挠了公主。公主觉得奇怪，就俯下身子朝椅子下看，她一下认出了兔子的项圈，她将兔子抱回房间，问道：“亲爱的兔子，你想要做什么？”

兔子说：“我的主人，也就是杀死恶龙的猎人就在城里，他要我来拿一个国王吃的面包回去。”

公主十分惊喜，她让人把面包师叫来，要他取一个国王吃的面包来。

“面包师还得帮我把面包送去，免得那些狗追上我把面包抢走。”兔子对公主说。

于是，公主就让面包师把兔子和面包一直送到旅店门口。

兔子站起来，用前爪托起面包交给了它的主人。

猎人对店主说：“这一百个金币就归我啦。”店主十分惊讶，也十分后悔。猎人接着又说：“我现在有了面包，还需要点国王吃的烤肉。”

店主说：“我倒想见识见识。”但店主再也不肯下注了。

猎人对狐狸说：“小狐狸，去拿些国王吃的烤肉来。”小狐狸熟悉这里的小路，它又是钻洞又是翻墙，很快来到公主椅子下面，挠了挠她的脚。

公主低头一看，认出它脖子上的项圈，因此把它带到房间里问：“亲爱的狐狸，你想要做什么？”

“我的主人，也就是杀死恶龙的猎人住在城里，他要我来取一些国王吃的烤肉。”

公主又派人叫来厨师，命他烤一只国王吃的蹄髈，并替狐狸送到旅馆门口。狐狸接过肉，用尾巴赶走苍蝇，把它端给了主人。

“你看，我们现在有了面包和肉，还得配点国王吃的蔬菜才更好吧。”猎人问店主。店主已经知道猎人有这个能力，他再没回话。

猎人叫来狼，对它说：“可爱的狼，去替我拿些国王吃的蔬菜来。”

狼无所畏惧地进入王宫，来到公主的身边，从背后将她的裙子扯一扯，公主回头看是怎么回事，她认出了狼脖子上的项圈，于是将它带进自己房间，问：“亲爱的狼，你想要做什么？”

狼回答公主说：“我的主人，也就是杀死恶龙的猎人住在城里，他要我来取一些国王吃的蔬菜。”

公主依旧派人叫来厨师，要他准备一盘国王吃的蔬菜并且送到旅馆门口。狼接过厨师送来的蔬菜，端到主人面前，主人说：“你看，我们现在已经有了面包、肉和蔬菜，不过还得来点国王吃的点心才好。”店主不说话。

猎人叫来熊，对它说：“可爱的熊，你最爱吃甜的东西，去替我取些国王吃的甜点来。”

熊摇晃着跑到王宫，见到的人纷纷给它让路，王宫的卫兵持枪不让它进去，熊立起身子，用前爪把卫兵拍趴下，然后径直走到公主身后，轻轻呼唤了一声。

公主朝身后一看，认出了熊，把它带到自己房间问道：“亲爱的熊，你来是想要点什么？”

熊回答说：“我的主人，也就是杀死恶龙的猎人住在城里，他要我来取一些国王吃的甜食。”

公主再派人叫来糕点师，指派他做一份国王吃的甜点，并且替熊送到旅馆门口。熊接过甜点，把流下来的蜜舔着吃了，然后站直，将点心端给主人。主人说：“你看，我们现在已经有了面包、肉、蔬菜和甜点，不过我还想喝点国王喝的酒。”店主一声不吭，他确信猎人能办到。

猎人把狮子叫来对它说：“可爱的狮子，你也很爱喝酒，去替我取些国王喝的酒来。”

狮子威风八面地大步走着，看到的人都躲得远远的，它来到王宫门口，卫兵也不敢拦它。狮子来到王宫，用尾巴敲门，公主打开门，被眼前的狮子吓了一跳，但她很快认出了它脖子上挂着的金项链扣，于是把它带到自己房间问：“亲爱的狮子，你又想要点什么？”

它回答公主说：“我的主人，也就是杀死恶龙的猎人住在城里，他要我来取一些国王喝的酒回去。”

公主派人叫来宫里专门管酒的酒师，要他把国王喝的酒拿来给狮子。狮子说：“公主，我跟着他去吧，免得拿错了。”于是，狮子就跟着酒师来到酒窖。

酒师拿了些佣人们喝的普通酒给它，狮子说：“我得先尝尝这酒。”说着倒出半杯酒，一口喝了下去。“这是很一般的酒。”它说。酒师看了它一眼，走到另一桶礼仪官喝的酒旁准备取酒，狮子又说：“别忙，我还得先尝尝。”说着又倒出半杯酒喝了。“这酒好一些，但还不是国王喝的酒。”它说。

酒师气恼地说：“你这个愚蠢的动物懂品酒吗？”狮子上前就把酒师扑倒在地，等他再爬起来时，就老老实实地领着狮子来到一个小酒窖，那里存放着国王喝的酒，别人从没有喝过。

shī zi hái shi xiān dào chū yì bēi yì kǒu tūn xià qù shuō zhè cái shì zhēn de tā yì
狮子还是先倒出一杯，一口吞下去，说：“这才是真的。”它一
biān hē yì biān ràng jiǔ shī guàn zhuāng le liù píng děng chū le jiǔ jiào shī zi yǐ jīng zuì de dōng
边喝一边让酒师灌装了六瓶。等出了酒窖，狮子已经醉得东
dǎo xī wāi le suǒ yǐ jiǔ shī bù dé bú tì tā līn zhe lán zi lái dào lǚ guǎn mén kǒu shī zi
倒西歪了，所以酒师不得不替它拎着篮子来到旅馆门口。狮子
jiē guò lán zi yǎo zhù tí shǒu jiāng jiǔ jiāo gěi le zhǔ rén
接过篮子，咬住提手，将酒交给了主人。

liè rén shuō diàn zhǔ wǒ men xiàn zài bù jǐn yǒu le miàn bāo ròu shū cài tián diǎn
猎人说：“店主，我们现在不仅有了面包、肉、蔬菜、甜点，
hái yǒu jiǔ nǐ wǒ gāi hé dòng wù men yì tóng jìn cān le yú shì tā jiāng shí wù hé jiǔ
还有酒，你我该和动物们一同进餐了。”于是，他将食物和酒
yě fēn gěi le dòng wù men dà jiā chī de shí fēn kāi xīn ér qiě yóu cǐ kě yǐ zhī dào gōng
也分给了动物们，大家吃得十分开心，而且由此可以知道，公
zhǔ réng rán ài zhe liè rén měi cān chī wán le liè rén shuō wǒ yǐ jīng xiàng guó wáng yí yàng
主仍然爱着猎人。美餐吃完了，猎人说：“我已经像国王一样
chī bǎo hē zú le xiàn zài gāi wǒ qù wáng gōng le wǒ yào qù hé guó wáng de nǚ ér jié hūn
吃饱喝足了，现在该我去王宫了，我要去和国王的女儿结婚。”

diàn zhǔ yòu yǒu xiē bù xiāng xìn de shuō zhè bù kě néng tā yǐ jīng dìng le hūn ér qiě
店主又有些不相信地说：“这不可能！她已经订了婚，而且
jīn tiān jiù jǔ xíng hūn lǐ
今天就举行婚礼。”

liè rén tāo chū gōng zhǔ zài lóng shān shang gěi tā de shǒu pà ràng diàn zhǔ kàn lǐ miàn bāo zhe
猎人掏出公主在龙山上给他的手帕，让店主看，里面包着
lóng de qī gè shé tou zhè lǐ de dōng xi huì bāng zhù wǒ de tā duì diàn zhǔ shuō
龙的七个舌头。“这里的东西会帮助我的。”他对店主说。

diàn zhǔ kàn zhe shǒu pà shuō bié de wǒ dōu xiāng xìn le wéi dú zhè jiàn shì wǒ bù xiāng
店主看着手帕说：“别的我都相信了，唯独这件事我不相
xìn wǒ kě yǐ yòng wǒ de fáng zi hé yuàn zi zài gēn nǐ dǎ yí cì dǔ nǐ bàn chéng zhè shì
信，我可以用我的房子和院子再跟你打一次赌，你办成这事，
fáng zi hé yuàn zi dōu guī nǐ
房子和院子都归你！”

猎人也掏出一千个金币放在桌上，说："好！我办不成的话，这些金币都归你。"

国王也看到那些野兽们来来往往，进出女儿的房间，就问女儿："为什么那些野兽来到宫里进出你的房间？"

公主回答说："不用我说什么，让人把它们的主人带来，一切真相就大白于天下了。"

于是，国王派仆人到旅店去请猎人，刚好赶上猎人把赌注放到店主的桌上，猎人就对店主说："瞧瞧，倒霉的店主先生，国王派仆人来请我了，不过，我不能没有身份地去。"

他转身对仆人说："请转告国王陛下，派人送宫廷礼服来，让仆人为我穿戴整齐，再派一辆六马马车和随侍的仆人接我进宫。"

国王听了这些要求，问女儿说："我该怎么办？"

公主回答说："照他说的办。"

于是，国王派人送去了宫廷礼服、一辆六马马车和随侍的仆人前来接猎人，猎人对店主说："看看，我就要按我的要求被接走了。”仆人帮他穿好礼服，他就带着那块包裹着七个龙舌的手帕，坐上马车见国王去了。

国王远远地看到他，就问女儿：“我该以什么样的礼节接待他合适？”

公主说：“前去迎接他！”

国王走过去迎接猎人，又领着他走进宫殿，那些动物们紧随在后面。国王在自己身边给猎人指定好座位，新郎礼仪官就坐在他对面，不过，他根本没认出猎人。

这时，侍从们抬出七个龙头，国王说：“这七个头是礼仪官从恶龙身上砍下的，今天我就要实现自己的诺言，把女儿许配给他为妻。”

猎人站起来，掰开龙嘴问道：“龙的舌头呢？”

礼仪官不知道舌头哪去了，更不知该怎么回答，情急之下随口说道：“龙没有舌头。”

猎人说：“对使用卑鄙手段把他人功劳占为己有的恶人，就应该像惩罚恶龙一样惩罚他！只有战胜恶龙的人才能割下它的舌头。”说着，他打开手帕，里面实实在在包着七个舌头，他将每个舌头一一对应地放进龙嘴，都能与舌根吻合。接着，他抖开绣着公主名字的手帕给公主看，问她把手帕给了谁？

公主回答说：“送给了杀死恶龙的人。”

猎人又叫来动物们，问公主它们带的项链或金链扣是谁的，公主回答说：“项链和金链扣是我的，但我把项链和金链扣分送给了那些帮助征服恶龙的动物们了。”

猎人宣布说：“当我打败恶龙，疲惫不堪地睡着时，礼仪官杀了我，带走了公主，并宣称龙是他杀死的，可以想象，公主不敢说出真相，肯定是他也对公主使出了卑鄙手段。我用龙舌、公主的手帕和项链证明他在撒谎。”

他又向大家讲述了，他的动物们如何用回生草使他复活，他又如何带着动物们到处流浪，如何又回到这里，如何从旅店店主那里听说了礼仪官的骗局。

国王听完后问女儿：“恶龙真是这个人杀死的？”

公主回答说：“千真万确！礼仪官曾经以杀死我威逼我隐

瞒真相，也正是因为他逼我，我才要求婚礼推迟到一年零一天以后，我希望这么长的时间里，杀死恶龙的英雄会搞清楚真相来到这里。今天就是事情的真相和阴谋诡计一起暴露在阳光下的日子！”这时，礼仪官已经像泥一样摊在了地上。

国王听了女儿的陈述后，召见十二位大臣对礼仪官进行审判。然后，国王宣布将女儿许配给猎人做妻子，又宣布猎人全权代表他治理整个国家。

婚礼在举国欢乐的气氛中举行，年轻的国王把自己的父亲和养父都接来，过着幸福而快乐的生活。他也没忘记旅店店主，召他进宫说：“可怜的店主先生，我和公主结婚了，你的房子和院子又输给我了。”

店主说：“是啊，是归你了，怪只怪我的赌运不好！”说完，他拿出了房契。

年轻的国王说：“今天，事情不按规矩办，咱们按人情来办，我和动物们住你的店，过了一段挺快乐的时光，为了这段时光，房子和院子仍旧归你，继续开店，而那一千个金币是给你的奖励。”店主千恩万谢地离去，逢人就赞美年轻的国王。

年轻的国王和王后幸福而快乐地生活在一起，他依旧爱打猎，因此，常常带着那些忠实的动物们出去。有一天，他听人们说附近森林有妖魔，走进去的人没见出来过，出于好奇，也出于猎人的勇敢，他很想去那里打猎，说的次数多了，老国王也只好答应他了。他选择了一个晴朗的日子，带着大队人马来到这片森林边缘，他看到一只白鹿，就对随从们说：“你们在这儿等我，我要把那只美丽的动物带回来。”说完，就追那只鹿去了，他的动物们紧跟着他。

随从们在森林边缘等到天黑，仍不见年轻国王回来，就返回向王后报告说：“国王追一只白鹿，进了那片有妖魔存在的森林没有回来。”王后听了十分焦急。

年轻的国王跟着那头白鹿，怎么追也追不上，一有了瞄准的机会，那鹿好像知道似的，立刻就窜进森林深处，瞬间就不见了。这时他发现，自己也处于密林深处，于是他吹起号角，可是没有回音。

tiān sè yǐ wǎn lín shēn dào hēi dàng wǎn huí bu qù le tā kàn kan sì zhōu jiù xià le
天色已晚，林深道黑，当晚回不去了，他看看四周，就下了
mǎ zài yì kē shù páng shēng qǐ yì duī gōu huǒ zhǔn bèi zài sēn lín li hé dòng wù men guò yí
马，在一棵树旁生起一堆篝火，准备在森林里和动物们过一
yè tā men zài huǒ biān zuò xià shí sì hū tīng dào yǒu shuō huà de shēng yīn sì zhōu kàn kan
夜。他们在火边坐下时，似乎听到有说话的声音，四周看看，
shén me yě méi yǒu kě guò le yí huìr yòu tīng dào yǒu shēn yín de shēng yīn xiàng shì cóng
什么也没有。可过了一会儿，又听到有呻吟的声音，像是从
shàng fāng chuán lái de tā tái qǐ tóu kàn dào yí gè lǎo tài pó zuò zài shù shang yí gè jìn de
上方传来的，他抬起头，看到一个老太婆坐在树上，一个劲地
shēn yín shuō āi yō hǎo lěng a
呻吟说：“哎哟，好冷啊。”

tā duì lǎo tài pó shuō nà nǐ jiù xià lái kǎo kao huǒ ba
他对老太婆说：“那你就下来烤烤火吧。”

nǐ nà xiē dòng wù huì yǎo wǒ de tā shuō
“你那些动物会咬我的。”她说。

tā men bú huì shāng hài nǐ de lǎo pó po xià lái ba tā shuō
“它们不会伤害你的，老婆婆，下来吧。”他说

tā duì nián qīng de guó wáng shuō wǒ bǎ zhè gēn gùn zi rēng gěi nǐ nǐ yòng tā pèng yi pèng
她对年轻的国王说：“我把这根棍子扔给你，你用它碰一碰
tā men de bēi tā men jiù bú huì yǎo wǒ le shuō zhe tā rēng xià yì gēn xiǎo gùn zi guó
它们的背，它们就不会咬我了。”说着，她扔下一根小棍子，国
wáng méi yǒu duō xiǎng jiù yòng gùn zi yī yī de pèng le pèng tā de dòng wù men tā men mǎ shàng bú
王没有多想，就用棍子一一地碰了碰他的动物们，它们马上不
dòng le ér qiě biàn chéng le shí tou qí shí zhè ge lǎo tài pó jiù shì sēn lín zhōng de
动了，而且变成了石头。其实，这个老太婆就是森林中的
wū pó
巫婆。

wū pó yí kàn dòng wù men bú dòng le lì kè cóng shù shang tiào xià lái yòng xiǎo gùn zi diǎn le
巫婆一看动物们不动了，立刻从树上跳下来，用小棍子点了
nián qīng de guó wáng yí xià guó wáng yě biàn chéng le shí tou wū pó kuáng xiào zhe bǎ tā hé
年轻的国王一下，国王也变成了石头。巫婆狂笑着，把他和

动物们搬进了自己的地窖，那里还有很多这样的石头。

王后越来越焦急，因为年轻的国王还没有回来。也很巧，双胞胎中那个朝东走的猎人哥哥带着他的动物也来到这个国家，他到处流浪，靠让动物们表演也生活得挺好，就是还没找到一个合适的落脚的地方。

有一天，他突然想起兄弟分手时插在树上的刀，他要去看看，了解一下弟弟怎么样了。他到那里时，发现朝弟弟那面的刀刃一半生锈，一半还亮着，他立刻想道：“我弟弟遇到了很大的困难，既然刀刃还有一半没锈，那就有生的希望，我还能救他。”

于是，他带着动物们朝西走去，当他走近城门时，卫兵急忙出来迎接，并且询问是否通报年轻的王后，因为王后因他外出未归而一直悲痛，以为他在魔鬼森林遇难了。卫兵真的把他当作国王本人了，因为他们长得一模一样，又有同样的动物跟在后面。

猎人也明白自己被认成弟弟了，他心想：“我暂且先冒充他几天吧，这样会把事情了解清楚，有利于解救弟弟。”因此，他来到王宫，受到最隆重的欢迎，年轻的王后也把他当成了自己的丈夫，悲痛的心情消失得无影无踪。“为什么出去这么久？”王后问。

“我们在森林里迷了路，转来转去走了很多天才走出森林。”他回答说。

晚上，他被仆人领进国王和王后的卧室，临睡前，他在床中间摆了一把双刃剑，王后不明白是什么意思，可也没有问。

他在王宫里住了几天，了解清楚了有关魔鬼森林的事情，最后说：“我还得去打一次猎。”

老国王和年轻的王后都劝他不要再去冒险，可他坚持要去，老国王只好为他配备大队人马，送他出发。到了森林边缘，一切和他弟弟碰到的一样，他看见一头白色的鹿，就对随从说：“在这儿等我回来，我要把那头可爱的动物带回来。”说着就追了过去，只有动物们跟在后边，可他怎么也追不上那头鹿，结果在森林里追到了天黑，回不去了，不得不在森林里过夜。

děng tā rán qǐ le gōu huǒ yě tīng dào shàng miàn yǒu rén shēn yín āi yō hǎo lěng a
等他燃起了篝火，也听到上面有人呻吟：“哎哟，好冷啊！”
tā tái tóu yí kàn shì nà ge wū pó zuò zài shù shang
他抬头一看，是那个巫婆坐在树上。

nǐ yào shi lěng jiù xià lái kǎo huǒ ba lǎo pó po tā shuō
“你要是冷就下来烤火吧，老婆婆。”他说。

bù xíng nǐ de dòng wù huì yǎo wǒ tā shuō
“不行，你的动物会咬我。”她说。

tā men bú huì shāng hài nǐ de tā shuō
“它们不会伤害你的。”他说。

kě nǚ wū yòu shuō wǒ zhè lǐ yǒu gēn xiǎo gùn zi zhǐ yào nǐ yòng tā pèng yi pèng nà xiē
可女巫又说：“我这里有根小棍子，只要你用它碰一碰那些
dòng wù tā men jiù bú huì yǎo wǒ le
动物，它们就不会咬我了。”

liè rén duì nǚ wū shì yǒu jiè bèi de tā bù xiāng xìn tā de huà shuō wǒ bú huì yòng
猎人对女巫是有戒备的，他不相信她的话，说：“我不会用
gùn zi pèng tā men bú huì shàng dàng nǐ bú xià lái wǒ jiù zhuā nǐ xià lái
棍子碰它们，不会上当，你不下来我就抓你下来。”

nǚ wū jiào dào xiǎng de měi nǐ bù néng bǎ wǒ zěn yàng
女巫叫道：“想得美，你不能把我怎样！”

liè rén shuō nǐ bú xià lái wǒ jiù shè sǐ nǐ
猎人说：“你不下来我就射死你！”

nǚ wū què shuō nǐ shè ba wǔ qì duì wǒ háo wú wēi xié
女巫却说：“你射吧，武器对我毫无威胁！”

liè rén miáo zhǔn tā kāi le yì qiāng nǚ wū bú pà qiān dàn tā kuáng xiào zhe shuō nǐ de
猎人瞄准她开了一枪，女巫不怕铅弹，她狂笑着说：“你的
qiān dàn rào zhe wǒ zǒu le hā hā
铅弹绕着我走了，哈哈。”

liè rén cóng yī fu shang chě xià zhè xiē nián yuǎn yóu huò dé de yǒu shén qí lì liàng de sān kē
猎人从衣服上扯下这些年远游获得的、有神奇力量的三颗
yín niǔ kòu bǎ tā men zhuāng jìn qiāng táng zài cì miáo zhǔn wū pó kòu dòng bān jī yì shēng qiāng
银纽扣，把它们装进枪膛，再次瞄准巫婆扣动扳机，一声枪

响，女巫随声掉下树来，地被砸了个坑，三个银扣深深地嵌进女巫的胸膛，黑色的血不断地涌出。猎人说："老巫婆，你不老老实实把我弟弟的下落告诉我，我就把你绑回去惩治你。"

巫婆吓得求饶不止，说："他和动物们都变成了石头，在一个地窖里。"

猎人押着她来到地窖，说道："老巫婆，再告诉你一遍，你要是不把我弟弟和这里所有的人变成活人，我就只能把你绑回去惩治！"

女巫赶忙拿出一根小棍子点了一下猎人的弟弟和动物们，他们就活了，还有其他的商人、手艺人、牧羊人和羊群等，也纷纷站了起来。他们当然感谢猎人的救命之恩，纷纷拿出身边的物品送给猎人，猎人什么都不收，让他们带上自己的东西各自回家，他们的家人也等他们很久了。他们再次对猎人表示感谢后，就走上了回家的路。

猎人什么都不要，是因为今天他得到了世界上最好的礼物，他找回并救出了他的弟弟，两人紧紧拥抱在一起，动物们也因为重逢而依偎在一起。高兴之后，猎人让巫婆把她的魔棍投入火中，魔棍化作一道青烟升起，森林上空便晴朗起来。猎人告诉国王弟弟，他的三个银纽扣已经深深地嵌在巫婆的胸中，只要她再起邪念，银纽扣就会让她肝胆俱裂，生不如死。“把巫婆留给森林吧，让她在忏悔中度过余生吧！”猎人说。

兄弟俩带着动物们动身回城，远远地可以看到王宫就在前方。一路上，兄弟俩讲述了各自的经历，弟弟告诉哥哥，他是这个国家的国王，哥哥并不惊奇，从来的那天他就知道了。他告诉弟弟，进城时，他们把他当成了国王，王后也把他当成她丈夫，吃饭时不得不坐在王后身边，晚上也不得不睡在王后身边。”弟弟听了之后，心中还生起了闷气。

快进城的时候，弟弟说：“你长得像我，也像我一样有王者之相，又有和我一样的动物跟着，我们分两头进城，看看他们能否分辨出来。”

两个城门上的岗哨都来报告说：“年轻的国王打猎回来了。”老国王说：“怎么可能？两座城门相距很远，怎么会同时出现呢！”

此时，两兄弟从两个方向同时来到王宫，国王对女儿说：“他们两人长得一模一样，我没法分清楚，你看看谁是你的丈夫吧！”

王后也因分不出谁是丈夫而很为难，但她是个细心人，想起动物们带着饰物，她发现了脖子上挂着金链扣的狮子，于是她说：“这头狮子跟着的人是我的丈夫。”

兄弟俩把父亲和养父也请出来，大家在一起用餐，喝着美酒，度过了十分快乐的一天。到了晚上，年轻的国王回到卧室，王后问他：“这些天你为什么总是把双刃剑放在床上，而且放在我们两人之间，我做错了什么吗？”这下年轻的国王明白了一切！他告诉王后：“前几天睡在这儿的人是我的哥哥，虽然我做了国王，但比起他来就像荆棘和大树相比，他虽然只是个猎人，但是比我更高贵，因为他有一颗比黄金更金贵的心！”

海的女儿

海的远处，水是深蓝色的，像矢车菊花瓣的美丽颜色，那里的水又是那么清，像透明的玻璃。然而，因为海水太深，所以是看不到底的，很长的锚链也够不到底。要想从海底到达水面，必须要用许多许多教堂的尖塔，一个接着一个地连起来才可以，海底的人就住在深处。

不知道的人们总以为海底铺满了白沙砾，其实不然，那儿很像陆地，覆盖着最奇异的植物，植物的枝叶是柔软的，随着水的流动，它们会摇动起来，像是在自由地跳舞。鱼在枝叶间自由自在地穿梭，像是飞鸟在天空自由地飞翔。海的最深处是宫殿，是海王的住所，海王的住所不比天宫逊色，墙壁是用纯白的珊瑚砌成的，那些上尖下方的高高的窗子是用彩色的贝壳镶嵌起来的，屋顶是灰黑色的，是一只只大蚌壳整齐排列起来的，它们可以自由地开合，当它们合在一起的时候，看上去就是整齐的屋瓦，当它们展开的时候，像是星光灿烂的星空！因为，每个蚌壳里都有晶莹剔透的珍珠，随便取一颗珍珠，都可以作为皇后帽子上装饰的璀璨的珍珠。

住在海底的海王，他的夫人已经离世多年，但他至今未娶，由他的老母亲为他管理家务。她是一个精明的女人，也是一个自负的女人，她要显示自己高贵的身份，尾巴上一定要戴着一打牡蛎，其余的显贵只能戴上半打。值得称赞的是，她特别爱海王的孩子——她的孙女。她们是六个美丽的孩子，而她们之中，最小的那个要算最美丽的了，她的皮肤光鲜细嫩，像玫瑰的花瓣，她的眼睛蓝如海水，她也跟其他的公主一样没有腿，身体的下半部分和鱼尾是一样的。

她们漫长的日子是在墙壁上生长着鲜花的宫殿里度过的，那些贝壳镶嵌的大窗子一直是开着的，鱼自由地出入，如同我们打开窗子的时候，燕子会飞进飞出一样。不过，鱼会一直游向这些小公主，在她们的手里找吃的，还要让她们抚摸自己。

宫殿外面有一个浩大的花园，里边生长着许多色彩缤纷的海洋植物，枝叶、果实应有尽有。地上是细碎的沙子，发出蓝得像硫黄发出的光焰，在这儿到处都有这种奇异的、蓝色的光彩。这让人很容易觉得自己是在高高的天空，而不是在海底，因为你的头上和脚下全是一片蓝色。当海沉静的时候，向上望，可以隐约看见太阳，像一朵紫色的花，花萼里射出的光有多种色彩。

每一位小公主在花园里都有自己的领地，可以随意整理和栽种。有的把自己的领地布置得像条巨鲸，有的却布置得像一个小人鱼。最年幼的公主把自己的领地布置得圆圆的，像一轮太阳，她也只种像太阳一样红的花朵。她是个古怪的孩子，不爱多说话，总喜欢一个人静静地待在那里。别的姐妹们都忙着用从沉船里获得的最奇异的东西装饰领地的时候，她依旧种植像太阳一样艳红的花朵，不过她现在也得到了一尊她喜欢的、美丽的大理石像，这是一个美丽男子的雕像，是用一块洁白的石头雕出来的。雕像是跟一条遇难的船一起沉到海底的，她在这石像旁边种了一株玫瑰花一样红的珊瑚，珊瑚长得很快，它新长的枝叶拥着这个石像，倒影和蓝色的沙底相互映衬。

小公主最喜欢听些关于人类世界的故事，她的老祖母就把自己知道的一切关于人类和动物、城市和航行的见闻讲给她听。有一件事特别引起她的好奇，为什么地上的花能散发出香气，而海底的花不能。还有一件事她更想不明白，鱼在树枝间游来游去地唱着美妙的歌，可她从来没有听到过鱼唱歌。其实老祖母所说的“鱼”事实上就是陆地上的小鸟，她不这样讲的话，小公主就很难听懂她的故事了。

“等你长到十五岁的时候，”老祖母说，“就准许你浮到海面上去，那时，你可以在月光下，坐在石头上，看巨大的船只从你身边驶过，也可以看到远处的树林和城市。”

新的一年快要到来了，在新的一年里，姐妹中就有一位满十五岁了，其余的姐妹一个比一个小一岁，因此，最年幼的公主还要等五个年头才能够从海底浮上去，看看上面的世界。不过，姐姐都给妹妹承诺，一定要把第一天看到和发现的东

xi jiǎng gěi dà jiā tīng yīn wèi tā men jué de zǔ mǔ jiǎng de gù shi tài shǎo le yuǎn yuǎn mǎn
西讲给大家听，因为，她们觉得祖母讲的故事太少了，远远满
zú bu liǎo tā men duì wài jiè de hào qí xīn
足不了她们对外界的好奇心！

tā men zhōng shuí yě méi yǒu zuì nián yòu de nà wèi mèi mei gèng kě wàng kàn dào wài miàn de shì
她们中谁也没有最年幼的那位妹妹更渴望看到外面的世
jiè kě shì tā qià qià děng de zuì jiǔ nián líng jué dìng le tā zuì hòu yí gè kàn dào wài miàn de
界，可是她恰恰等得最久，年龄决定了她最后一个看到外面的
shì jiè tā bù duō yán bù zhī yǒu duō shǎo yè wǎn tā zhàn zài chuāng biān jìng jìng de guān kàn
世界。她不多言，不知有多少夜晚，她站在窗边，静静地观看
hé sī kǎo tā tòu guò shēn lán sè de hǎi shuǐ cháo shàng miàn níng wàng yú zài tā de yǎn qián yóu
和思考。她透过深蓝色的海水朝上面凝望，鱼在她的眼前游
dòng tā hái kàn dào yì tuán tuán hěn dàn de guāng zài shuǐ zhōng huǎng dòng dāng rán tā bìng bù zhī dào
动，她还看到一团团很淡的光在水中晃动，当然，她并不知道
zhè shì yuè liang hé xīng xing fā chū de tòu guò shuǐ de guāng kàn qǐ lái gèng xiàng shì yì tuán tǐng dà
这是月亮和星星发出的，透过水的光，看起来更像是一团挺大
de guāng wù rú guǒ yǒu yí kuài xiàng hēi yún de dōng xi zài shàng miàn fú guò qù de huà xiǎo gōng
的光雾。如果有一块像黑云的东西在上面浮过去的话，小公
zhǔ jiù zhī dào zhè rú guǒ bú shì yì tiáo jīng yú zài shàng miàn yóu guò qù biàn shì yì sōu zhuāng zài zhe
主就知道这如果不是一条鲸鱼在上面游过去，便是一艘装载着
xǔ duō lǚ kè de chuán kāi guò dàn shì zhè xiē lǚ kè men zěn me yě xiǎng xiàng bu dào hǎi dǐ
许多旅客的船开过。但是，这些旅客们怎么也想象不到，海底
yǒu yí wèi měi lì de xiǎo rén yú cháo zhe tā men de chuán dǐ huī dòng zhe yì shuāng jié bái de xiǎo shǒu
有一位美丽的小人鱼朝着他们的船底挥动着一双洁白的小手。

zuì dà de nà wèi gōng zhǔ yǐ jīng shí wǔ suì le xiàn zài kě yǐ shēng dào shuǐ miàn shang qù le
最大的那位公主已经十五岁了，现在可以升到水面上去了。

tā huí lái de shí hou mèi mei men dōu wéi zhe tā tā yào jiǎng de shì qing tài duō le bú
她回来的时候，妹妹们都围着她，她要讲的事情太多了，不
guò tā shuō zuì měi de shì qing shì dāng hǎi shang fēng píng làng jìng de shí hou zài yuè guāng dǐ xia
过她说，最美的事情是当海上风平浪静的时候，在月光底下，
tǎng zài yí gè shā tān shàng miàn jǐn tiē zhe hǎi àn níng wàng nà dài chéng shì li wú shù bǐ xīng guāng
躺在一个沙滩上面，紧贴着海岸凝望那大城市里无数比星光

更亮的灯光，静静地听音乐声、车马声、人的喧闹声和远处教堂的圆塔、尖塔中传来的叮当的钟声。

最小的那位妹妹聚精会神地听着，因为她不能到那儿去看、去听，所以，不能得到的东西就成为她最渴望的东西。晚上，她站在开着的窗子旁边，透过深蓝色的水朝上面望的时候，就想起了姐姐讲的那个比星光还要明亮的大城市以及那里面发出的各种声音，于是她仿佛听到教堂的钟声向她飘来。

第二年，第二个姐姐可以浮出水面，随便向什么地方游去，她跳出水面的时候，太阳刚刚下落，金色的云霞铺满天空，随着太阳的下落，云霞的色彩不断变换，一会儿红，一会儿紫，而且色彩斑斓的云霞还在移动，她觉得这景象真是美极了，她无法把云霞的美形容出来！不过，比云霞飞得还要快的是一群掠过水面的野天鹅，它们像一片又白又长的面纱，向太阳飘去，她也跟着向太阳游去，最后太阳落了，天空暗了下来，最后一片玫瑰色的晚霞在海面和天空之间消失了。这是第二个姐姐带回来的见闻。

又过了一年，第三个姐姐浮向海面。她是她们中最具冒险精神的一位，因此，她向一条流进海里的大河游去，她看到两岸美丽的青山，上面种着一行一行的葡萄树和其他的果树，远处还有茂密的森林，宫殿和田庄隐在阴郁茂盛的林中，她听到各种鸟儿的美丽歌声，阳光很强烈，把大地照得暖洋洋的，美景让她看不够，但有时她不得不沉入水里，让被阳光灼热的面孔得到一点清凉。在一个河湾里，她碰到一群人间的孩子，他们光着身子，在水里游来游去，她很想跟他们一起游，可是他们被吓坏了，纷纷逃去。一个小的黑色动物却走上前来，这是一只小狗，她以前从没有看到过，它对她"汪汪"地叫，叫得那么凶，倒使她害怕起来，于是她就离开这里，回到大海里去。但是，那绿色的山，那壮丽的森林，那些能够在水里游泳的可爱的小孩（虽然他们没有像鱼那样的尾巴），还有那只凶巴巴的小黑狗，都成了她讲的故事和难忘的记忆。

第四个姐姐胆可就没那么大了，她停留在海面上。她说："最美的事情就是停在海面上，向四周很远很远的地方望去，天空悬在头顶，像一个巨大的玻璃钟罩，远处过往的船只看起来像海鸥一样大小。快乐的海豚在海面翻着筋斗，像山一样的鲸鱼喷出水来，好像有无数的喷泉围绕着它们。”

现在轮到第五个姐姐出游了，她的生日是在冬天，所以她能看到其他的姐姐们浮出海面时没有看到过的东西。海水是深绿色的，巨大的冰山在海面上移动。她说，每一座冰山看起来像一颗璀璨的宝石，比人类所建造的教堂塔还要大得多，它们的形状千奇百怪，不过，它们都像钻石似的反射出光彩。她曾经在一个最大的冰山上坐过，让海风吹着她细长的头发，所有的船只都远远地绕行，像躲避灾难一样躲避冰山。黄昏时分，天空忽然布满了乌云，电闪雷鸣，黑浪滔天，整座整座的冰山在电闪雷鸣中发出蓝白色的反光，所有的船只都收起了风帆，在海浪中飘摇，海面上气氛恐怖，但是她却安坐在浮动的冰山上，望着亮白的闪电照亮夜空，射进反光的海里，像扭曲的蛇身消失在海里。

前五个姐姐都有了第一次升到海面的经历，她们都看到了以往没看到过的、新鲜和美丽的东西。现在，她们已经是大女孩了，可以随便到她们喜欢的地方，因此，这些东西就不太引起她们的兴趣了。一个多月以后，她们只是偶尔结伴外出，对外出都不太感兴趣，感觉还是住在海中的家里好，宁静而舒适！

黄昏的时候，前五个姐姐手挽着手浮到水面上来，排成一行，唱出好听的歌，她们的声音比人类的声音还要动听。当风暴快要到来时，她们认为有些船只将要出事的时候，就浮到这些船的面前，唱起非常动听的歌来，歌中讲述海底世界多么美丽、多么可爱，告诉水手们不要害怕沉到海底。然而，这些水手听不懂她们表达的意思，他们以为这是飓风的声音。他们也想不到海底能看到什么美好的事物，因为船沉了的话，船上的人也就淹死了，只有死人才能到达海王的宫殿。

有一天晚上，当姐妹们还是这样手挽着手浮出海面时，最小的妹妹孤独地待在海底，看着像是要哭的样子，不过美人鱼是没有眼泪的，因此她的内心一定很难受。

“啊，多么希望我快快长到十五岁啊！”她说，“我将会喜欢上面的世界，喜欢住在那个世界里的人们。”

最后，她的十五岁生日终于来了。“你知道的，现在可以离开我们，”她的祖母说，“来吧，我为你打扮，像你那些姐姐出行时一样。”

于是，小姑娘的头上被戴上百合花编的花环，花的每一个花瓣是半颗珍珠。老祖母又让八个大牡蛎附贴在公主的尾巴上，表示她有高贵的地位。

“这叫我很难受！”小人鱼说。

“为了漂亮和显示尊贵的地位，吃点苦是值得的！”老祖母说。

小美人鱼真想摆脱这些装饰品，她花园里的红花戴在头上要美丽得多，但是她不能违背老祖母的意愿。“再会吧！”她说。然后，美丽的小公主就像一个轻盈透明的水泡，来到她久久向往的水面。

当她把头伸出海面的时候，太阳已经下落了，天空所有的云团还是像玫瑰花或黄金似的散发出绚丽色彩。幽蓝的远空，金星眨着明亮的眼睛，空气新鲜而温润，海面很平静，一艘有三根桅杆的大船停在海面上，船上只挂起一张帆，因为海面没有一丝风，水手们悠闲地坐在护桅索的周围和帆桁的上面。

周边有音乐声，也有歌声。天空逐渐变暗的时候，各色各样的灯笼就依次点亮了，看上去就好像飘在空中的世界各国的发光的旗帜。小美人鱼一直向船窗那边游去，海浪把她托起来的时候，她可以透过明净的窗玻璃，望见里面站着许多服装华丽的男子，但他们之中最英俊的一位是长着一对黑色大眼睛的王子，今天是他十六岁的生日，所以今天才来了这么多人，这里才这样热闹。

水手们在甲板上跳着欢快的舞蹈，王子走上甲板的时候，一百多枚礼花“砰砰砰”一齐射向天空。这一瞬间，天空被照得如同白昼，这样的声响和场景，小美人鱼从来没见过，她有些害怕，就赶紧沉到水里。可是不一会儿，好奇心又驱使她把头伸出水面，礼花随着“砰砰”的响声，依旧在天空绽放，像是许多发出响声的巨大的太阳，把天空装扮得耀眼夺目。这时，她感觉满天的星星都在向她飘落，那其实是焰火的余晖。绚烂的天空倒映在平静的海上，整个船被照得通明，就连一根根小的缆绳都可以看清楚，船上的人当然更能够看得清楚了。“啊，这位年轻的王子是多么英俊啊！”小美人鱼心里说。音乐在喧闹灿烂的夜里慢慢消逝的时候，王子跟水手们一一握手，说着、笑着……

夜已经很深了，但是小美人鱼无法控制自己的眼睛，她的眼睛一刻也没离开这艘船和这位英俊的王子。彩色的灯笼熄灭了，炮声停止了，礼花不再射向空中，可是在海的深处隐隐传来沉闷的声音。她在水上，一起一伏地漂着，随浪起来时，她能看到船舱里的东西。浪涛越来越大，沉重的乌云布满天空，远处闪电从云端刺向海面，雷声隆隆，可怕的暴风雨快要到来了！水手们都忙着把升起的帆收起，这艘巨大的船在这狂暴的海上摇摆，浪涛高涨，像庞大的黑山，它似乎想要吞掉这艘船。然而，这船像天鹅似的，一会儿没进洪涛里，一会儿又在高大的浪尖上抬起头来。

小美人鱼觉得这是一次很新奇的旅行，可是目前水手们不这样看，这艘船发出了碎裂的声音，它粗厚的船板被涌来的海浪打弯了，船桅像脆弱的芦苇似的被拦腰折断，船开始倾斜，海水灌进船舱。这时，小美人鱼才知道，他们遭遇到船毁人亡的危险，船的残片不时地从她身边漂过，她也得当心自己被撞伤。

天空漆黑，她什么也看不见，只有天空出现闪电的时候，她才看到这艘船开始断裂，船上的每个人都在为自己寻找生路，船开始下沉的时候，她看到了那位王子，她非常高兴，因为他落在离她很近的地方，可是她又记起来，人类是不能生活在水里的，除非他成了死人，才能进入父亲的宫殿。

不行，决不能让他死去！她不顾危险地在那些漂浮着的碎片之间游过去，她为躲避漂浮物而沉入水里，接着又冲上浪尖，最后，她终于游到了王子身边，在这狂暴的海里，他没有力量战胜海浪，他的手臂和腿停止了挣扎，美丽的眼睛也睁不开了，如果不是小美人鱼赶来，他会淹死的。她把他的头托出水面，让浪涛推着他们随便漂流。

天亮的时候，风暴已经过去，那艘船连一块碎片也找不到了。鲜红的太阳升起来了，水面上波光粼粼，阳光似乎在王子的脸上注入了生命，不过他的眼睛仍然是闭着的。小美人鱼在他清朗的额头上吻了一下，为他梳理湿透的头发。她觉得他的样子很像她在海底小花园里的那尊大理石像，她又亲吻了他，希望能让他苏醒过来。

一片陆地和一群高山展现在眼前，山顶上的白雪闪耀着银光，看起来像是睡着的一只巨大的天鹅。沿着海岸生长着一片绿色树林，树林前面有一个教堂或是修道院，她并不知道应该称作什么，反正是一座高耸的建筑物。建筑物的花园里长着柠檬树和橘子树，门前还立着很高的棕榈，海在这儿形成一个平静的水湾，水还是非常深，她托着这位英俊的王子游向积有许多细沙的石崖附近，她把他放到沙滩上，把他的头放在高点的沙堆上，好让温暖的阳光洒在他的脸上。

那幢雄伟的白色建筑物中传出悠扬的钟声，许多年轻女子穿过花园，向海湾走来，小美人鱼只能离开这里向海里游去。她游到海面上露出的几块岩石的后面，海水击打岩石产生的泡沫也就成了她的伪装，这让人们很难发现她，她在那儿观看有谁会来到可怜的王子身边，并且会做些什么。

不一会儿，一个年轻的女子走到王子身边，她看上去非常吃惊，不久，她带着许多人来到这里。小美人鱼看到王子渐渐苏醒过来，并且向周围的人发出微笑，可是他没有朝她微笑，她感到非常难过！当他被抬进那幢高大的房子里的时候，她悲伤地跳进海里，回到她父亲的宫殿里。当然，王子并不知道救他的人是小美人鱼。

她本来就是一个沉静和深思的孩子，现在她更是如此，她的姐姐们都问她，第一次升到海面上的见闻，但是她什么也不愿说。

不知有多少个白天和夜晚，她浮出水面，向曾经放下王子的地方游去，她看到花园里的果子熟了，她看到山顶的冰雪融化了，不过，她始终没看见那个王子，所以她每次回到家中，总是更加痛苦。她坐在自己的小花园里，双手抱着与那位王子很像的大理石雕像，这成了她唯一的慰藉。因为她再也无心照料她的花，这些花像是在旷野中疯狂生长一样，铺得满地都是，它们的长梗和叶子跟树枝交织在一起，非常浓密，使她的花园显得很阴暗。

最后，她再也无法忍受内心的痛苦，就把她的心事告诉给一个姐姐，很快，其余的姐姐也就都知道了，她们还转告给了几个知心朋友。知道这事的人鱼中，有一位知道王子是谁，她也看到过那次在船上举办的生日庆祝会，她知道王子来自何方，也知道他的王国在什么地方。

“跟我们走吧，小妹妹！”别的公主们说。她们彼此把手搭在肩上，一起升到海面，一直游到他们了解的王子宫殿所在的地方。

这是一座极其华丽的宫殿，是用一种光亮的石块建起来的，宫内有多处砌着宽大的大理石台阶，有一组台阶一直伸到海里。金色的圆塔从屋顶伸向空中，高高的圆柱围绕着整个建筑，圆柱中间立着许多大理石雕像，造型鲜活。透过高大明亮的玻璃窗，人们可以看到富丽堂皇的大厅内悬着贵重的丝质窗帘和织锦，墙上挂着大幅的绘画，可以说是琳琅满目，光看看就让人心情愉快。在最大的一个殿堂中央，有一个巨大的喷泉，水柱喷向殿堂的玻璃圆顶，阳光又透过玻璃照到水上，照到生长在水池里的植物上，形成了殿内的彩虹。

小美人鱼终于知道王子住的地方，在这里的水中，她停留了好几天。之后，她又向陆地游去，比所有姐姐去的地方还远，她游到狭小的河流里，河流经过壮丽的大理石阳台下面，阳台长长的阴影倒映在水面上。到了夜晚，她坐在阳台下，望着阳台里年轻的王子，而这位王子还觉得只有他一个人在月光中呢。

有好几个夜晚，她看到王子乘着那艘飘着许多旗帜的船，在音乐声中穿行，她从灯芯草中向上望，风吹起她银白色的面罩，看到的人总以为这是一只天鹅在展开它的翅膀。

yǒu hǎo jǐ gè yè wǎn yú fū men dǎ zhe huǒ bǎ chū hǎi bǔ yú tā tīng dào tā men duì zhè
有好几个夜晚，渔夫们打着火把出海捕鱼，她听到他们对这
wèi wáng zǐ shuō de xǔ duō zàn měi de huà tā hěn gāo xìng yīn wèi làng tāo bǎ tā tuī xiàng sǐ
位王子说的许多赞美的话。她很高兴，因为浪涛把他推向死
shén de shí hou shì tā jiù le tā kě shì zhè xiē shì wáng zǐ yì diǎn yě bù zhī dào tā lián
神的时候，是她救了他，可是这些事王子一点也不知道，他连
zuò mèng yě bú huì xiǎng dào shì xiǎo měi rén yú jiù le tā de mìng
做梦也不会想到是小美人鱼救了他的命。

liú lián zài zhè lǐ de rì zi ràng tā jiàn jiàn de ài shàng le rén lèi yě kāi shǐ pàn wàng
流连在这里的日子，让她渐渐地爱上了人类，也开始盼望
shēng huó zài tā men zhōng jiān tā men néng gòu chéng chuán zài hǎi shang xíng shǐ dào hěn yuǎn de dì fang
生活在他们中间。他们能够乘船在海上行驶到很远的地方，
tā men néng gòu pá shàng gāo sǒng rù yún de dà shān tā men yōng yǒu guǎng mào tián yě sēn lín hé
他们能够爬上高耸入云的大山，他们拥有广袤田野、森林和
tǔ dì zhè xiē tā wàng dōu wàng bu dào biān tā men de shì jiè bǐ tā de tiān dì dà de duō
土地，这些她望都望不到边，他们的世界比她的天地大得多。
tā xī wàng zhī dào gèng duō de shì qing kě shì jiě jie men huí dá bu liǎo tā de wèn tí yīn
她希望知道更多的事情，可是姐姐们回答不了她的问题，因
cǐ tā zhǐ yǒu wèn tā de lǎo zǔ mǔ yīn wèi lǎo zǔ mǔ duì shì jiè de liǎo jiě yào fēng fù de
此，她只有问她的老祖母，因为老祖母对世界的了解要丰富得
duō tā hái gěi rén jiān qǔ le gè qià dàng de míng zi jiào shàng miàn de shì jiè
多，她还给人间取了个恰当的名字，叫“上面的世界”。

rú guǒ rén lèi bú bèi yān sǐ de huà xiǎo rén yú wèn tā men huì yǒng yuǎn huó xià qù
“如果人类不被淹死的话，”小人鱼问，“他们会永远活下去
ma tā men huì bu huì xiàng wǒ men zhù zài hǎi li de rén men yí yàng sǐ qù
吗？他们会不会像我们住在海里的人们一样死去？”

tā men yě bú huì yǒng yuǎn huó xià qù lǎo zǔ mǔ shuō tā men yě huì sǐ de ér
“他们也不会永远活下去，”老祖母说，“他们也会死的，而
qiě tā men de shēng mìng bǐ wǒ men de hái yào duǎn wǒ men kě yǐ huó dào sān bǎi suì bú guò
且他们的生命比我们的还要短，我们可以活到三百岁。不过，
dāng wǒ men de shēng mìng jié shù hòu jiù biàn chéng le shuǐ shang de pào mò wǒ men lián yí zuò fén
当我们的生命结束后，就变成了水上的泡沫。我们连一座坟

mù yě liú bu xià wǒ men méi yǒu bú miè de líng hún wǒ men dé bu dào yí gè sǐ hòu de
墓也留不下，我们没有不灭的灵魂，我们得不到一个死后的
shēng mìng wǒ men xiàng nà lǜ sè de hǎi cǎo yí yàng zhǐ yào yì gē duàn jiù zài yě lǜ bu qǐ
生命，我们像那绿色的海草一样，只要一割断，就再也绿不起
lái le xiāng fǎn rén lèi yǒu yí gè líng hún jí shǐ shēn tǐ huà wéi chén tǔ líng hún hái huó
来了！相反，人类有一个灵魂，即使身体化为尘土，灵魂还活
zhe yǒng yuǎn huó zhe tā huì shēng xiàng qíng lǎng de tiān kōng yì zhí shēng xiàng nà xiē shǎn yào zhe de
着，永远活着，它会升向晴朗的天空，一直升向那些闪耀着的
xīng xing zhèng rú wǒ men shēng dào shuǐ miàn kàn dào rén jiān de shì jiè yí yàng tā men shēng xiàng
星星！正如我们升到水面，看到人间的世界一样，它们升向
nà xiē shén mì de huá lì de wǒ men yǒng yuǎn bú huì kàn jiàn de dì fang
那些神秘的、华丽的、我们永远不会看见的地方。”

wèi shén me wǒ men méi yǒu bú miè de líng hún ne xiǎo měi rén yú bēi āi de wèn zhǐ
“为什么我们没有不灭的灵魂呢？”小美人鱼悲哀地问，“只
yào wǒ néng biàn chéng rén jìn rù tiān shang de shì jiè nǎ pà zhǐ huó yì tiān wǒ dōu yuàn yì fàng
要我能变成人，进入天上的世界，哪怕只活一天，我都愿意放
qì wǒ zài zhèr de jǐ bǎi nián de shēng mìng
弃我在这儿的几百年的生命。”

nǐ jué bù néng yǒu zhè zhǒng xiǎng fǎ lǎo zǔ mǔ shuō bǐ qǐ shàng miàn de rén lèi
“你决不能有这种想法，”老祖母说，“比起上面的人类，
wǒ men zài zhèr de shēng huó yào xìng fú hé měi hǎo de duō
我们在这儿的生活要幸福和美好得多！”

wǒ bù xī wàng zhè yàng xiāo shī biàn chéng pào mò zài shuǐ shang piāo fú shī qù gǎn jué zài
“我不希望这样消失，变成泡沫在水上漂浮，失去感觉，再
yě tīng bu jiàn làng tāo de yīn yuè kàn bu jiàn huā duǒ de měi lì hé tài yáng de míng mèi wǒ xiǎng
也听不见浪涛的音乐，看不见花朵的美丽和太阳的明媚，我想
xiàng rén yí yàng dé dào yí gè yǒng héng de líng hún
像人一样得到一个永恒的灵魂。”

tài nán la lǎo zǔ mǔ shuō zhǐ yǒu shàng miàn de shì jiè yǒu yí gè rén ài
“太难啦。”老祖母说，“只有‘上面的世界’有一个人爱
nǐ bǎ tā zhěng gè qíng gǎn hé sī xiǎng dōu jiāo gěi nǐ de shí hou zhǐ yǒu tā ràng mù shī bǎ tā
你，把他整个情感和思想都交给你的时候，只有他让牧师把他

的右手放在你的手里，对上帝说‘现在和将来永远对你忠诚’的时候，他的灵魂就会分给你，化成你的灵魂，他的灵魂不会消失，你就会得到一份他给予你的人类的灵魂，但是，这类事情以前从没有发生过！在我们海底所认为美丽的东西，譬如你的鱼尾，在他们看来却非常丑陋，他们哪能知道咱们认为的美和丑呀！在‘上面的世界’，想要漂亮，就必须长两根支撑身体的柱子，他们把这两根柱子叫作‘腿’！”

小美人鱼把自己的鱼尾巴望了一眼，叹了一口气。

“别想太多，快乐点吧！”祖母说，“我们能活三百年，比人类长得多，让我们跳吧、唱吧！我们有相当长的快乐时光，我们快乐够了，快乐不动了，长久休息也不是件坏事。来吧，今晚我就在宫里为你开一个舞会！”

祖母举办了一个场面华丽的舞会，那当然是在陆地上的人们不会看见的。这个舞厅没有墙壁和天花板，就是广袤的海底，成千成百草绿色和粉红色的巨型贝壳一排一排地立在四边，那就是舞台的灯光，它们吐着幽蓝色的火焰，照亮喧闹的

wǔ tīng zhào tòu le hǎi shuǐ yīn ér guāng yě tòu dào le hǎi de wài miàn shàng miàn de shì jiè
舞厅，照透了海水，因而光也透到了海的外面。“上面的世界”
de rén men kě yǐ kàn dào wú shù de yú qún xiàng zhè zuò shuǐ jīng gōng yóu lái yǒu dà yǒu xiǎo yú
的人们可以看到无数的鱼群向这座水晶宫游来，有大有小，鱼
lín fǎn shè de guāng lián chéng yí piàn xiàng bái yín hé huáng jīn fā chū de guāng shuǐ liú chuān guò wǔ
鳞反射的光连成一片，像白银和黄金发出的光。水流穿过舞
tīng de zhōng yāng hǎi li de nán rén hé nǚ rén huān jù zài yì qǐ chàng zhe dòng tīng de gē zài
厅的中央，海里的男人和女人欢聚在一起，唱着动听的歌，在
shuǐ liú zhōng jìn qíng de wǔ dǎo zhè yàng yōu měi de gē wǔ shàng miàn de shì jiè de rén men
水流中尽情地舞蹈，这样优美的歌舞，“上面的世界”的人们
shì xīn shǎng bu dào de
是欣赏不到的。

zhè qí zhōng xiǎo měi rén yú de gē shēng zuì měi dà jiā wèi tā gǔ zhǎng tā xīn zhōng gǎn dào
这其中，小美人鱼的歌声最美，大家为她鼓掌，她心中感到
fēi cháng kuài lè yīn wèi tā zhī dào zài lù dì shang hé hǎi li tā de shēng yīn zuì měi tā
非常快乐，因为她知道，在陆地上和海里，她的声音最美，她
de shēng yīn ràng rén chén zuì cǐ shí tā yòu xiǎng qǐ shàng miàn de shì jiè tā wàng bu liǎo
的声音让人沉醉。此时，她又想起“上面的世界”，她忘不了
nà ge yīng jùn de wáng zǐ tā duō me xī wàng wáng zǐ néng tīng dào tā de gē shēng yì xiǎng dào
那个英俊的王子，她多么希望王子能听到她的歌声。一想到
wáng zǐ tā yòu yīn wèi méi yǒu wáng zǐ nà yàng bú miè de líng hún ér yōu chóu qǐ lái yīn cǐ
王子，她又因为没有王子那样不灭的灵魂而忧愁起来，因此，
zài dà jiā jìn qíng gē chàng hé wǔ dǎo de shí hou tā tōu tōu de zǒu chū fù qīn de gōng diàn zuò
在大家尽情歌唱和舞蹈的时候，她偷偷地走出父亲的宫殿，坐
zài tā de xiǎo huā yuán li dú zì āi shāng hū rán tā tīng dào hào jiǎo shēng cóng shuǐ shang chuán
在她的小花园里独自哀伤。忽然，她听到号角声从水上传
lái tā xiǎng tā de chuán yí dìng shì zài shàng miàn háng xíng zhè duàn rì zi wǒ wú shí wú
来，她想：“他的船一定是在上面航行。这段日子，我无时无
kè bú zài xiǎng niàn tā wǒ yào bǎ wǒ yì shēng de xìng fú jiāo dào tā de shǒu li wǒ yào xī shēng
刻不在想念他，我要把我一生的幸福交到他的手里，我要牺牲
yí qiè lái yíng dé tā de ài bìng yōng yǒu yí gè bú miè de líng hún chèn xiàn zài dà jiā zhèng
一切来赢得他的爱，并拥有一个不灭的灵魂。趁现在大家正

在父亲的宫殿里跳舞的时候，我要去拜访那位海的巫婆，虽然过去我一直非常害怕她，但是，也许只有她能教给我一些办法，帮助我实现心愿！”

于是，小美人鱼走出了花园，向一个制造泡沫的漩涡游去，巫婆就住在漩涡的后面，以前她没有走过这条路，这里没有花，也没有海草，只有灰色的沙子，向漩涡那儿延伸。漩涡像一架喧闹的水车，旋转着发出声响，把它接触到的东西全部吸到水底。要去巫婆的住所，她必须要通过这个急转的漩涡，还有好长一段路程在冒着热气泡的泥地上，巫婆把这地方称作“我的煤田”，在这后面，还有一片恐怖的森林，她的房子就在里面，所有的树和灌木林全是珊瑚虫组成的，它们的样子很像地里冒出来的九头蛇，它们的枝丫像是长长的、黏糊糊的手臂，手指像蠕虫一样柔软，它们从根到顶都是一节一节的，它们紧紧地抓住在海里所能抓住的东西，毫不放松。

小美人鱼在这森林前停下，她的心跳得很厉害，她很害怕，几乎想转身回去，但是，当她一想起王子和获得人的灵魂的时候，她又有了勇气。她把长头发牢牢地盘在头上，把双手紧紧地贴在胸前，为的是让珊瑚虫无处下手，抓不住她。于是，她集中精力，使出所有的技能，在珊瑚虫的间隙穿行。这些珊瑚虫挥舞着它们柔软的长臂和手指，想俘获她，但都被她甩在身后。穿行中，她看到珊瑚虫无数的小手臂像坚固的铁环一样，箍住在海里淹死而沉到海底的人的骸骨、陆上动物的骸骨、船的铁锚和一些样式不同的箱子。更可怕的是，一些珊瑚虫的手臂里还有一个小人鱼的白色骸骨。

她终于来到了森林中一块腻滑的空地，肥大的水蛇翻动着身体，露出它们淡黄色的、丑陋的肚皮。这块地的中央，有一幢白骨砌成的房子，海的巫婆正坐在这儿，用她的嘴喂一只癞蛤蟆，在巫婆看来，她这样做和人用手喂一只小金丝雀没有两样。她把那些肥大而丑陋的水蛇称作“我的小鸡”，任由它们爬来爬去。

“我知道你来这里想求我什么，”海的巫婆说，“美丽的公主，你有些傻，不过，我会让你达到你的目的，你想失去鱼尾，生出两根柱子一样的腿，像人类一样走路，你想让那个王子爱上你，使你得到他，因而也得到一个不灭的灵魂。”说完，巫婆便发出可怕的笑声，癞蛤蟆和水蛇都从她身上滚到地上，四处乱爬。

“你的机会很好，”巫婆说，“明天太阳出来以后，我就没有能力帮助你了，只有等到来年再说。现在，我煎药给你，你带着这药赶快游向陆地，坐在海滩上，在太阳出来以前，把这药服下，你的尾巴就开始分开，收缩成人类所谓的腿了。不过，这是个很痛苦的过程，就好像有一把尖刀刺进你的体内，活生生地把你的下半身割开，你迈开的每一步都将会使你觉得踩在尖刀上，如果你能忍受苦痛，我就可以帮助你。痛苦之后，凡是看到你的人，一定会说你是他们所见到的最美丽的孩子！你将拥有像游泳时的步伐，任何舞蹈家都不会比你更轻柔。”

“我可以忍受，”小美人鱼的声音有些颤抖，她又想起了那个王子和她要获得一个不灭灵魂的愿望。

“你要记住，”巫婆说，“你一旦获得了人的形体，你就再也不能变回人鱼了，这意味着你就再也回不到水里，回不到你父亲的宫殿里来了，再也不能和你的亲人在一起了。假如你得不到那个王子的爱情，假如你不能让牧师把你们的手放在一起结成夫妇的话，你就不会得到一个不灭的灵魂了，在他跟别人结婚的头一天早晨，你的心就会破裂，你就会变成水上的泡沫。”

“我不怕！”小美人鱼说，但她的脸色惨白。

“不过，你还得给我酬劳！”巫婆说，“在海底的人们中，你的声音是最美丽的，可是这个声音你得交给我，我必须得到你最好的东西作为我的贵重药物的交换品！我得把我自己的血放进这药里，好使它尖锐得像一柄两面都锋利的刀子！”

“不过，如果你把我的声音拿去了，”小美人鱼说，“那么我还能剩下什么？”

“你还有美丽的身材，”巫婆回答说，“你还有轻盈的舞步和会说话的眼睛。害怕了吗？

“就照你说的办吧！”对小美人鱼来说，这是多么可怕的事情，但是她还是坚定地答应了。于是，巫婆就把药罐准备好，用来煎这具有魔力的药。

“清洁是必要的。”她说。于是，她把几条蛇打成结，用来擦洗药罐，然后向罐中配药，最后把自己的胸口抓破，黑色的血流进罐子。药的蒸气模样奇怪地升到空中，看起来挺吓人，隔段时间，巫婆就加点新的东西到药罐里，当药煮到滚开的时候，有种像鳄鱼在哭的声音飘出来，最后药煎好了，样子像清亮的水。

“拿去吧！”巫婆说。之后，她就把小美人鱼的舌头割了下来。小美人鱼成了哑巴，既不能说话，更不能歌唱。

“你穿过我的森林回去，如果珊瑚虫捉住你的话，”巫婆说，“你把这药水洒一滴到它们的身上，它们的手臂和指头就会裂成碎片。”回去的路上，小美人鱼没有这样做，药水在她的手里亮得像一颗闪耀的星星，珊瑚虫一看到这亮晶晶的东西，就在她面前惶恐地缩回去了。这样，她很快就走过了森林、沼泽和巨大的漩涡。

她可以看到父亲的宫殿了，舞厅里的火把已经熄灭，里面的人已经入睡了，她不敢再去看他们，因为她已经成了哑巴，并且就要永远离开他们了。此时，她的心似乎要裂成碎片！她偷偷地走进花园，从每个姐姐的花坛上摘下一朵花，用手给自己的家很多飞吻，然后，她就浮出了这深蓝色的海。

当她再次看到王子的宫殿时，太阳还没有升起，她郑重地游上大理石台阶，月光下她几乎像美丽水泡一样透明，她喝下药，很快就觉得有一柄两面都锋利的刀子劈开了她纤细的身体，她疼得昏死了过去。当太阳跳出海面的时候，她醒了，伴着剧痛。一位年轻英俊的王子正立在她的面前，他乌黑的眼睛望着她，她羞涩地低下头来。这时，她发现鱼尾消失了，替代它的是一双少女才有的白皙的双腿。王子问她是谁，如何来到这儿？她用深蓝色的眼睛温柔而又忧伤地望着他，因为她已经失去了美丽的声音。王子挽着她的手，把她带进自己的宫殿。正如巫婆说的那样，她觉得每一步都像是踩在利刃上，她情愿忍受这苦痛。她挽着王子的手臂，像水泡般轻盈，王子和所有的人都被她比任何舞蹈家都轻盈的步子所吸引。

在宫里，她穿上了丝绸和细纱做的衣服，无疑就成了宫里最美丽的人，不过她既不能唱歌，也不能讲话。漂亮的女仆穿着丝绸，戴着金银饰物走上前来，为王子和他的父母唱歌，有个女仆唱得很好，王子不禁鼓起掌来，并对她微笑。这时，小美人鱼就感到一阵悲哀涌上心头，她知道，她的歌声要美得多！

她想：“他如果知道，我的声音是为了要和他在一起而失去的，那该多好！”

歌声过后，仆人们跟着美妙的音乐跳起优雅的舞蹈。这时，小美人鱼就扬起她那双美丽白嫩的手，提起脚尖，在地板上轻盈地舞起来，还没有人这样跳过，她的每一个动作都显示出她的美，加上她摄人心魄的目光，远比歌声更能打动人。

大家都看得入迷，特别是那位王子，他把她叫作“可怜的孤独者”。她不停地舞着，虽然每次脚接触到地面就像是踩在锋利的刀刃上，疼痛让她苍白的额头沁出汗水，但是她忍住了一次次被割裂的疼痛。王子也看到了她脸色苍白，也许是出于同情，便安排她以后跟他在一起。因此，小美人鱼就得到了许可，睡在王子门外的天鹅绒垫子上。

王子叫仆人为她做了一套男人穿的衣服，让她陪自己骑马时穿，这样她就成了王子的马童，陪王子骑马漫游。他们走过气息清新的树林，绿色的树枝拂过他们的肩膀，鸟儿在绿荫中唱着歌。王子爬上高山，她也在后面紧紧跟随，虽然她纤细的脚已经流出了鲜血，随从们都看见了，但是，微笑始终停留在她苍白的脸上，一直到他们看到云团在脚下移动，他们登上的山峰成了云雾中的孤岛，登山活动才终止。

夜幕降临，大家都睡下了，小美人鱼就向那伸向海里的宽大台阶走去，为的是让她那双疼痛的双脚感到一点清凉。她站进冰凉的海水里，海水让她想起了住在海底的亲人。

一天夜里，她的姐姐们手挽着手浮出水面，她们一面在水上游，一面唱出凄婉的歌，她向她们招手，她们一下就认出了她——她们天天想念的小妹妹！这以后，她们每天晚上都来看她，有一个晚上，她远远地看到了多年不曾浮出海面的老祖母和戴着王冠的父亲，他们对她摆手，但他们不能像那些姐姐跳跃到地面，他们老了。

王子一天比一天更爱她，像爱一个孩子那样爱她，然而她必须做他的妻子，否则她就不能得到一个不灭的灵魂，而且会在他和别人结婚的头一个早上变成海上的泡沫。

“在所有的人中，你是最爱我的吗？”小美人鱼的眼睛似乎在这样说。

“是的，你是我最亲爱的人！”王子像看懂了似的说，“因为你很像我某次看到过的一个年轻女子，可是我再也看不见她了。那时，我在一艘船上，一艘将要沉没的船上，巨浪把我推到岸上，有几个神庙里的年轻女子来到那里，她们中最年轻的女子在岸边发现了我，因此，我得救了。我只看到过她两次，她是我在这世界上能够爱的唯一的人，但是，她是属于神庙的，她不会成为皇后。”

“他确实不知道是我救了他的命！”小美人鱼想。

不过，一个很不好的消息在大家的口中传播，王子快要结婚了，他的妻子是邻国的一位公主。为这事，国王特别装备好了一艘美丽的船。表面上看，王子要到邻近王国观光，事实上，他是奉父母之命去看邻国君主的女儿，还有一大批随员同去。

“我得去旅行！”他对小美人鱼说。小美人鱼摇了摇头，只是微笑，她比任何人都能猜透王子的心事。

“我瞒不过你，我是去看一位公主，以前也见过，”他对她说，“但是，如果我不爱她，父母也不能强迫我娶她回家。”

“你不害怕海吗？‘可怜的孤独者’。”王子站在开往邻近王国的华丽的船上问小美人鱼，她只是微微一笑。关于海，无论是风暴中还是平静中的海，也无论表面的还是深层的海，她比谁都知道得清楚。

在月光朗照的夜里，大家都睡了，掌舵人依然立在舵旁。小美人鱼没有睡，她坐在船边，凝望着海水，遐想父亲的王宫，她似乎看到老祖母头上戴着银皇冠，站在王宫顶楼上，透过海水眺望这条船。不一会儿，她的姐姐们来到水面，她们哀伤地望着她，痛苦地向她招手，她也向她们招手、微笑，她很想告诉她们，她现在一切都很好，也很幸福。船上的一个侍者忽然向她这边走来，她的姐姐们立刻就沉入水里，侍者以为自己所看到的那些白色的东西不过是海浪吹起的泡沫。

第二天早晨，船进入邻国壮观的都城港口，所有教堂的钟声和高楼上的号角声都一齐响起，士兵们擎着飘扬的旗子和明晃晃的枪刺，行着军礼。宴会、舞会和晚会轮流举行，每天都有，可是公主一直没有出现。人们说公主在一个遥远的教堂里接受教育，学习皇家的礼仪和美德，最后，她终于到来了。

小美人鱼迫切地想看看公主的美貌，她的皮肤是那么细嫩、洁白，在她黑长的睫毛后面是一对微笑的、纯净的、深蓝色的眼睛。小美人鱼不得不承认公主的美了。

“就是你！”王子说，“当我昏迷不醒，躺在海岸上的时候，救活我的就是你！”于是，他把这位羞答答的未婚妻紧紧地搂在自己的怀里。

“啊，我找到幸福了！”他对小美人鱼说，“我最希望的最好的伴侣，突然出现在我的眼前，成为我真实的新娘了！你会为我的幸福而高兴，因为你是最了解我的人！”

小美人鱼吻了吻他的手，感觉自己的心在破裂，他举行婚礼后的头一个早晨，带给她的就是死亡，就是变成无知无觉的泡沫。

教堂的钟又响起来，传令人骑着马在街上宣布王子和公主订婚的喜讯，一个个的祭台上，贵重的油灯里燃烧着散发芳香的油脂，祭司们捧着香炉，新郎和新娘互相挽着手接受主教的祝福。小美人鱼这时也衣着华丽，只是她走在后面，托着新娘的披纱，她的耳朵此时听不见欢乐的音乐，她的眼睛也看不见这神圣的婚礼，因为她的心早已被自己将在早晨死亡的想法占满了，还有得不到灵魂的遗憾！

同一个晚上，新郎和新娘来到船上，礼炮响起，旗帜飘扬。船中央架起紫金色的皇家帐篷，里面铺着华丽的软垫，这对可人的新婚夫妇将在这里度过他们的新婚之夜。

轻风鼓着船帆，船行驶在平静的海上，海水没有大的波动，大船航行很平稳。

彩色的灯光随着暮色临近，渐渐地亮了起来，水手们又来到甲板上，快乐地跳起舞来，小美人鱼想起她第一次浮到海面的情景，想起那时看到的同样华丽和欢乐的场面。于是，她走向甲板跳起舞来，她的身姿像燕子一样敏捷轻柔，她的舞蹈像鸟儿在天空中飞翔，大家都为她喝彩，为她欢呼，但是没有人知道，此时她的脚上连续出现的刀割般的疼痛！在她看来，与心痛相比，这点痛不算什么，她在这个晚上跳出了自己最美丽的舞蹈。

为了王子，她离开了海王宫和亲人，交出了最美丽的声音，每天忍受着行走的苦痛，然而，他一点也不知道，把他在海难中救上岸的事，他更不可能知道。带着悲伤，她要度过能和他呼吸同样空气的最后一晚，能看到深沉的海和布满了星星的天空的最后一晚。她知道在这之后，一个没有灵魂，当然就没有思想和梦境的永恒的夜，就是她的归宿。半夜过后，甲板上依旧是欢乐的舞台，她也依旧笑着、舞着，但是，她的心和希望已经死去！王子吻着自己美丽的新娘，新娘抚弄着他乌亮的头发，他们挽着手进入华丽的帐篷休息。

船开始安静地行驶，舵手还依然站在舵旁，小美人鱼把她洁白的手臂倚在船舷上，向东方凝望，等待晨曦出现。她知道，太阳跳出海面，她的心就会破裂，她会变成泡沫，她有遗憾，但她并不悔恨。突然，她看到她的姐姐们从波涛中涌出，她们也和自己一样苍白，美丽的长头发都不见了。

“我们希望巫婆再次帮助你，巫婆要我们把头发交给她，她给了我们一把刀，非常锋利的一把刀，在太阳没有出来以前，让王子的热血流到你脚上，你的双脚将会连在一起，成为鱼尾，你就可以恢复人鱼的原形，回到我们身边。快动手吧，天上有了曙光，不久太阳就会跳出海面，你就要变成泡沫了！”

她们把刀交给小美人鱼后，为她发出怜悯的叹息声，之后就沉入浪涛里去了。

小美人鱼来到帐篷前，掀开门帘，她看到美丽的新娘枕在王子的怀里睡得很甜蜜，她弯下腰，在王子清秀的眉宇间轻轻地吻了吻，然后抬头看看天空，又看看尖刀，此时，她知道王子心中只有公主存在。小美人鱼心如死灰，可她既不记恨王子，也不妒恨公主，她拿刀的手在发抖，最后，她把刀远远地抛向海里，刀沉下去的地方涌出血色的浪花。当远方透出曙光时，她再一次深情地看了看熟睡的王子，然后就从船上毅然跳进海里，她觉得身躯开始融化为泡沫。

太阳从天海之间升起，阳光柔和而温暖地照在冰冷的泡沫上，成为泡沫的小美人鱼依旧看到了光明的太阳和天空的彩云，在她上面还飞动着无数透明的、美丽的小生命，她也可以看到船上的白帆和托起它的大海。在她的新世界里，还有那么虚无缥缈的音乐般的声音，她知道，人类的耳朵无法听见，正如他们无法看见现在的她一样。现在的小美人鱼并没有死亡的感觉，那些明亮的气泡和她一样没有翅膀，但它们轻盈的形体都能在空中自由浮动，小美人鱼觉得自己获得了新的生命。

“我们该去哪呢？”她问。她的声音和这些与自己形体相同的生灵一样，显得虚无缥缈，人世间的音乐也不能和它相比。

“到天空的女儿那里去！”别的生灵回答说，“你和我们一样，没有不灭的灵魂，你获得这样的灵魂的机会已经不存在了，因为你最终没有获得一个凡人的爱情。天空的女儿也没有永恒的灵魂，不过她们都可以通过自己善良的行为创造灵魂，我们到炎热的国度去，那儿的人们受着瘟疫肆虐的折磨，我们可以带给他们清凉的风和驱瘟的花香，给瘟疫肆虐的地方带去健康，给饥荒的地方带去丰收，三百年以后，我们的善行就会让我们获得一个不灭的灵魂，和人类的一样！人类享有的永恒的幸福，我们同样可以享有。你，‘可怜的孤独者’，和我们一样，因你的执着和善良来到我们寻找灵魂的群体，坚持下去吧，通过你不断布施的善良，三百年以后，你就可以为你自己创造出一个不灭的灵魂。”

小美人鱼向太阳举起了她稚嫩的手臂，她第一次感到要像人一样流出眼泪。

在那条船上，人们又开始活动，小美人鱼看到王子和他美丽的新娘在寻找她，他们为她的消失而悲伤，好像他们已经知道她跳进浪涛里去了似的。在他们无法感觉到的冥冥之中，她吻了这位新娘的前额，祝福她幸福，同时也给了王子理解的微笑。以前的事情也就到此吧，于是她跟其他空气中的孩子们一道，骑上玫瑰色的云块，升入天空里。

“三百年以后，我们就会用自己的努力创造自己的灵魂！也许还不用那么久！”一个声音低语，“我们无形无影地飞进人类的住屋里去，那里面生活着一些孩子，每一天，如果我们能让一个孩子给他的父母带来快乐，就会缩短我们获得灵魂的时间，当我们看到一个顽皮恶劣的孩子，我们引导他乖巧的时候，同样会缩短我们获得灵魂的时间。当然，我们飞过屋子的时候，孩子是不会知道的。”

“努力工作吧，为了我们早日获得同人类一样的灵魂！”小美人鱼暗自勉励自己。